台湾漢学研究叢書

近代中国思想の執拗低音

——歴史の考え方を振り返る

【著】王汎森
【訳】佐藤仁史

東方書店

「台湾漢学研究叢書」刊行の辞

王徳威（ハーバード大学 Edward C. Henderson 講座教授・中央研究院院士）

「台湾漢学研究叢書」は、日本と台湾の研究者によって共同で企画された出版プロジェクトである。本企画は、台湾研究者による中国の前近代及び近代についての研究成果を紹介し、日本語世界の読者の関心を呼び起こすことを期するものである。紹介する主な分野は文学、歴史、社会、思想等である。

「漢学」には二つの定義がある。一つは、中国以外の研究者による前近代中国に関するあらゆる研究の総称である。いま一つは、清朝の考証学を指し、これは漢代の儒家の方法論に倣い、制度や名物、小学や訓詁等から経学を考究しようとする学問である。二つの定義の下で受け継がれてきた漢学は、一つは国外から、一つは国内からではあるが、共に中華文明の真髄を探究することに重きを置いており、遺産的な価値を有しているばかりか、その多くは「原道（あるべき道）」「宗経（宗とすべき経典）」といった神聖な暗示さえ有してきた。しかし、もはや「中国」が不変なものではなくなった今、中国に関する研究は時代と共に変化していかねばならない。

東方書店より発刊される「台湾漢学研究叢書」は、上述した定義にこだわることなく、古今の問題や方法に研究の幅を広げ、中国内外の華語をとりまく事情についてあらゆる方面から紹介するものである。漢学における中国の歴史や文明の研究が長く続いてきたのは、その豊富なテクスト及び文脈が常に議論や解釈、批評の焦点となって、次の世代へと対話と再考を齎してきたからこそだと考えられる。

台湾の漢学研究はここ数十年の間にめざましく進歩した。それは伝統的手法からの脱却から始まったが、その伝統的手法が今もなお続いていることも理解している。「台湾漢学研究叢書」が紹介する各著作は、このような状況を自覚して、学術研究上で独自の見解を打ち立てることに努めている。

「台湾漢学研究叢書」で紹介する著作は、そうした形式的・文脈的な現実を意識し、学術研究に独自の視点を提供しようとしている。これらの著作では、古典から近代、また中国から台湾までをテーマとする他、人文学のカノンの変容、文化の舞台の変遷、政治信念、道徳信条、美学的技巧の取捨選択についても探究している。さらに、より重要なのは、認識論に基づき知識と権力、真理と虚構について考察と議論を続けていることである。

本シリーズは、広い意味での漢学研究を紹介するだけでなく、研究テーマを考え、構成し、再考する上で重要な要素である「研究者」を重視している。本シリーズの執筆者は、いずれも台湾で学問を修めた経歴を持ち、研究テーマも古典から現代まで多岐に亘るため、方法論の訓練、歴史的視点、人文学的、地域的な観点等、他地域の執筆者とは異なる特色を備えている。シリーズでは、漢・唐における医療とジェンダー、明代における異端の声、伝統的儒教の倫理観の変容といった伝統的な漢学研究のトピックだけでなく、近代女性と弾詞文学、域外の漢詩における中国的モダニティの構築といった新たなトピックも紹介する。こうすることで、伝統を継承しつつ未来を導き、日々進化し続けるという漢学研究の意義を強く訴えたい。

「台湾漢学研究叢書」では、構想からテーマの選定、寄稿の依頼に至るまで、四名の編集委員（王徳威、黄進興、洪郁如、黄英哲）が繰り返し議論を重ねてきた。本シリーズ出版に携わる専門家たちは既に台湾の学界で功績を挙げている学者ばかりである。彼らは今回執筆に選んだテーマに最新の解釈を示しているが、それだけではなく、彼らの研究方法それ自体が台湾の長年に亘る人文教育の成果を証明するものでもある。

最後に、東方書店のご支援と、本シリーズの順調な出版に感謝を申し上げる。

（邦訳：飯田直美）

近代中国思想の執拗低音 ◆ 目次

凡例

・本書は、王汎森『執拗的低音――一些歴史思考方式的反思』（台北、允晨文化実業公司、二〇一四年）より訳出したものである。同書には、同年に北京の生活・読書・新知三聯書店より出版された簡体字版もある。

・本文における（　）は筆者による説明、〔　〕は訳者による説明を示す。史料引用部分における〔　〕は訳者による説明ないし補足を示す。

・筆者が本文において引用した欧文の著作名について、日本語訳が刊行されている場合は、〔　〕内にその情報を記す。日本語訳が刊行されていない場合は、欧文のまま表記して〔　〕内に訳者による翻訳を附す。本文における中国語の著作ないし論文は必要に応じて〔　〕内に日本語訳を示す。

・史料よりの複数箇所引用については、頁数は引用順に表記する。

・第二講における譚嗣同『仁学』からの引用の訳出は譚嗣同（西順蔵・坂元ひろ子訳注）『仁学――清末の社会変革論』（岩波書店、一九八九年）に依拠し、一部訳者による調整を加えた。

・参考文献のうち、中文のものは五十音順に、英文のものはアルファベット順に配列してある。

・本書に登場する人名や事項については、一般に知られているものをのぞき、「用語説明」欄において簡単な説明をした。

近代中国思想の執拗低音

歴史の考え方を振り返る

はじめに

本書の原著『執拗的低音』の書名は著名な丸山眞男（一九一四―一九九六）の文章から着想を得たものであり、日本語版もこの表現を活かして『近代中国思想の執拗低音』と題した。『執拗的低音』は、私が二〇一一年三月に復旦大学文史研究院主催の光華講座で行った四回にわたる講演が基になっている。講演を引き受けた当初、講演の成果を纏めて一冊の本にすることを私は宣言していた。当初の計画では、講演終了後に時間をかけて改稿して四篇の文章を仕上げる予定であった。しかしながら、着手してはみたものの、一部は録音の内容を修正するにとどまらざるをえなかった。幸いにも復旦大学歴史系博士課程の銭雲君による整理は素晴らしく、修正に際して大いに役に立った。この四篇の講演原稿に二篇の附論を加えた『執拗的低音』は、簡体字版を北京の三聯書店から、繁体字版を台北允晨文化実業公司からそれぞれ出版した。

「執拗低音」という主題は、実は復旦大学の招聘を受けた際に突然脳裏に閃いたものである。当時私が進めていたいくつかの研究や、歴史学研究の視座や方法論に対する私の関心はみな同一の方向性を共有していた。それこそが「執拗低音」だったのである。

一、低音に耳を澄ます

「低音」とは何か。本書の書名は講演の内容を緩やかに包括するようにつけた。最初の構想では、新派による言論によって百年にわたって抑えつけられてきた声を改めて拾い上げようと考えていただけであった。その後、なおざりにされてはいるものの、現在もなお重要性を有している思考のあり方や観念などについても併せて議論することに決めた。本書が扱う「低音」の分析は四つの層からなる。第一は、近代中国の学術や思潮において、複写・隠蔽されたり、周縁へと追いやられたりしたもの、あるいは伏流となったものの性質を詳らかにすることである。第二は、「創造的転換」と「消耗的転換」との同一性、およびそれが歴史研究に対して生み出した「意味倒置の誤謬」現象についてである。この現象には至るところに見られるパラダイムや仮説――すなわち西洋が普遍的な存在であり、中国の歴史は個別の分析対象にすぎないという考え方――も含まれている。第三は、方法や視座における問題である。例えば、後知恵バイアスのような考え方がいかに私たちの歴史学に影響を与えているのかという問題もここに含まれる[一]。第四は、長期にわたって永久不変なものと見なされてきたにもかかわらず、近代に至ってなおざりにされるようになったテーマについてである。

新旧思想家の論争について、大部分の人々は一世紀にわたって「史実の再構成」と「価値判断」とを混同させてきた。新派の人物は旧派の人物の思想を唾棄するあまり、彼らの学術的観点までも一律に否定した。旧派の人物もまた、しばしば同様のことを行った。歴史学者から見ると、両者とも健全な態度とはいえない。もちろん両者のうち前者の状況がより深刻である。この百年来、新派は次第に言論の主流となり、歴史や文化に対する旧派の見方はその土台となる思想が保守的であったため、しばしば巻き添えとなって歴史の周縁へと追いやられ、否定されるか、あるいは隠蔽されてしまった。

ここで私はいくつかの点を強調しておきたい。第一は、中国近代における新たな学術は私個人の研究主題の一つであり、近代学問の進歩とはもっぱら新たな学術の確立であったことを依然として深く信じていることである。例えば、西洋の厳密な言語学の知識は中国の伝統的な音韻学に新機軸をもたらした。胡適が「国学を修めるには閉じこもって孤立する態度を打破しなければならない」と述べたのが好個の事例である。〔二〕第二は、本書が歴史研究の視点から出発している点である。歴史の真相を追究する過程において、すべての利用可能な資源は、西洋のものであれ中国のものであれ、新旧を問わず有用である。第三は、近代中国における思想発展の過程で生み出された学術上の偏りを再検討すべき時期にきていると考えていることである。現在、周縁へと追いやられてしまった問題を解き放ち、改めて考察を加えることは非常に有益な方向性である。こうすることで過去においては両極端へと分裂する趨勢にあった古い見方を変えるのである。開かれた態度を採ることで、周縁へと追いやられたものから現実にとっての新たな資源を獲得することも可能になる。第四は、「低音」を理解しなければ「主旋律」を正しく理解できないということである。「低音」はしばしば「主旋律」を助けるものだからである。

西洋の学問による衝撃は、実は人々が歴史を「再訪」（revisit）する助けとなる。例えば、古史辨運動を経て、「疑古」（『書経』や『史記』などの古書を積極的に史料批判すること）、「釈古」（経典を通して古代史を解釈すること）、「考古」（考古資料を用いて古代史を証明すること）の三派が現れた。もし激しい「疑古」を経なければ、おそらく「釈古」や「考古」の学派は現れず、先秦時代の史書にある記載から余分なものをふるい落とした後に、再びその価値を再評価することに気づけなかったであろう。この衝撃を経なければ、冷静に「釈古」したり、「考古」したりすることはできなかった。現在、多くの人が全く選別することなしに「信古」（従来の古代史観の真実性を信じること）へと回帰しているが、これは私の採る態度とは異なる。旧派は仁義道徳や「聖道王功」という価値観の影響を受けすぎたために視界を大きく遮られたのであろう。また、中国史上の伝統があらゆる点において西洋とは異なることを説くために別の陥穽に嵌まることになったのかもしれない。あるいは西洋の近代にあるものは中国でも古来有していたことを示すために、却って西洋の近代を模倣するという歪みを作り出すことになった。これに対して私が主張するのは「再訪」することであるが、これは分析を経ずに復古することではなく、歴史の「正形」〔元来の姿〕を改めて理解することである[三]。もちろんこのことは容易に達成できることではない。私の理解に拠れば、人々は現象学に類似した復元作業を繰り返した後に、ようやく歴史文化の「正形」を改めて理解できるのである。

私が「執拗低音」を議論する理由は、近代の激しい思想によって押さえつけられ、複写されたり絶えず拭き取られたりした後に残ったテキストや、暫時埋もれてしまった観念を点検するためであり、同時に近代の保守派による論述を再検討する必要性を意識したからである。実際、多くの人々が新文化に反対するがために、奇妙にも西洋を「逆模倣」した。すなわち、彼らは西洋ないし新文化と相容れない側面こそが中国伝統文化の本質であると認識しつつ、実際には西洋や新文化との相反を基準として伝統を定義したのである。私が想定する「再訪」には当然こうした一面の再検討も含まれている。

以上を踏まえて本書が宣揚するのは、陳寅恪がいうところの「説を立てた古人と同一の境地に自分を置く」ことである[四]。これを達成するために私が提唱するのは「足し算」であり、「引き算」ではなく、ましてや退却でもない。すなわち、私は近代以前の古い議論に退却していこうとするのではなく、新史学が固めた基礎を土台として、さらなる探索を追求したい。したがって、私が求めるのは、「第一の立場」すなわち新たなことを追うことでも、「第二の立場」すなわち守旧の立場に拠ることでもなく、視野を変えて「第三の立場」に立つことである。換言すれば、近代の諸学問の成果に拠ってこそ、私たち現代人が真の意味で「低音」を「再訪」しうることを示したい。もし「低音」を正しく理解したいのであれば、過去へと退却していくのではなく、役に立つ世界のあらゆる学問を用いる必要がある。そうしてこそ雲霧を散らして青い空を見ることが可能になる。

二、時間の序列

私は研究を進める中で、「時間の序列」の問題が極めて重要であることを発見した。この問題はいくつかの点にわたっている。第一は、「創造的転換」そのものに大きな消耗がある点である。振り返って考えると、あるものは説明されたり顕彰されたりすることもなく、あるものはゆっくりと「低音」になっていったことに気がつく。例えば、梁啓超（一八七三―一九二九）は「学案とは学史〔学術史〕である」と述べた。この説は当時一世を風靡し、学案に対する新たな見解であると見なされた。しかし、現在振り返ってみると、梁啓超が生命の哲学を学術史へと転換し、宋明理学から生命を示す部分を取り除き、多くのことを見えなくしてしまったため、宋明理学研究では抽象的な議論のみが追求されることになってしまった。これは一種の「消耗的転換」である。

第二は、歴史に対する思考方法の一つとしての後知恵バイアスが有する難しさである。私たちの歴史解釈においては、往々にして歴史的人物が「無限の理性」を持った状態にあったと設定されてしまう。これに関連して、「風」〔空気、雰囲気〕の概念に着眼した歴史学的思惟が歴史研究にどのような新たな養分をもたらしうるのかという問いを提起したい。加えて、新たな歴史学において「歴史」と「意義」とがなぜそれぞれ異なった道を歩んだのか、そしてなぜそれが依然として払い落とせない、古くて新しい問題であるのかも検討する。

第三は、歴史における行為と事物との関係を、私たちが目下使用している語彙や概念で完全に描写することは困難であるという点である。例えば、歴史上において二つの異なる文化が遭遇した時の関係は、しばしば二つの異なる色や液体が互いに混じり合ったがごとく捉えられてきたが、現在それを描写するのに十分な語彙を有していないようである。古代の歴史や文化も同様であり、多くの複雑な状況はおそらく私たちの現代の学術用語では十分に表現できるものではない。ましてや私たちが使用する多くの学術用語は日本あるいは西洋から次々に借りてきた新たな語彙や新たな概念である。この百年来、知識に対する私たちの理解、定義、解釈、範囲の大部分は新式教科書とともに歩んできており、突然風が吹いてきた時のように、人々の思惟世界は教科書や新たな書物に見られる新定義や新概念にすっかり占められるようになった。そして人々はそれを踏襲して自覚せず、語彙や概念の中に複雑な歴史過程があることをほとんど意識しなくなったのである。

第四は、私たちの思惟世界は近代西洋思潮の洗礼を受け、その大波に飲み込まれたため、例えば単線的な進化史観の影響のような大きな転換が、事物や資源に対する私たちの態度にもたらされた点である。こうした新たな思考の枠組みのもとでは往々にして、もっとも目前にあるもの、もっとも科学的なもの、もっとも進化したものこそがもっとも正確で価値のあるものだと見なされがちである(五)。

第五は、主流の言説に関する研究の重要性は当然贅言を要さないものの、主流の外にある第二層、第三層の伏流にもまた注意しなければならないことである。これは、私たちが林相を観察する時、大樹の根元の状態にも注意しなければならないのと同じである。主流と非主流からなる様々な層には、常に積み重なった競争状態があるのと同時に、複雑で精緻な相互依存関係も存在している。ある流れが主流へと変化していく過程にはしばしばいくつかの流れとの競合関係がある。私たちは主流のみを見ることに慣れてきたので、主流が受け入れた語彙を用いて他の複雑な存在を描写することができなかった。例えば、地上に生える樹木に対する観察から、ある二本の樹木には関係がないと考えているが、実は樹木の根は土の中で絡み合っているかもしれないことを忘れてしまいがちなのである(六)。

三、多元的な資源

執拗低音を再訪することはまた、複数の資源を探求することでもある。ここでいう資源とは、様々なデータベースの中にあって適宜選択・使用されるものを指し、必ずしも単一の確実な解答というわけではない。私たちがホテルに泊まる際、必ずしも一号室から泊まり始め、次回は二号室に、その次は三号室に泊まる必要がないのと同じである。同様に、有用な資源は、一つ一つ前後に並んで関係しているのではなく開放的・分散的なものである。有用な資源の探究は、歴史学という営みによる古今の思想資源の発掘や思想資源そのものの意義の発見に裏付けられている。したがって、最前列に並んでいるもののみが現実的意義があるとか、あるいは最前列に並んでいるものと瓜二つに装われた歴史や思想のみが現実的意義を有すると考えてはならない。このように考えてこそ、歴史学研究あるいは思想史研究の仕事を通して私たちの現実生活を豊かにする資源を発掘しうるのである。もし私たちが古代の人物の状態を理解せんとするならば、手を尽くして彼らと同一の境地に達せねばならず、単に西洋の理論を当てはめるのみであってはならない。私たちは西洋の歴史を事例化した上で普遍化し、中国の歴史や文化を事例化した上で普遍化すべきである。このような交互の往還の過程において、新たな理解と新たな資源が得られるのである。

復旦大学における四回の講演の後、欧州の中国学界のある友人が次のように私に告げた。「低音」の問題は、「史実の構築」「価値の参照」「低音こそが実際には真の主流かもしれないこと」という三つの層に及ぶはずだと。私は低音こそが真の主流であるという主張を完全には支持しないけれども、前二者については同意する。すなわち先に述べたように、「低音」の再訪によって新旧の学術資源は同列にある多元的・開放的な資源となり、もっとも新しい学術的見解や西洋の学術的見解のみが唯一の、真に価値ある見解だと単純には見なさなくなる。したがって、現象学に似たこの復元作業は一種の解放である。(七)私がこうするのは、主流に取って代わろうとするからではなく、資源の多元性を豊かにしようとするからである。絡み合ってほどけない新旧文化をめぐる古い論争は時代に従って新陳代謝されるべきであり、再訪の仕事とは、歴史や文化に対する私たちの理解を豊かにすることに加え、同時に今日の思想資源を豊かにすることでもある。

講演において私は、西洋思想史においても類似の事例があったことに言及した。政治哲学者のレオ・シュトラウス（一八九九―一九七三）は、西洋は一八世紀以来、「科学主義」と「歴史主義」の影響を受け、古代ギリシャ・ローマのテキストが有する多くの深意をなおざりにしてしまっていると考えた。ジャンバッティスタ・ヴィーコ（一六六八―一七四四）は、デカルト（一五九六―一六五〇）の著作が覆い隠してしまった人の複雑さを理解するために、二〇年余りの時間を費やして古代ギリシャ・ローマを研究した。また、ピエール・アド（一九二二―二〇一〇）は ***Philosophy as a way of life***〔『生き方としての哲学』小黒和子訳、法政大学出版局、二〇二一年〕において、現代人による古代ギリシャ哲学研究では、実は後世の枠組みがあまりにも多く重ねられ、幾度となく元のテキストから乖離したため、生命の実践を帯びた部分が忘却されてしまったと主張している。ジャンバッティスタ・ヴィーコがデカルトの思惟の影響から脱して、古代ギリシャ思想において後世の人が見慣れないと感じていた資源を発見したのと同様に、ピエール・アドによる再訪を経て、私たちはギリシャ・ローマ哲学の奥深い複雑さをよりよく理解できるようになった。また、ノーベル賞受賞者アマルティア・セン（一九三三―）は ***On Ethics and Economics***〔『経済学の再生――道徳哲学への回帰』徳永澄憲・松本保美・青山治城訳、麗澤大学出版会、二〇〇二年〕において、アダム・スミス（一七二三―一七九〇）の著作にある「私利」と「競争」の観念に関する分析を行い、この両者に関するアダム・スミスの主張には節度があったことを発見した。アマルティア・センによる新たな分析を経て、資本主義についてもともと主張されていたことはそれほど単純ではないこと、すなわち人類の今日の経済行為を考えるための新たな視野が開けることを私たちは理解するようになった。ただ、結局のところ何を取捨選択するかについて歴史学者は口出しできない。

最後に私たちが問わなければならないのが、現在の人類の苦境を解決する資源には、果たして現在の西洋の主流思想しかないのか、あるいは異なる資源を加えることができるのかということである。私は、「近代性」の考察においては多元化が標榜されているけれども、近代思想界の状況は却って単一化しているようだと常に感じていた。現象学による還元式の「再訪」によって私たちは束縛から解き放たれて伏流を発見し、思想資源を多様化・豊富化することができる。これによって得られるものは単に歴史解釈にとどまらず、現実における価値判断の参照資源をも豊かにするであろう。そうすれば、私たちの価値世界は単線的で平たいものではなくなる。

ここで強調しておきたいのは、近代における新学術や新思想の先駆者に対する私の敬意に変わりはないことである。文化が不断に発展し、新たな価値がとどまることなく造りだされていくことは必然であり、私は単純な復古を唱えているわけではない。現在ある種の政治性を帯びた復古思想が台頭し、多くの研究が政治やナショナリズム勃興の方向に向けて発展することが強烈に望まれていることを私は知っている。しかし、私の講演がこのような趨勢と単純な等号によって結ばれてしまうことを私は望まない。「再審」の仕事には一つの前提がある。現代学術の洗礼を受けなければ、あらゆる学問に発展の余地はありえないということである。王国維（一八七七―一九二七）の言葉を借りれば、「中国と西洋の二種の学問は、栄えれば共に栄え、廃れれば共に廃れる」ということである。（八）すなわち、近代西洋の学問による揺さぶりがなければ、中国の学問の多くの層は見れども見えなかったであろう。西洋学説の導入がなければ、中国の学問の多くの点が明確にならず、雑然として秩序がなく、明晰に表現することができなかったであろう。証左は枚挙に暇がない。西洋の理論や資源は、私たちが歴史をよく理解するのに常に役立っており、私たちが歴史を「再構成」する目標と必ずしも互いに排除しあわない。例えば、李宗侗（一八九五―一九七四）は『中国古代社会新研』を書き、フュステル・ド・クーランジュ（一八三〇―一八八九）の ***La Cité Anitaue***（『古代都市』田辺貞之助訳、白水社、一九九五年）を翻訳した。ここでは暫時彼の議論の正否を論じないとしても、彼がギリシャ・ローマ社会における「家火」（火を用いた家族祭祀）の観念を引用して中国古代社会を解釈したことが、確かに中国上古史の研究に新たな方向性をもたらしたと認められる。もし彼に古代ギリシャの都市国家に対する深い理解がなければ、中国古代史における同様の現象に気がつかなかったであろう。

再度強調しておきたいのは、当初の計画では講演原稿を発展させて論文集を編むことを想定していたことである。しかし結局、時間の制約により逐一論文に改めることはできなかったため、本書の形式で世に問うこととなった。講演集であるので、論点は比較的ゆるやかであり、脚注も少ない。なお、編集の過程において二篇の附論を加えた。それぞれ初出は、「伝統的非伝統性」(「伝統の非伝統性」(九))と「時代関懐与歴史解釈」(「時代への目配りと歴史解釈」(一〇))である。『東方早報・上海書評』二〇一一年七月二三日号に掲載された葛兆光教授との対談録「尋找『執拗低音』」(「『執拗低音』を探して」)も本書の内容に関連することを付言しておきたい。

＊　＊　＊　＊

この場を借りて多くの友人の謝意を述べたい。先ず、復旦大学の葛兆光教授と銭雲君に感謝する。葛兆光教授には講座に招いていただいたばかりでなく、出版への後押しをしていただいたことに特に謝意を伝えたい。加えて、復旦大学の章清教授、周振鶴教授、陳思和教授には私の講演時において司会の労に加えて多くの助言をいただいたことに感謝したい。中央研究院の蕭高彦教授、林勝彩博士、北京師範大学出版社譚徐鋒氏、台湾大学歴史研究所博士課程の陳昀秀さん、そして講座においてご助力いただいた友人たちがいなければ、本書はならなかった。

最後に日本語版について触れておきたい。『執拗的低音』が世に問われた後、突然説明し難い想いが浮かんできて、可能であれば日本語版も出版したいと考えるようになった。その後、一橋大学の佐藤仁史教授に相談したところ、日本語への翻訳を快諾していただいた。煩雑な翻訳作業が佐藤教授に大きな負担をもたらしたことを非常に恐縮に感じるとともに、深く感謝している。日本語版に寄せて本書における三つの主題を再提示しておきたい。第一は「風」という概念と歴史解釈との関係である。第二は、歴史学研究の任務の一つに歴史上の様々な「音調」を見つけ出すことがあるということである。第三は、人々がある現象や価値を「本質」として捉える誤解に陥ってしまわぬよう歴史学がどのような役割を果たせるのかについてである。詳細は本論において展開しよう。

二〇一二年九月記
二〇一九年一一月改稿

【註】

（一）後知恵バイアスについては、王汎森「対思想史研究的若干考察」邵東方・夏中義編『王元化先生九十誕辰紀念文集』（上海、上海文芸出版社、二〇一一年）においても論じたことがある。
（二）「『国学季刊』発刊宣言」季羨林主編『胡適全集』（第二巻、合肥、安徽教育出版社、二〇〇三年）一六頁。
（三）傅斯年（一八九六―一九五〇）の「赤符論」未刊稿における言葉を踏襲している。傅斯年「赤符論」は出版予定の『傅斯年遺文集』に収録。
（四）陳寅恪「馮友蘭中国哲学史上冊審査報告」陳寅恪『陳寅恪集・金明館叢稿二編』（北京、生活・読書・新知三聯書店、二〇〇一年）二七九―二八一頁。
（五）このことは、目の前に二軒の本屋があり、一軒は最近出版された本か売れ筋の本のみを置く店で、もう一軒は過去六、七〇年の間に出版された本を扱う古書店であり、両者を併せてこそ比較的十分な参照資料を得ることができることに喩えられる。
（六）ここではジャン・ボードリアールによるリゾーム（rhizome）の概念を借用した。
（七）私は、同一時間における歴史発展は多くの層から構成されており、あるものは主調であり、あるものは存在するけれども低音となっていたと捉えてきた。今日の私たちはこれらの「低音」を再検討し、遮蔽された面から主流と周縁との分岐点を見てみる必要がある。日本の東北地方太平洋沖地震がもたらした原子力発電所の危機は多くの人々に、一九六〇年代のアメリカにおいても融解塩原子炉によってエネルギー問題を解決させようとしていたことを想起させた。現在では、一九六〇年代の分岐点に立ち返り、一体なぜそこからそれてしまったのかを検討し、融解塩原子炉を理解することが新たな活路なのではないかと考える者も徐々に現れている。これもまた一種の「再訪」なのである。

（八）王国維「国学叢刊 序」謝維揚・房鑫亮主編『王国維全集』（第一四巻、杭州、浙江教育出版社、広州、広東教育出版社、二〇〇九年）一三一頁。

（九）王汎森「伝統的非伝統性」『章太炎的思想——兼論其対儒学伝統的衝撃』（上海、上海人民出版社、二〇一二年）一—一四頁。

（一〇）王汎森「時代関懐与歴史解釈」『古今論衡』第二三号、二〇一一年、三—一八頁。

第一講　執拗低音——歴史的思考に関する若干の考察

「執拗低音」とは日本思想史研究の泰斗丸山眞男によるいくつかの文章において登場するテーマである。私は夙に、日本思想の最低層にあり、あまり変化をしない「古層」という彼の提唱した理論に注目しており、後に彼のいう「古層」には「執拗低音」があることを学んだ。偶然の巡り合わせにより私は、葛兆光教授の筆による「思想史研究的他山之石」〔「思想史研究における他山の石」〕という丸山眞男の思想史方法論を紹介した文章において同様の問題が提起されていることを知った[一]。したがって、「執拗低音」というテーマはしばしば私の脳裏を横切ることになった。

私は歴史学の角度から一連の講演を行う。実際には、いくつかの問題意識や困惑、特に歴史学に対する態度を会場のみなさんと共有したいのであって、決して何か正しい答えがあってそれを主張するわけではない。ここで「低音」を議論することは、決して「復古」を主張して伝統モデルになんの躊躇もなく回帰していくことではない。私が示したいのは一種の「再訪」である。すなわち、過去百年にわたって新思潮に押さえつけられてきた学術思想を再訪すること、多くのなおざりにされた側面を再訪すること、基本的な問題を再訪すること、新派による行きすぎた歪曲に対する近代の保守主義者の回答や、近代における主流の論述が形成される際に発生した重大な分岐の過程を再訪することとの重要性を示したいのである。私たちが近代を回顧する時、過去百年における新思潮と反新思潮による主導のもとで周縁へと押し出されてしまった歴史や文化論述の存在を忘れがちであり、これらの周縁や低音が再訪や再審理に値するか否か、現代社会にとって重要な資源たりうるか否かに正当な注意を払ってこなかった。

中国近代思想の低音を再訪したいという考えは私の頭の中で何年にもわたってこだましていたが、開陳する機会がなかった。実際には本講、第三講「王国維の『道徳団体』論及び関連問題」、第四講「『風』――なおざりにされた史学概念」はみなこの数年来思索してきた問題である。

長い間私の脳裏をぐるぐると回っていた考えを整理しようと決めた理由には、ある個人的な事情もあった。数年前、私はちょっとした病気に罹った後、宋明理学における「心体」〔心の本質〕に関する数十年来の理解が再考に値すると突然感じるようになった。すなわち、清末以来、新派の学説が全面的に勝利する前に立ち返り、後に大局に影響を与えた「主流の議論」がどのように形成されたのかなどの問題に対する当時の人々の見解を理解した上で、改めて整理できる部分があるか否かを考える必要性を発見したのである。したがって重ねて強調したい私の立場とは、中国近代思想の「低音」を再訪して価値のある手がかりをいくつか提供しうるか否かを理解することを通して、私たちの歴史研究に役立つ利用可能な資源を提供せんというものである。

過去百年にわたり、全面的西洋化あるいは反西洋化の議論は幾度となく反復されてきた。しかし、その中で当時競合した議論はそれぞれ極端に走ってしまった。すなわち、古代の歴史や文化に対する伝統派・保守派の理解が新思潮によって傍らに押しやられたり完全に消されたりした一方で、他方では少なからぬ旧派人士が新派に対抗するために却って発展の余地のないもう一つの極端へと陥ってしまったのである。そして、そのことを私たちは忘れてしまった。

一、事実の再構成と価値の宣揚

論述を進める前に、人々は非常に長い間、「価値の宣揚」と「事実の再構成」を混同することで誤った認識に至っていたことについて説明しておきたい。卑近な例を挙げれば、ある学者の思想を見下すがために、その学者の学術的見解までも見下してきた。

「価値の宣揚」と「事実の再構成」は古代においては特に分かれていなかったが、近代中国において新たな学術が出現した後には、次第に分離する趨勢にあった。他方、新派であれ旧派であれ、往々にして「価値」を称揚するのと同時に、「事実」の部分も歴史の周縁へと追いやったため、人々の視界に再び現れなくなってしまった。新思潮がひとたび主導権を握るや、旧思想の支持者および彼らが抱いていた学術的見解も同時に攻撃の対象となった。同様に、旧派の人物も新派の人物に不満を抱き、彼らの学術的見解を否定する傾向に陥った。

例えば、馬一浮（一八八三―一九六七）の『泰和宜山会語』において繰り返し強調されているのは、「六芸」（周代士大夫の基礎教養、礼（礼儀）・楽（音楽）・射（弓術）・御（馬車操縦）・書（書道）・数（算術）のこと）という分類がすでにあらゆる分類を包括していることである。すなわち、現代の学科は、物理学・化学であろうと心理学であろうと、みな六芸の分類を超えていないというのである。これはもちろん今日の私たちの認識と合致しないが、もし古代の六芸が指すところが何であったのかを理解できれば、馬一浮の言葉は再考に値する。しかし、多くの人々は馬一浮の思想は陳腐であるため、古代六芸観に対する彼の理解も全く取り上げるに値しないと考えるが、実情は必ずしもそうではない。私が指摘しているのはこうした認識への反省であり、「価値の宣揚」と「事実の再構成」とをある程度まで切り分けた上で、歴史の再審に立ち戻らなければならないということである。

ここではさらにいくつかの事例を取り上げたい。例えば、レオ・シュトラウス（一八九九―一九七三）の著作は近年数多く翻訳されている。私はかつて「権力的毛細管作用」（「権力の毛細血管としての機能」）という一文を記した際に、[二] *Persecution and the art of Writing*（『迫害と著述の技法』）という政治と宗教弾圧を論じた彼の著作を参考にした。レオ・シュトラウスは、バールーフ・デ・スピノザ（一六三二―一六七七）の『エチカ』を始めとする著作が、政治的な圧力であるか教会の圧力であるかを問わず外的圧力に秘密裡に対処するものであったと考えた。彼に拠れば、多くの名著の背後には精巧に隠匿された様々な著述方法があり、もし外的圧力にも目を配らなければ、スピノザの『エチカ』を含む多くのテキストを理解できないという。

レオ・シュトラウスの別の著作 *What is Political philosophy?*〔『政治哲学とは何か――レオ・シュトラウスの政治哲学論集』石崎嘉彦訳、昭和堂、一九九二年〕も好個の事例である。西洋においては一九世紀以来、古代ギリシャ・ローマの古典政治哲学に対する解釈は常に歪曲されてきたと彼は捉えた。歴史主義と科学主義という二つの思潮が一九世紀より欧州の思想界を席巻しており、古代ギリシャ哲学の研究者はそれらの影響を受けながらもそのことを自覚していなかった。そして、無自覚な態度によって古代ギリシャの政治哲学を解釈した時、無意識に数多くの誤解を生み出してしまった。この点に関するレオ・シュトラウスの認識は次の通りである。第一は、歴史主義によって、あらゆる事件は相対的な角度から見られることとなったことである。なぜならば歴史主義には次のような極めて重要な概念があるからである。すなわち歴史上の事件とは個別で一回限りのものであって、それらはそれぞれ神と直接関係していると見なされたため、あらゆる事情は相対的に見られるようになった。もし政治哲学という学問において価値判断がないのであれば、この学問の基礎は存在しないことになるとレオ・シュトラウスは認識していた。古代ギリシャの政治哲学をしっかりと理解したいのならば、西洋の歴史主義があらゆる面にわたって影響をもたらしたため、一九世紀以来の西洋政治学者とりわけ古代ギリシャ・ローマを研究する政治学者が、古代ギリシャ・ローマ政治哲学には明確な価値判断が存在したことを忘却してしまったことを必ず理解しなければならないと彼は考えた。第二は、一九世紀以来の強大な科学主義が隅々にまで浸透したことによって、人々が古代ギリシャ・ローマ、とりわけ古代ギリシャの政治哲学を振り返る時には、往々にして科学主義の影響を深く受けながらも、それを自覚していないことを同時に理解する必要があるということである。

このほかにレオ・シュトラウスは、人々が政治哲学を総体的に思考することを望まず、いくつかの論点のみを問題化して深く分析することを望むようになったと指摘している。これは古代ギリシャ・ローマ、特に古代ギリシャの哲学が有する重要な特色に背くことである。もし一九世紀以前における政治哲学及び古代ギリシャ哲学の注釈に対する人々の理解を再訪しなければ、先に述べたより深い層を容易に見通すことはできない。要するにレオ・シュトラウスは、人々が新たな方法で古代ギリシャ・ローマの政治哲学を読解して新たな理解を得ることを求めたのと同時に、新たな政治思想の資源を開発することも願っていた。レオ・シュトラウスの説は必ずしもすべてに説得力があるわけではないが、省察に値する。

もう一つ挙げたいのが、ピエール・アドの著作『生き方としての哲学』である。古代哲学思想は当時において日々の生活や人生に適ったものであったが、後世の人々が語る哲学は日々の生活や人生から遊離してしまったとピエール・アドは考えた。彼に拠れば、古代ギリシャの哲学者は純粋な思想体系を構築するために哲学をしていたのではなく、日常生活の実践の中に思想を位置づけようとしていた。すなわち、彼らは哲学の「日常生活面」(living praxis)に注意していたのである。ピエール・アドがいうには、一八、一九世紀以来の古代ギリシャ哲学に対する解釈は、古代ギリシャ哲学が抽象的な学理ではなく一種の生活様式であったこと、古代ギリシャ哲学の語る内容が物理学や宇宙論であれ、数学や自然論であれ、あらゆるものが事実上みな生活様式と関係があり、幾度かの抽象化を経た後に一種の純粋哲学の弁論となることを求めていたわけではないことを等閑視してしまっていたのである。

ピエール・アドは、口伝が古代社会において果たした重要性に言及している。書くことは口伝の形式によって規定されており、その目的は再度口伝するのに都合がよいためであった。このようにして口伝は優勢を保っていた。この状況は、今日私たちが書写や印刷が口伝より優れていると考えていることと正反対である。もし私たちがこの点を理解せずに古代ギリシャを振り返ってもずれが生じてしまうであろう。

またピエール・アドが「哲学化するのはどのように対話するかを学ぶためである」(To philosophize is to learn how to dialogue)と述べているように、古代社会において対話の形式は極めて重要で、もっとも優先された。このほかに、精神の鍛錬（spiritual exercise）もまた非常に重要であった。したがって、哲学は単に教義的知識の探索（doctrinal exposition）とは見なされず、また哲学とは単に抽象的な知識を得るためにあったのではなく、生活のために存在していた。哲学の営みとは単に知識上（intellectual）のものであったばかりでなく、同時に精神的なもの（spiritual）なものであり、人々は哲学生活を学習する必要があった。論理（logic）、物理（physics）、倫理学（ethics）等以外に、実存の論理（lived logic）、実存の物理（lived physics）、実存の倫理学（lived ethics）があったように、これらの学問を純粋な知識の追究と捉えてはならないのである。換言すれば、哲学とはただ独創的思考を追究するのみならず、同時に魂を表現することでもあった。

加えて、ピエール・アドは、物理学を精神鍛錬に不可欠な一部分であったと捉えた。哲学とは、生活における一種の芸術であり、実存や活動へと向かう面があり、純粋な概念や理論にとどまらないものであったのである。したがって、古代ギリシャ時代のあらゆる学問はみな「存在」という方向性や「生活」という側面を有していた。これらの学問はすべて有機的な全体であって、毎度姿を現すのは全体の一部分にすぎず、抽出分析の観点から古代ギリシャ哲学を理解する方法は一八、一九世紀以降になってようやく出現した。

加えて、近代の多くの知識はみなある重要な発展、すなわち倫理・価値と知識との分離を経験した。ノーベル経済学賞受賞者アマルティア・センは『経済学の再生』において、近代経済学と倫理とが袂を分かった過程を検討し、近代経済学において理性的経済行為とは個人利益の最大化であると見なされていることを言及した上で、近代経済学が経済という行為を基本的に「利己」的（self-interest）なものと捉えていること、そしてこうした考えはアダム・スミスの『国富論』や『道徳情操論』に由来すると人々が考えていることを強調した。しかし、アマルティア・センがアダム・スミスの著作を再訪した結果、アダム・スミスの著作における「利己心」の思想は普遍的なものではなく非常に限定的で節度あるものであり、後に「利己心」が無限に拡大し、これこそが一切の経済行為の中心であると見なされるようになったのとは異なることを発見した。このような再訪は、私たちがアダム・スミスの「利己心」の思想を改めて理解する上で一定の価値があることに加え、現代の経済行為に対する反省と解放でもあるのである。

多くの近代学科の知識は、もともと非常に強かった倫理や価値あるいは生活面での含意を次第に取り除いてしまった。もし私たちが無節操に「脱倫理化」した学術的観点から古代を観察するなら、アダム・スミスによる発見と齟齬が生じるであろう。これは倫理的含意を帯びない経済学という観念から以前の経済観念を理解するものであり、私はこれを「意味倒置の誤謬」の一種であると考えている（この点については後述する）。

二、「学」とは何か

上述した思考の道筋にしたがって近代中国の事例に分け入ってみよう。私が以下で議論する内容は、意味倒置の誤謬と直接的・間接的に関係がある。なぜなら、近代中国思想と伝統中国思想との間に極めて深い断裂が入ったことによって、多方面にわたる影響が生み出されたからである。本項の前半では、主に近代以降出現した学術上の定義、新語彙、西洋の概念などが覆い隠してしまった古代の歴史を、後発者がいかに振り返ったのかを検討する。後半ではもっぱら、「後知恵バイアス」「時間の序列」「限定合理性」、および歴史家が二つの異なる時間の序列のもとで歴史解釈を行う際に犯す誤りについて検討する。

先ず近代における「学科化」運動について議論したい。主題に入る前に、私が近代学科の発展に全面的に賛同していることを強調しておかなければならない。ここでは、歴史学研究の角度から、現代における学科の概念を用いて歴史上の関連知識を遡及的に見る際に生み出される絶大な影響について考えてみたい。

薛福成（一八三八―一八九四）は「多く分ければ分けるほど、方法はより精緻になる」と述べている。[三] つまり、一九世紀の西洋が学問を様々な科目に分けたことに学ばなければならず、そうしてこそ後発者が先行者より精緻になり、より発達するとの意である。換言すれば、中国古代における漠然とした「六芸」、すなわち学問をすべて一緒くたにしてしまう分類は近代では通用しなくなり、細かく分類しなければならなくなったため、学問を「科学」(学科に分けられた学問)と呼んだのである。近代に出現した学科の多くは古代にはないものであった。銭穆(一八九五—一九九〇)は『中国現代学術論衡』での現代の学問に関する議論の中で非常に重要な指摘をしている。すなわち、教育学、心理学、考古学、政治学などの学科はみな中国古代にはなかった学であったと。この指摘には見識があるものの、あまり同意できないのは、これらの学問が不必要なものであるかのように書かれている点である。当然両者の関係を安易に等号で結ぶことはできない。このことは、人類は刀をぬいて水を断つことはできず、河は海に向かって流れるもので逆流することはありえないのと同じである。

しかしながら、私たちは次のように理解してもよい。これらの学科はもともと存在していなかった学問であるから、現代の学科から派生した態度や方法を用いて古代の学問を見るとき、一種の微妙な気づきがなければならない。また、これらの学問は時系列においてはみな「後発」であるので、多大な努力を払わなければならない。非常に曲がりくねった細かい分別の作業を経てこそ、誤解して自覚していなかった現代と古代との間に存在している多くの相違点を明らかにできることにようやく気づくのである。

今日の心理学の概念、範疇、語彙を用いても、古代の人々の心理の世界を必ずしもよく理解できるとは限らないが、近代の心理学が生み出した多くの資源は、私たちがもともとはっきりとわからなかった古代の心理に関する知識を理解する上で確かに助けになる。しかし、私たちが古代の世界をしっかりと理解したいのであれば、彼らには非常に複雑で精緻な世界があり、それは私たちのものとは完全には同じではなく、越えなければならないいくつかの溝があることを認めなければならない。

近代における知識の転換や学科に分かれた学問の形成過程において、複雑で微かな声がそれらからこぼれ落ちてしまった。王国維を例にとって考えてみよう。彼は、青年時代に新たな学問を熱心に導入したものの、当時の人々が学術をいくつかの学科に分けてしまったことが生み出した偏りに対する反省を行った。多くの学問は本来一体であり、いくつもの種類に分けることはできないと彼は考えた。初期の作品である『静安文集』において王国維は、古書における多くのテキストは文学や哲学を兼ねたものであったが、後の人々がそれらを学科に分けて捉えるようになったと述べている。(四)宋代の多くの文献、例えば『太極図説』『通書』『皇極経世』などのような書物はみな「哲学でもあり文学でもある」性質を有していた。しかし、宋代以降哲学が次第に文学から分離したため、「今それが有する哲学の部分を捨て、いたずらに文学の部分を研究することで完全に理解しようとしても達成されず」、反対にただ哲学の部分のみを研究して、文学の側面を完全に排除してもまた「達成されない」というのである。(五)この部分の意味は、哲学と文学とは多くの場合において完全に分けることはできないが、現代人が分析の方法によってそれらを読解する時、両者を分解してしまうということである。王国維はまた「古人がいうところの学とは知行を兼ねたものであったが、今はもっぱら知の側面をいう」と述べている。(六)すなわち、以前の「学」は「行」を含んでいたが、後になって人々は知識の側面のみに注意を向けるようになってしまい、「行」の側面があったことを忘れてしまっていることを示している。

胡適はかつて、「学問とはそれ自体独立したものであり、信仰や道徳もまたそれぞれ独立したものであると私はいつも考えている」と述べた。(七)この言葉の含意は、現代人は倫理から離れて学問を捉えるべきであるということであり、このことが近代学術の進歩を促した要因であったことは私も認める。しかしながら、新たな学問の観念を用いて遡って古代の学術を捉えようとすれば、おそらく研究上や認識上において非常に大きな誤差を生み出してしまうであろう。以前の学問と信仰、道徳とは往々にして一体であり、三つの独立した事柄ではなかった。したがって、私たちがこれらを三つの事柄に分けて古代の人々を理解しようとする時、理解の中にずれがあることを感じてしまうのである。これがすなわち私がいうところの「意味倒置の誤謬」が発生する背景である。倫理と経済、倫理と法律、倫理と歴史、倫理とその他多くの学科との関係も同様である。私たちはすでに「脱倫理化」した時代に身を置いているため、意味倒置という態度から振り返って過去を理解しようとするなら、偏りが生じてしまうことを免れえない。例えば、ただ単に現代政治学の観念を用いて古代政治を理解しようとするなら、様々な誤解が生じてしまうであろう。

私たちにとって全く異なる範疇のものであっても、古代においては必ずしも異なる範疇ではなく、有機的な全体の一部が姿を現したものと長い間捉えられていた。経世致用の「経世」という概念は、道徳や学問と切り離されたものであろうか。また、文章の「文」もまた同様にそのようなものなのであろうか。清末の宋恕（一八六二―一九一〇）はかつて、人々が「経世」を本来の意義とは異なる形で捉えていることは、すなわち古代の儒家が理想とした学問観が消失したことを示していると指摘した。なぜならば、孔門の四科（徳行・言語・政事・文学）はみな「経世」の学であったからである。（八）宋恕が用いたのは章学誠（一七三八―一八〇一）の観点、すなわち学問のない経世とは水源のない水のようであるとする捉え方である。宋恕に拠れば、「経世」に別の名称を与え、近代の「経世」の観点から過去の「経世」観念を理解しようとしても、大きな偏りが生じてしまうというのである。（九）

「学」とは一体何であろうか。「学」とはばらばらに分かれたものであろうか、それとも総合的な有機体の一部が表出したものであろうか。カナダの哲学者チャールズ・テイラー（一九三一―）の *Hegel and Modern Society*（『ヘーゲルと近代社会』渡辺義雄訳、岩波書店、二〇〇〇年）では、一八世紀後半以来西洋には二種の真理の観念があり、一つは分析的なもの、もう一つは学問を一つの全体と見なすものであると述べられている。私たちが認識するのは全体のうちの一部が現れたものにすぎないため、それが全体の単なる一部分であることを忘れてはならないというのである。

したがって、私たちの現代学術における「学」とは、基本的に客観的な研究の角度から分析対象を客観化し、その上で「研究の態度」を採ることを指す。私は、「研究の態度」こそがもっとも鍵となる現代観念だと考える。熊十力（一八八五―一九六八）は、「研究の態度を採ること」が知識や思想を無機化してしまい、それらが有していた心や倫理の意義、あるいは筆舌に尽くし難い微妙な側面を剝離してしまっていることを、いくつかの文章において反復して主張している。

以上のように、古代から現代に至る学問観は実は大きな変化を遂げてきた。現代の学科観念の影響のもと、古代の学問を現代の学科に転換する過程において、価値や生活、現実的含意を帯びた部分はばらばらにされ、学問に対してあまりにも多くの法則的理解がなされるようになった。このことは私たちが歴史研究を行う際に認識しておかなければならない事実である。

三、「西洋化」の過程

近代中国ではあらゆる面にわたって「西洋化」の過程が見られた。少なくともそれは次の二点においてはっきりと現れていた。一つは、周知のように、直接西洋（教条的なマルクス主義を当然含む）を模倣すること、すなわち西洋の概念、枠組み、方法を用いて古代中国を解釈することである。もう一つは、西洋に対抗することであり、中国の歴史や文化を描写する際、内容や形式、重点の置き方に微細な変化を加え、模倣した偽の西洋像を用いて西洋に対抗するという方法である。私が四川の李荘を参観した際の例から見てみる。現地には清末民初に建設された小学校があり、正門の建築は西洋式のものであった。聞くところに拠れば、この学堂は非常に保守的であった紳士によって建てられたものであった。彼は新式学堂における教育内容をひどく憎んでいたので、ある新式学堂と瓜二つの学校と正門を造り、「君にできることは私にもできる」と掲げさせたという。

私たちは多くの歴史叙述において、西洋の基準に迎合した精神構造、あるいは西洋と競いたいがために却って類似した表現をしてしまった状況を見て取ることができる。これらの迎合が羨望であるのか抵抗であるのかにかかわらず、みな「君が持っているものは、私ももともと持っている」「私がもともと持っているものは、君のものと似ている」「君ができることは、私にもできる」という精神構造を明らかに示している。例えば、李建民は『華佗隠蔵的手術——外科的中国医学史』（『華佗が隠蔵した手術——外科の中国医学史』）という著作において、もともと中国医学にも外科があったにもかかわらず、中国医学には内科しかなく、外科は取るに足らないものであると近代西洋医学が見なしたこと、このような雰囲気のもと実践上にせよ表現上にせよ中国医学の内科化が強調された過程において、もともと外科の部分もあったことが忘却されてしまったことに言及している。劉咸炘（一八九六—一九三二）は蒙文通（一八九四—一九六八）に宛てた手紙の中で、近代の有名な新派学者の大部分は、中国史上における核心ではなく周縁にあった部分を突出させることで現代の西洋的思想や価値に迎合したため、それらがもともと中国の歴史や文化における核心であると人々に誤解させてしまったと述べている。

　中央研究院歴史語言研究所の先達王毓銓（一九一〇—二〇〇二）は、「研究歴史必須実事求是」（「歴史研究は実事求是でなくてはならない」）という一文において多くの同様の例を挙げている。[一〇] 彼も大きな怒りを込めて次のように述べた。近代中国の歴史学は過度に西洋の影響を受け、一九世紀以来形成された多くの学術概念や範疇をそのまま古代に当てはめて常に古代を現代化し、中国史を欧州史化したと。これは極めて注意に値する現象である。こうして形成された解釈の枠組みこそが私のいう「西洋化」の過程の産物だからである。

　また、事物の発展を解釈する際には、意識的にせよ無意識にせよ、法則（law）という思考が加えられたため、「発展」が極めて法則性を持つものと見なされるようになったことを挙げなければならない。そして、法則的な枠組みに含まれないものや法則性を持たない発展は、往々にして傍らに置かれ、次第に周縁へと追いやられた。それらは、本来截然とは分かち難い性質を持つもの、境界がそれほどはっきりとしておらず極めて微細な区分を内在するもの、あるいは単線的ではない発展過程、知識そのものが日用の面から決して遊離していないもの、「信」（信仰）の部分が分析より多いもの、微かで曖昧な低音などである。これらの知識の特徴は実は極めて重要であるが、現代において新たに「西洋化」にした構造や枠組みとは全く相容れないものに変わってしまったため、周縁に放置されてしまった。

近代中国における「西洋化」の過程には、当然日本や西洋から導入した大量の新語彙がもたらした新たな潮流が含まれている。人々がこれらの語彙や概念を組み合わせた大きな網を用いて古代の歴史や文化を捉えようとしたことは、あらゆる点において影響を生み出した。ある学者はフランス革命が辛亥革命にもたらした影響に注目し、シャルル・ド・モンテスキュー（一六八九—一七五五）の『法の精神』において言及された、中国を専制と見なす概念に着想を得て古代中国を専制と見なした。(一一)当然この見方に対する意見は異なるが、中国古代における政治制度が「専制」と形容できるのか、それとも別のより精緻で複雑な概念に拠ってこそ描写・理解できるのではないのかという問題を考察するための重要な観点を提供しているように思われる。例えば、近代中国の州県制度に関するある研究の指摘に拠れば、近代の学者はしばしば三権分立の観念から清代における州県の状況に遡及したが、このような方法は容易に誤解を生じさせた。(一二)

もう一つの事例は「国家」（state）の観念である。近代に民族国家（nation-state）の観念が形成されて以降、人々はなんら留保することなくこの観念を近代以前の歴史に当てはめるようになった。このことは隅々にまで影響をもたらした。哲学においても類似した例がある。例えば、近代の学者はしばしば西洋の「唯物」「唯心」の概念によって中国哲学を講じたが、熊十力はこの一対の概念を初めて聞いたとき、「即刻驚きいぶかり」「哲学者がただ唯心と唯物の問題のみを論争するのであれば、それは結局根本的に解決する方法ではないと考えた」。(一三)私たちは現在では熊十力を守旧派と見なしているが、当時の人々の中には彼が「伝統学術に忠実な者」ではないと考える者もいたことを彼の著作から看取できる。[一四] 事実、熊十力は多くの新たな知識をすでに吸収していたものの、「唯心」や「唯物」という概念で中国古代哲学を解釈することが極めて大きな歪曲と誤解を引き起こすと認識していた。

続いて、「意味倒置の誤謬」について述べておきたい。「意味倒置の誤謬」には様々な含意がある。ここで特に取り上げたいのは、黒板に書いては消すことを繰り返すように、意味が一つ一つ書き換えられていくこと、すなわち英語でいうところの overwrite〔上書き〕に関することである。書いては消すことを繰り返す過程において、最後に書かれたものと歴史上において一つ一つ書いては消されたものとの間には往々にして違いが現れた。したがって歴史上の事実と現代人の心の中にある事実とはすべてが同じではない。この点についていくつか議論してみよう。先に述べたように新語彙が導入された後、中国古代の歴史や文化、思想は上書きされたかのようである。後に形成された厖大な新語彙の網を直接かぶせることによって作られた理解は往々にして大きな誤差を生み出した。これも「意味倒置の誤謬」の一種である。

最近、ある韓国人学者が「青年」という語彙が古書には現れないことに注目した。もし「青年」という観念を直接用いて近代以前の「青年」を理解しようとしても、無意識のうちに誤解が生じてしまうであろう。「伝統」や「歴史」などの語彙についても同様である。古書において「伝統」はあるときは血縁（君王のごとく代々血縁で伝えられる系統）を指し、あるときは「某の統を伝える」というように、職人が具体的な事物や技芸を代々継承していくことを指した。しかしながら、後に西洋の tradition の意を持つ「伝統」観念が次第に形成され、圧倒的な影響力を有するようになると、「伝統」という語彙が本来持っていた含意が次第に狭く用いられるようになり、含意の多くは遂には消失してしまった。現代の「伝統」観念が形成されるや、それは強烈な吸収力と排他力を持つようになり、「伝統」に属すのか否かを隅々にわたって弁別したように、実際の影響は極めて巨大であった。もし tradition という西洋から伝来した現代の「伝統」観念を用いて以前の人々が「尚古」と称した類のものを理解せんとするならば、倒置的な誤謬を犯すことになる。「歴史」も同様である。過去にも「歴史」という言葉を用いないことはなかったが用例は比較的少なく、後の「歴史」観念は事件の間の連続して絶えない過程として人々に理解されているものである。したがって、もし後の歴史観念によって過去の歴史観を解釈しようとすれば、かなり微妙な誤差が生まれるであろう。

以上のごとき状況は清末民初以降に限定されたことではない。この数十年来、私たちは多くの西洋社会科学の概念を吸収し、無意識のうちに古代中国社会に無理矢理当てはめて論述してきたが、その中には再考するに値する論点が存在している。例えば、私たちは官立と私立という対立概念の影響を受け、それらが必然的に真っ向から対立する局面を想定してしまっている。事実は果たして本当にそうであろうか。また地方化（local turn）理論の影響を受け、地方と中央との関係を対立するものとして常に捉えている。しかし、時には対立しておらず、相互補完していたかもしれない。換言すれば、歴史上には確かに官と私、中央と地方の区分はあったが、その形式と相互作用は新たな方法によって理解すべきである。

また近代西洋の歴史学は一貫して平民の力をもっとも重視して「王権」にはなんら役割がないと暗に見なし、朝廷や官の役割を極めて低く見積もり、同時に民間や草の根の力を過度に高く評価してきた。中国の歴史を少しでも理解している者であれば、必ずしもこのように理解できないことはわかるであろう。過去において、太平の世における官の権威や説得力、道徳性は極めて強大であり、その権力が具有する影響力はあらゆる面に及んでいた。

「公理」や「公例」〔法則〕といった概念もかつては多くの想定を超えた影響力を発揮していた。例えば、「公例」についていえば、張爾田（一八七四—一九四五）のような保守派の思想家も文集において用いていた。世界における歴史発展の「公例」に照らせば、儒学は必ず宗教の段階を経ており、したがって儒学は当然ながら「宗教」であり「学説」ではないと彼は言及している。劉師培（一八八四—一九一九）は『中国歴史教科書』において、世界の歴史の「公例」に照らせば、かつて知らなかった歴史を推し量ることができると考えた。中国にも石器時代、青銅器時代、鉄器時代があり、『爾雅』においては石器を描写した箇所が非常に多く、記述が緻密であるのは、これが石器時代に成立したからだと述べている。このような見解は示唆に富むが、しかし、「公例」に照らして歴史を書いたことによって、異なる文化体系がそれぞれ独自に持っていた特色をふるい落とし、多くの部分を不適切な形で表すことになった。梁啓超は、活動の早期においては歴史研究から世の「公例」を得ることができると考えていたが、晩期に至るとそのような主張はしなくなり、統計的な方法を運用することで比較的高い蓋然性を知ることができると自説を改めた。この事例も梁啓超の思想が経た変化を示している。

新たな語彙、新たな概念、新たな枠組みが近代において歴史の舞台に登場し、強力で創造性に富んでいたので、多くの事物が改変された。「国家」「線性」（単線的性質）「公例」「進化」などの概念が入ってくるや、多くの関連する様々な概念が一掃され、様々な調整がなされた。これらの解釈の枠組みは私たちが様々な事柄を理解する上で裨益するところが大きいが、同時に私たちの誤解をも招いた。あるものの影響は非常に微細であり、磁石のようにものを引きつけ、あるものは風が一掃するように多くの「消耗的転換」を生み出した。

四、「創造的転換」と「消耗的転換」

近代における学科の設立過程において、多くの「創造的転換」が生み出された。歴史研究の角度から見ると、多くの伝統的学問が現代学科へと転換する過程において、それらの役割は継承・改善されたと人々は捉えたが、実際には必ずしもそうではない。多くのものが転換の過程において人々に忘れられるか、そうでなければ低音に変わった。学問はより科学的で現代的なものに転換したものの、複雑で微細な部分は取り除かれてしまった。

章炳麟（一八六九―一九三六）は『国学概論』において、例えば、漢代の学者が秦代以前の典籍に対して多くの「置換」や「重訳」を施したように、古代に関わる研究者は常に「置換」「重訳」の作業を進めていると述べた。現在振り返ってみると、彼の観察は確かに興味深い。今日の私たちにとってなじみのあるものは、清末中華民国期以来の「置換」「重訳」を経たものであるかもしれず、それらは新たな思想世界を開くものである。しかしながら、歴史の角度から見ると、それらは同時に消耗を伴うものであった。以下では、梁啓超と胡適に関するいくつかの事例をもとに説明を加える。

梁啓超の『国学入門書要目及其読法』と『最低限度之必読書目』は近代における著名な書籍リストであり、多くの若者がこれらを学問の指針としてきた。梁は『国学入門書要目及其読法』において焦循（一七六三―一八二〇）の『論語通釈』に言及している。当該書は戴震（一七二四―一七七七）の『孟子字義疏証』を模倣した作品であり、『論語』を解体し、仁や忠、恕といったいくつかの重要な概念を抜き出し、「若干の目を並べ、論語を通観して解説したものであり」、『論語』を研究する良法であるばかりでなく、他書を分析できる方法でもあると評価している。興味深いのは、清末においてすでに西洋の学問に精通し、西洋に外交使節として赴いた経験を有する保守派の思想家宋育仁（一八五七―一九三一）が、「『論語』の記述を」ばらばらにするのは誤りであり、『論語』とは全書が一貫し、互いに呼応する有機体であるので、訓詁を求めるほうがよい」と評価したことである。(一五) すなわち、『論語』の中身をばらばらにして概念毎に分析するのは誤りだというのである。宋育仁の主張は奇妙であると私たちは感じるかもしれないが、もしこの課題を再訪したいのであれば、かような奇妙な主張の中に道理があるか否かを考えてみなければならない。なぜならば、この奇妙な主張は「私の理解する古代はそのような姿ではない」といっているかのようであり、私たちが慣れ親しんで疑いを挟まなくなっている多くの学問的観点そのものが改めて問い直すに値することを喚起しているからである。

また、梁啓超は『廿二史劄記』を評して、「学習者は正史を読む前に、本書を通覧することを私は勧める」と述べている。対して、宋は「読む必要がないならなおよい。この著者は書き誤っている」と表している。[一六] この史書の体裁は『論語』と異なっているので、宋育仁の真意を私は知りえない。いずれにせよ、『廿二史劄記』が西洋の歴史学の「テーマ式」の体裁にもっとも符合していると近代の学者は見なしており、今日の私たちもこのような見方に慣れ親しんでいるが、伝統的学問の薫陶を深く受けた宋育仁にとって、ばらばらにして論じる方法は誤りであった。

梁啓超は、『宋元学案』と『明儒学案』を議論した際に極めて示唆に富む指摘をしている。「学案とは学史である」と述べているように、彼は「学案」を一種の学術史と考えたのである。この指摘は非常に斬新で、大きな創造であるが、もし私たちが『明儒学案』の主旨を理解した上で梁啓超の言葉を考えなければ、おそらく誤解してしまうであろう。今日冷静に考えれば、学案は当然ながら単に「学史」を指すばかりではない。「学案」は、知識以外に多くの実践面に属するものも含んでおり、純粋に「学史」というわけではない。今日では私を含む多くの学者が「学案」を単なる学術史研究の材料として捉えているが、新たな認識獲得の経緯を踏まえれば、それほど単純なものではないと理解できるであろう。「学案」には人々が生命の苦境から脱するための手引きとしての役割や、現実生活における実践としての側面も有しており、これらの特徴こそがしばしばなおざりにされてきた「低音」なのである。

私はかつて『古史辨運動的興起』（『古史辨運動の興起』）という著作において、多くの紙幅を割いて康有為（一八五八—一九二七）の『新学偽経考』を論じたことがある。『新学偽経考』における重要な論点の一つに、『漢書』芸文志の記載を信じず、古代の諸子が王官から出現したという見解を支持しないという点がある。後に胡適は「諸子不出於王官論」（「諸子は王官発祥ではないという議論」）という一時期人々を震撼させた文章において、康有為の影響を受けつつ、『淮南子』「要略篇」の思考に沿って、諸子は救世の要求から出現したと考えた。

胡適の後には、柳詒徵（一八八〇—一九五六）が「論近人言諸子学者之失」（「現代人が述べる諸子学者の過失を論ず」）という一文を書き、そこで「『荘子』天下編、『淮南子』要略、劉歆『七略』を併せて考えれば、諸子の学は古代の聖哲から出てきたことが主因であり、当時の時勢によって刺激されたことが副因である」と述べている。すなわち、柳詒徴に拠れば、「主因」と「副因」とは総合して捉えるべきものであり、諸子学は当初王官から生じたものであるが、後の発展は諸子学者たちが救世や時代の要求に応えようとしたことと密接に関係していた。そして胡適が先秦の諸子を時勢の要求に刺激されたと見なしたことは単に「副因」のみを捉えたにすぎず、彼らが王官に由来するという「主因」を信じていなかったからだと、すなわち胡適が「副因を挙げて正因を捨ててしまった」と主張したのである。[一七]柳詒徴が必ず正しいとはいえないが、「主因」と「副因」とを併せて考察することは、私たちがこの問題を改めて理解する上で一つの契機となりうると考える。私はかつてある文章において、傅斯年の『戦国子家叙論』の一部が実は婉曲に胡適を批判したものであると論じたことがある。傅斯年は諸子が王官に由来することには反対していなかったが、諸子が古代の職業に由来していたことを論じており、彼は職業説を王官説に置き換えたのである。

胡適は「説儒」〔「儒を説く」〕という一文において殷周間における変化の大きさを主張したのに対して、李源澄（一九〇九―一九五八）はそれに反駁して「殷は夏の礼を因襲し、周は殷の礼を因襲していたので、決して大きな変化はなかった」と述べた。[一八]胡適が説いた殷周間の巨大な変化が極論だというのである。実情はどうだったのだろうか。殷周間の巨大な変化は、胡適のみならず、王国維や傅斯年も同様に主張していた。かくも大きな問題は、文献史料と最近数十年来で得られた出土文物を結合して再検討されなければならない。

胡適が「説儒」を執筆した時、実は傅斯年の影響を受けていた。傅斯年は、古代中国を東西にそれぞれ異なる集団が存在していた状態、すなわち殷が東部に、周が西部に存在していたと捉えた。胡適は執筆過程で傅斯年と深く討論し、傅斯年の「周東封与殷遺民」〔「周の東封と殷の遺民」〕という文章の影響を深く受けていた。傅斯年の「夷夏東西説」はやや後に出たが、この二人がお互いの観点を語ったことは「説儒」からも見て取れる。また、胡適がこれを執筆した時にはちょうど『聖経的故事』〔『聖書の物語』〕を読了しており、『聖書』における「預言書」のような説があることを知ったので、彼は、孟子の「五百年のうちに必ず王が興るであろう」という部分を『聖書』の預言書に比定して解釈した。この長文において胡適は、殷周間における文化の断絶に対する解釈を示した。しかし古書の記述には「殷は夏の礼を因襲していた」「周は殷の礼を因襲していた」とあるように、両者の間に確かに変化はあったものの大きな変化はなかったと考えることもできる。実情は果たしてどうであったのだろうか。これは、将来十分な史料が整えば、再検討に値する問題である。

また、胡適は若い時に「談談『詩経』」（「『詩経』を談ず」）という文章を書いた。彼は、『詩経』解釈の伝統を継承したいとはあまり望まなかったので、「国風」の周南・召南の部分をすべて愛情の歌という角度から理解できること、すなわち「葛覃」は女工の仕事が退けた際の状況を述べたものであり、「小星」は妓女と馴染み客との関係を述べたものであると捉えた。後に周作人（一八八五―一九六七）は「談『談談詩経』」（「『談談詩経』を談ず」）という一文において、当時そもそも女工や妓女が存在したのか否かということも検討すべきだろうと疑問を投げかけた。後に顧頡剛（一八九三―一九八〇）が胡適の文章を『古史辨』に収録した際、胡適がこの表現を削除していたことが指摘されている。

胡適が『詩経』を語った際、歴史的背景の理解を必要とする「小雅」以降の部分はあまり議論せず、大部分は愛情の歌を論じた。胡適の影響を受け、愛情の歌という角度から「国風」を解釈することが後の詩経研究の主流となった。「詩序」と『詩経』とを分けることは、朱熹（一一三〇―一二〇〇）以来の重要な論題である。しかし、ある一派はこのような捉え方に同意せず、『詩経』は貴族時代の産物であるのだから、貴族社会の角度から出発して論じるべきだと考えている。（一九）新たな出土資料の増加に従って、かような問題の中にも多くの再検討すべき論点が現れると信じている。

ほかにも、胡適が『章実斎先生年譜』を編纂した際、「六経皆史」（六経はみな史なり）という表現における「史」とは史料を指すと述べたことは、非常に大きな影響や重大な転換を生み出した。現在の時点においては、「六経皆史」

における「史」が、単に「史料」を指すのみなのか否かを再検討することは意義あることである。

また、宋育仁は胡適の『中国哲学史大綱』を評して、「孔子や老子を田舎の世事に疎い知識人と見なす本書の見方は、明末の賈鳧西による『木皮散人鼓詞』に由来する。『木皮散人鼓詞』では下々の者の行いや思想を単純に聖賢の身に重ね合わせて、浅薄な物語としたものである」と述べられている。(二〇) これは、『中国哲学史大綱』における孔子や老子のイメージが、みな「下々の者」、すなわち郷村にいる凡人の考えを聖人の身に当てはめたものであるとの意味である。このような評語は必ずしも正しくはないが、しかし、近代における転換を経た後に消耗的な現象があったのではないかという点においては一考に値するところがないわけではない。

私たちが今日これらの問題を議論する状況は上の世代とは異なっている。もし彼らが上述のようなことを表明すれば、人々は彼らを頑固派と見なしたであろう。しかし私はそのようなことをいいたいのではない。私はただ、古い議論をしっかりと理解しなければ新しい議論を十分に理解できず、多元的で微細・精緻な創造力のある資源を見出すこともできないと考えているのである。

五、現代学科の設置を改めて考える

先に「学科化」の過程について簡略に言及したが、ここで議論したいのは、一九二〇年代から一九三〇年代にかけて興起した思潮において、いくつかの「学科に分けられた学問」が持つ有効性を再考せんとし、関連する伝統的知識の「消耗的転換」が近代になされたと強く考えられていたこと、そして様々な伝統的知識がもともと有していた、新しくも古くもない性質の定義を尊重することを求める人々がいた点である。彼らは、新学科の規範のもと、中国がもともと有していた学問において「消耗的転換」が現れたと考えたのである。例えば、黄侃（一八八六―一九三五）は一九三一年に、当時の人々が経学を研究する際、ある者は制度の角度から、ある者は文学の角度から、ある者は史学の角度から分析し、『尚書』は史学であり、『詩経』は文学であり、『周礼』は制度と考えていることに言及していた。しかし、黄侃はそのような認識は正しくなく、後の学科の観念を経学の内容にそのまま当てはめたのでは誤解が生じると認識していた。現代の私たちの言葉で表現すれば、それは一種の「消耗的転換」であった。

（一）経学

黄侃は次のように経学を説明している。(二二)

> 経学とは中国特有の大本の学説である。これを毀損しても傷つかないし、崇めても益はない。……経学を研究するには文、義、制、事という四つの秘訣がある。蓋し文に明るくなるのはその詞の運用に通じるためであり、義を知るのはその意味や道理に通暁するためであり、制を考察するのは典章を見るためであり、事を考えるのは故実を研究するためである。然るに経書の文辞は必ずしも十全ではなく、制度は必ずしも完備されておらず、史実も必ずしも詳細に記述されているわけではない。したがって、経学を研究する者は、ここに史実や制度、文辞を求めてはならない。ただ経書には制度があり、その制度は考察できるのである。経書には文辞があり、その文辞は則ることができるのである。経書には史実があり、その史実は信ずるに足るのである。

この部分の議論は相当曲がりくねっている。伝統的な「経学」の本質を説明し、それが文学や史学であれ、政治学や哲学であれ、現代の人文学における「学科に分けられた学問」とは全く異なっていると深く説明しているのである。

黄侃は、経書には制度が書かれていて考察が可能であること、華やかな文章があって模範にできること、史実があって信じるに足ると考えていた。しかし、経学は単に哲学であるばかりでなく、また単に歴史学や文学であるばかりでもなく、自ずから一体のものであって、中に含まれているものは文学、哲学、歴史などの研究に用いることができるが、経学にはそれ自身の性質があった。もし私たちが単に制度、文学、史実のみの角度から一つの経書を論じるのならば、経書が有する「大本の学」としての特質を事実上見失うことになる。上述の言葉は、経学は研究されてもよいが、単に「研究の材料」と見なされてはならないことを説明している。なぜならば、経学は「大本の学説」であり、「大経大法」〔根本的な原理と法則〕を提供するものと考えられていたからである。黄侃はまた「中国の学問には三大特質があることを知らなくてはならない。すなわち、『実』『有』『生』がそれである。試しに古代の聖賢の至言を見てみると、実用を旨としない者はなかった。老荘の徒が主張する虚無の法もまた、みな有から生まれたと見なすことは荒唐無稽というわけでない。中国が農本主義を採り、生活が艱難であることについて史実を求めてみると、種族が本日まで生存してきたのは、努めて生を求めたからであり、決して容易ではなかったのである」と述べている(二二)。すなわち、中国の旧学は実存的な知識〔「実」「有」「生」〕であり、単に文学、史学、哲学に研究や分析の「材料」を提供するにとどまらないことを説明しているのである(二三)。

調査の中で私が気づいたのは、一九三〇年代に経学の弁護をした者が実はある種の微妙な思想遍歴をたどっており、密かに西洋の科学的思惟を取り入れていたことである。一九三〇年代に読経問題に関する論戦が繰り広げられた時、経学の価値を保護せんとする者たちが「経学が経典や常道〔一定の原則〕となった所以は、科学に原則があり、法則があるのと同じである」と言及したように、人々は西洋科学による法則との関連において「経」の特質を理解し始めていた。なぜならば、経学には様々な定めがあり、それは「公例」に等しかったので、価値を有していると考えられたからである。加えて、この論戦には「六経皆史」という観念によって経学を弁護するという論旨もあった。六経を歴史と捉えて研究することは読経を支持するのに都合のよい方法であった。しかし、私が強調したいのは、彼らが「経」を一種の「原則」や「法則」と捉えていたにせよ、「六経皆史」と捉えていたにせよ、またある者は「経」を「材料」や「匯帰」（集合したもの）、「信仰」と捉えるに至っていたにせよ、本来の意図はみな経書を弁護する点にあったものの、実際には「経とは大道なり」「常道なり」という意図とは甚だしく隔たっており、彼らの主張そのものが「消耗的転換」であったという点である。(二四)

（二）史学

近代中国において史学は複雑な「転換」を体験した。上述のように、中国古代の文献において「歴史」と表現された状況は少なく、多くは単に「史」という字を用いて今日の「史学」の意を表現した。「歴」は「歴」であり、「史」は「史」であり、「歴史」という語彙はしばしば見られるものではなかった。しかし、清末中華民国初期に日本の影響を受け、(二五)「歴史」という単語が非常に流行するようになった。

「歴史」という語の流行以外に、もう一つ重要な転換があった。すなわち「歴史」という語に与えられた新たな定義である。近代中国が新たな知を構築する過程において、新式の教科書の変遷は極めて核心的な役割を果たした。多くの学科における初代の、あるいは最初の数代の教科書は、私たちが後に多くの事物を見る際の枠組みを定義した。史学もまたその中の一つである。私は、初代や第二代の教科書、場合によって第三代の教科書をも取り上げて、それらにおける歴史の定義について比較を行ったところ、それらでは「歴史」の二字が用いられているという共通点はあるものの、その定義はそれぞれ異なることを発見した。

古来「史」に関する定義とは、『説文解字』に述べられているように「史は事を記すもの」であったが、新世代の史学や教科書は大体において「歴史とは進化の軌跡を記載したものである」と定義した。この点において梁啓超の史学観は大きな影響をもたらした。その「中国史序論」では「歴史とはすなわち進化の軌跡を記載したものである」と再三強調されている。また、梁啓超はその新史学の里程標としての文章である「新史学・史学之界説」において、「歴史とは、進化の現象を叙述することである」「歴史とは、人類の進化の現象を叙述することである」「歴史とは、人類の進化の現象を叙述し、その公理や公例を求めることである」と述べている。[二六]当時多くの相当傑出した歴史学者も同様であり、例えば呂思勉（一八八四―一九五七）らが歴史に関する書籍の第一課において「歴史」を定義した際の観点も梁啓超と同じであり、進化こそが歴史であり、進化のないものは歴史とはいえないと見なした。天然物には進化がないので歴史はなく、同様にウランも進化して石油になることはないので、したがって歴史がないとされた。自覚や目的を持ち、進化するものこそが「歴史を持つ」のであり、「歴史」とはその進化の軌跡を記録したものとされた。

光緒年間に編纂された『中国歴史教科書』において、汪栄宝（一八七八―一九三三）は「旧史の特徴を要約すると、事実の提示が散漫であり、叙述も体系だっておらず、史料と見なすことはできるが、歴史と見なすことはできない。歴史の要義は人類の過去の事跡を考察してその進化の因果関係を発見することにあり、必ず首尾一貫させ、因果関係を明確に示さなければならない」と述べている。[二七]歴史を「進化の因果関係を発見すること」と見なして進化の観点から論じた事例は非常に多い。それらは歴史の性質を密かに改変したので、私たちがもしこのような定義に即して歴史を論じれば、実際の歴史との間に大きな違いを生み出すであろう。

「史学」という学科に対する新たな定義は、進化ではないもの、直線的に先に向かって発展する軌跡を示さない厖大な事物を、「歴史ではないもの」とほのめかすものであった。出来事を単線的進化の発展の中に組み込んだため、多くの揺れ動くものは見えなくなり、大部分の低音も聞こえなくなってしまい、枠組みの中に押し込めることができるもののみが「歴史」となった。単線的進化と関連のない部分は歴史叙述において取り上げられず、史学の重点にはならなかったことは、中国の歴史や文化に対する理解に多くの歪曲を生み出してしまった。

「近代への軌跡」を記録することが史学と見なされたこと以外に、「公例」もまた当時流行した史学の新定義と関わっていた。先にも述べたとおり、清末中華民国初期には「公例」の観念が非常に流行し、史学を定義するもう一つの重要な観念となった。梁啓超は「史学」の任務は「公例」を追究することであると考えた。一九二一年に徐則陵（一八八六―一九七二）もまた「史」とは即ち公理や公例を探し求めることであると唱え、[二八]陳訓慈（一九〇一―一九九一）はある文章において、史の本質とは人類の進化を説明することを務めとする点にあり、その役割は「世の中の出来事にある公例を見出すこと」にあるとした。[二九]史学とは人類の進化や世の中の出来事にある「公例」を説明することであるという見方は、この時代の典型的な傾向を示している。呂思勉も、史学とは純粋に公例を探し求める学問であると常に述べていた。しかし、近代以前の中国において、史学とは「公例」を探究する学問であると述べた者があっただろうか。これは完全に近代における考え方である。この学科が有する任務と性質についての近代における描写は、それ以前と全く異なっていたのである。

歴史が進化の軌跡である以上、歴史を記録したり叙述したりする方法のみならず、史料の蒐集や史実の選択、価値の判定や解釈も近代以前とは全く異なるということになる。梁啓超は「中国史序論」や「新史学」において、黒色人種と黄色人種は果たして「歴史的民族」と見なせるか否かについて再三議論している。そして、いずれの人種も近代における人類の進化や競争という大局に関わっていないので、「歴史的民族」とはいえないと結論している。この定義において、歴史が取捨する範囲は極めて絶対的なものに変わっている。このような歴史の定義の転換は学科に拠る知識に極めて大きな変化を生み出し、引き継がれてきた。かような定義に即して歴史上の現象を振り返ったため、意識的にせよ無意識にせよ往々にして単線的進化の痕跡のみを求め、そこに「公理」や「公例」を見出そうとし、歴史現象にある非常に複雑な側面や、古人が「史」に対して抱いていた豊富で意義のある見方をなおざりにした。歴史に対する新たな定義が流行して以降、「史」が有していた様々な見方は傍らに追いやられてしまった。

例えば、今日では、『綱鑑易知録』や『御批通鑑輯覧』などのような過去に広く読まれていた書物に注意する人は非常に少ない。『綱鑑易知録』は清代以来もっとも影響力のあった歴史読本である。かつて、古代中国の歴史一般に関する知識を求める多くの人々は、『史鑑節要便読』や『綱鑑易知録』を読み、官職にある人は『御批通鑑輯覧』などの史書を読んでいた。これらの書物における歴史上の事柄の配置には連続、連関、因果のような密接な関係はなく、最後に一切の事柄がどの程度進化したのかもほとんど言及されていない。したがって、単線的で明晰な事件の発展過程は記されていない。もし今日の観点から見れば、至るところに誤りがあり、また背後には多くの歪曲があると感じられる。しかし、もし明清時代の歴史観を理解したいのであれば、近代的歴史観が形成される以前に普及していた史書における歴史観がどのようなものであったのかを仔細に明らかにしなければならない。

（三）哲学

この百年来の「哲学」の問題も、古来の学問と近代の学科との関係を考える上で極めて重要である。胡適が『中国哲学史大綱』を出版した後、傅斯年は非常に長い手紙を胡適に宛てて認めた。この時、傅斯年は欧州から中国への帰路にあった。当時彼は小説史に関する胡適の研究業績に敬服しており、この方面における彼の研究は画期的で、兪樾（一八二一―一九〇七）を遙かに凌駕すると考えていた。しかしながら、胡適の中国古代哲学史研究については全く支持していなかった。中国古代にはそもそも「哲学」はなく、〔胡適が哲学として取り上げている学問は〕ただ「方術」と呼ぶことができるだけであると考えていた。ひとたび「哲学」と称するや、それは純粋思弁と見なされ、少なくとも幾層もの抽象化を通した特質を有したものでなければならず、中国古代の学術の性質とは符合しないと傅斯年は考えたのだと思われる。注意に値するのは、胡適自身も一九三〇年代以降「哲学」や「哲学史」という用法を放棄したことであり、このことは近代学科に対する彼の省察と関連している。

初期の梁啓超もしばしば「哲学」という言葉を用いていたが、後期に至ると王国維と同様に、概念の用い方には節度が必要であり、後の概念を用いて中国古代の事物を遡って理解することはできないと考えるようになった。例えば、『儒家哲学』という書（清華国学院の講義原稿、周傳儒（一九〇〇―一九八八）記録）がその一例である。[三〇] これは書名こそ「儒家哲学」とつけられているものの、中身とりわけ序文においては、「哲学」という言葉は中国思想の特質を表すために用いることはできず、「道術」と称するのが比較的妥当であると述べられている。この主張は、中国古代には「哲学」はなく、ただ「方術」のみがあったとする傅斯年の意見に近い。したがって梁の著作にある戴震や章学誠などの貢献に言及する部分においては、儒家の「道術」にどのような影響があったのかがしばしば述べられているが、対して儒家「哲学」にどのような影響をもたらしたかは述べられていない。また、梁啓超自身も「この点からいえば、本講義の名称は実は『儒家道術』の四字を用いるのがもっともよい」と述べている。[三一] これは、柳詒徴が「私はかつて中国聖賢の学を哲学と称することはできず、ただ道学と称することができるのみであると述べたことがある」といったことと同工異曲である。[三二]

また、梁啓超は『先秦政治思想史』（一九二二年の東南大学における講演原稿）の序において、以前の研究方法を改め、中国思想の特殊性を突出させることを主張した。彼は初期においては中国思想と西洋思想を同じだと見なすことを常に好んだが、当該書においては「我が国の文化発展の道は、世界のいかなる部分ともその趣を異にした」と述べている。[三三] また、関連して次のように述べている。[三四]

中国固有の学術が、今日に至ってようやく復活したのはなぜであろうか。思うに我々が外来の学術の影響を受けて、彼らの研究方法を取り入れて古典を理解したからである。これによって昔の人が決して注意を払わなかった資料が我が目に映じてたちまち輝き、昔の人が理解できなかった体系が我が手を経てたちまち整えられ、昔の人にとって全く理解できない語句が我が脳裏にきてたちまち明らかになった。率直にいえば、我々が頼みにしている利器とは実は「洋貨」〔舶来品〕なのである。したがって、我々は常に好んで現代欧米の事物によって古書を読解し、現代欧米の思想によって古人を評価するものさえいる。加えて国民の自己満足する性質は人類の免れえぬところである。他人が持っているものをうらやみ、自分もそれを所有してようやく満足する。このようにして、堯舜の禅譲は共和であると附会されたのである。

この一段の前半部分では近代において国故学〔中国古典学〕が進歩したのは欧米や日本から導入された概念や方法を活用して古典籍を理解したことで、雲が払われて日の目が見えるような効果が得られたからであるとしている。反対に後半部分では、そのような方法に対する深い反省が示されている。

梁啓超は『先秦政治思想史』のある一段で「もし我々が歴史に忠実ならんとすれば、私意によって古人の美醜を増減することは、些かも許されるべきではない」と述べ、我々は現代人の価値観で昔の人を遡って脚色することはできないと考えていた。また、「名実が相伴わない解釈によって、読者を惑わせることはもっとも許されないことである」とも述べており、[二五]もしそのような理解をすると読者の理解を妨げてしまうと認識していたことを示している。そして、「このような〔相反する〕二つの態度は、私は口にはするが実は自ら実行することはできない。私は若い時からしばしばそのような過ちを犯している。今、除去すべく努めてはいるが、習い性となってすべてを改めるのは容易ではない。学生諸君は我が轍を踏まぬよう希望する」と梁啓超が述べた部分は、[二六]彼は若い頃に現代の観念を古代に当てはめることや西洋の方法を中国に当てはめることを好んだが、現在では改めようと思っても、その習慣が身についてしまっていること、したがって講義を履修した学生は自分を見習ってはならないことを述べたものである。上述の事例からわかるように、梁啓超は『儒家哲学』や『先秦政治思想史』など後期の重要な作品において、自らが犯した「意味倒置の誤謬」に対して自省を進めていた。

柳詒徴、王国維、熊十力、鍾泰（一八八八―一九七九）などもまた類似した反省を行い、現代の概念を用いて儒家が意図したところを理解せんとしても深刻な違いを生み出すと認識していた。例えば、現在の人々は「政教合一」と表現するが、古代では多くの場合において両者はもともと一体であり、後の人がそれを分けて考えるようになったことから「合一」という状況が出現したことをおそらく見落としてしまっている。柳詒徴は、現代の人々が『墨子』に見られる「三表法」を三段論法と見なしていることは完全に筋が通らないと指摘した。そればかりでなく、現代の人々の多くが秦代以前の諸子の著作にある成句を西洋の三段論法にはめ込んでおり、東西の世界には共に三段論法がもともとあったかのように見なしている。(三七)柳詒徴は次のようにも述べている。現代の人々は西洋哲学の無政府主義の説を用いて老荘思想を研究しているが、実は老荘思想は現在の無政府主義思想と絶対に一致しないと。(三八)鍾泰は『中国哲学史』の多くの箇所において、墨子や墨辯派に関する胡適の見解には「意味倒置の誤謬」があると指摘している。鍾泰は胡適を批判して、「もし、胡適の説に照らして『墨経』を読むならば、収録されている『兼愛』や『非攻』などの各篇は、今日見られる『墨経』ではない。また、『荘子』『天下篇』には『その解釈は互いに対立して同じではない。それぞれ相手を墨家の別派と呼んでいる』と言及されている。ここでいう『別墨』とは他人を責める用語であり、他人の伝える墨学が自らの墨学の正統性には及ばないことを指すのであって、自ら『別墨』と称したのではない」「近年の胡適に至り、『墨経』は墨子自身の手になるものではなく、『別墨』とされた者が編集したと議論しているが、この見方は優れたところがある。ただ恵施や公孫竜などをみな『別墨』として、古代にはいわゆる『名家』が存在しなかったとしたことや、劉向や劉歆父子が『名家』と儒家、法家、墨家とは異なるとしていることは虚構であると誹謗したことは、恵施や公孫竜の主旨を重んじておらず、なお十分に疑問を解決できていない部分がある」と述べている。〔三九〕ここに柳詒徴や鍾泰の見解を引用したのは、彼らが必ず正しいことを示すためではなく、八、九〇年が経過した後にこうした問題が「再審」に値することを指摘したいがためである。

別の事例を挙げて意味転換の実態を説明したい。私たちは現在では、先秦諸子はすなわち哲学であるとしている。しかし哲学という枠組みによってそれらを理解しようとしても、実際には大きな転換を含んでおり、これは先人にとってはまったくなじみのないものであった。『鄭超麟回憶録』には「諸子の学説はみな哲学であり、科学の方法によって整理、研究できること、〔諸子の学説の〕中にある多くの問題は、西洋哲学が議論したことがあるばかりでなく、彼らの方がより進んでいると胡適は私に語った。このような認識の結果、この種の『国粋』は神秘性を失ってしまった」という一節がある。〔四〇〕諸子学とはつまり哲学であるという見方は今日から見れば常識に属するが、新文化運動時期の青年にとっては前代未聞のことであった。この事例によって私が説明したいのは、現在における「常識」は、大きな創造的転換を経た結果であって、絶対に正しい道理ではないということである。

（四）仏教学

学科再考の流れは仏教学においても起こった。欧陽竟無（一八七一―一九四三）は、「仏法非宗教非哲学而為今時所必需」〔「仏法は宗教でも哲学でもなく、現今必要なものである」〕と題した一九二二年の講演において、「仏法は仏法にほかならず、仏法と称するのみである」ことを強調した。〔四一〕すなわち、「宗教や哲学といった言葉はもともと西洋の名詞であり、翻訳して中国語に導入され、強引に仏法にも用いられている。しかしこの両者の意味はそれぞれ異なっており、範囲も極めて狭いので、どうしてもっとも広大な範囲を包括する仏法を表すことができようか。名実は一致させなければならない。したがって宗教や哲学という名称は使えず、仏法は仏法にほかならないので、仏法と称するのみである」と述べたのである。(四二)

欧陽竟無はなぜ仏法は宗教ではないと考えたのであろうか。彼は、世界のあらゆる宗教はみな四つの条件を備えているが、仏教はこれらと相反していると説いた。四条件の第一は、「およそ宗教にはみな一神あるいは多数の神、およびそれらを創始した教主を崇拝する」点である。第二は、「およそ宗教は必ず遵守する経典があり、この経典を信徒は討論してはならない」点である。第三は、「およそ宗教家は必ず守らなければならぬ信条と必ず守らなければならない戒律があること、信条や戒律は宗教成立の根本であり、これが犯されれば宗教は成り立たないこと」である。第四は、「およそ宗教家には必ず宗教式の信仰がなければならない。宗教式の信仰とはなにか。純粋な感情による服従であり、理性による批評を一毫たりとも容れないものがそれである」という点である。(四三)彼に拠れば、仏法は結局のところこれら四点と相反していた。仏法は単に哲学や宗教という概念で定義することはできないからには、仏法を哲学や宗教と呼ぶことはできず、仏法は仏法にほかならず、仏法の名称は仏法とするよりないと彼はいったのである。

また、彼は仏法が哲学ではない理由を次のように述べている。第一に、「哲学家の唯一の要求は真理を求めることである。いわゆる真理とは、必ず何か一つのものが一切の最終的な本質であり、一切の事物がこれに基づくという信念を堅持すること」である。第二に、「哲学が検討する対象はすなわち知識の問題であり、いわゆる知識の起源、知識の効力、知識の本質、認識論における様々な主張はみな『計度分別』(対象について分別心をもって区別を立て推量する心の働き)の域を出ていない。仏法はそうでない」点である。第三は、「哲学者が検討するのは、宇宙の説明であり、昔は唯心、唯物、一元論・二元論があり、後には原子論や電子論がある。……そもそも本体がないというのであれば、現象は何から発生するであろうか」という疑問である。「総じていえば、哲学者が見聞するものは、地においては現世にすぎず、時においては数十年間にすぎない、広く見聞を求めないので、推し量る内容は狭隘であり、したがって行われる結果は狭隘であり、故に知恵から閉ざされてしまう。仏法は哲学とは異なる」とする点である。(四四)

私は、楊文会（一八三七—一九一一）にも類似した見方があったことに気づいた。その『等不等雑観録』にある「仏法大旨」には「最近心理学を研究するものが、しばしば仏法と哲学とを同列に論じているので、章末において特に引用し区別を示す」と述べている。(四五) 楊文会の理解に拠れば、仏教学は仏教学にほかならず、仏教学は哲学でも心理学でもなかった。もし単にそれを哲学や心理学と見なすのであれば、「消耗的転換」のように、曲がりくねっているもの、微細なもの、固有のもの、仏教学に属するすべての特質を遺漏してしまうというのである。

私たちは当然、心理学、哲学、歴史学、宗教学などの方法を用いて仏教学を研究できるし、仏教学の中に必要な素材を探してもよい。しかし忘れてならないのは先の反省であり、仏教学はそれ自身に他ならないという点である。欧陽竟無や楊文会が似たような見解を述べたことは、次のことを示唆している。すなわち、近代の学術研究が一九世紀以来西洋からもたらされた様々な学科に即して古代を論じたことが、確かに無限の地平を開拓し、多くの新知識を創造したということである。しかし私たちが歴史を理解する時、すべての学問に特有の性質があるということを忘れてはならない。

六、限定合理性

かつて私は「中国近代思想文化史研究的若干思考」〔「中国近代史思想文化史研究に関する若干の思考」〕という一文を発表し、歴史研究において「後知恵バイアス」的解釈の傾向が強くなりすぎていることを指摘した。(四六) その後、「歴史家のロジック」と「事件のロジック」とを分けるべきだと考えるようになった。また、小文ではある重要な論点を論じることができなかった。すなわち、私たちが歴史を研究する際、往々にして歴史上の人物が「完全合理性」の状態にあると見なしがちであり、彼らが「限定合理性」(bounded rationality) の状態にあったことをなおざりにしてしまっていたため、歴史解釈の際、「完全合理性」を前提として誤った解釈を犯してしまった可能性があるという点である。

この問題を深く理解するために、歴史行為における「限定合理性」という問題を比較的詳細に検討したことがある。そこでは、ノーベル経済学賞受賞者のハーバード・サイモン(一九一六—二〇〇一)の著作にあるこの観点を借用し、歴史における行為者 (agent) は不確定かつ不完全な理性という状況下において、一歩一歩未知に向かって探索していたことを説明した。彼の著作にある次の指摘は、今日の私たちが歴史における行為者が置かれた状況を理解するのに裨益している。すなわち、あらゆる行為や選択は、みなあらゆる可能性が出尽くした状態 (maximize) において、あるいは特定の選択肢がもたらしうる結果を十分に理解した後において決定されたわけではない。また彼らの大半は、情報が不完全な状況か、あるいは情報が不足して限られた選択肢しか存在せず、切羽詰まった時間の中で漠然とした状況のもと、わずかな経験と、直観や理性とを総合して意思決定をしており、そこには往々にして濃厚な情緒や偏見が入り交じっていた。

ハーバード・サイモンの理論はもちろん歴史研究から出発したものではないが、私はこれを借用して歴史解釈における「後知恵バイアス」を説明したい。「後知恵バイアス」式による過去の理解においては、歴史上の行為者が「限定合理性」、すなわち必要な知識や選択肢を検討し尽くしておらず、決して「未来」を見通せていない状況において行動していたことが見落とされがちである。行為者が直面した状況には混乱や曖昧さ、ジレンマ、不安が充満しており、彼らは時には二重に保険を掛けたくなるような苦境に陥り、未来を理解したいと望みながらも未来の発展を度外視してもよいかのごとき矛盾した心理状態に陥っていたことすらあった。私たちが歴史を観察する時、「未来」は歴史上の行為者にとって「既知」であるか、あるいは歴史上の人物は常に「完璧な理性」に基づいて行動していると暗黙のうちに誤解してしまう。このような現象は日常生活における推測の中でも発生する。私たちはすでに歴史における著作や人々の日常生活の中で、かような誤った思考回路がもたらした解釈や推論を繰り返し見てきた。もし私たちが歴史上の行為者であるなら、歴史の過程は不透明な世界であるはずであり、したがって、私たちが有しているのは「限定合理性」のみなのである。

振り返ってみると、私は当初プラトンの『国家』第七巻の冒頭にある「洞窟の比喩」に関心があった。この比喩は当該書の中心テーマであり、人々が目にする事物を、洞窟において縛られた人が壁に映された影を見ていたにすぎなかったことに喩えている。そして、人々は束縛を逃れ、洞窟を離れ、白日のもとで万物をはっきりと見て最終的には存在の根源を直視すべきだと主張している。哲学者は、洞窟を離れさえすれば啓蒙された人になれると考えていたが、歴史上の行為者を理解するには正に彼らが依然として洞窟の中に置かれていたことに気づかねばならず、そうしてこそようやく、より適切な解釈を提示できるのである。

続いて以下では、ハーバード・サイモンの別の著作 *Reason in Human Affairs*〔『人間の理性と行動』佐々木恒男訳、文眞堂、一九八四年〕で論じられている観点を用いて、人類が実際に行動する際の傾向と歴史家がこれらの行動を研究する際の傾向を説明したい。『人間の理性と行動』では「冷静な認知」と「感情的な認知」とを分けなければならないと述べられている。このような区別はなぜ私たちが議論しているテーマにとって意義があるのであろうか。私たちが歴史人物の行為を評価する際、往々にして非常に冷静でかつ理性的にあらゆる条件とあらゆる可能性を考慮した後に彼らが決定を下したと考えるが、多くの場合において「感情的な認知」が比較的大きな役割を及ぼし、人々が判断する際、「情緒」が大きな要素であることをなおざりにしてしまっている。事物の判断における情緒の重要性は負のものとさえ見なされている。しかしハーバード・サイモンは、情緒は非常に重要であること、なぜならばそれによって特定の事物を選別し、注意力を集中できるからであることを私たちに告げている。もし情緒や嗜好がなければ、レストランに入って料理を頼むのにも料理を一つ一つ検討せねばならず、選択に何時間も費やしてしまうであろう。情緒や嗜好があるからこそ、特定の料理を選択して注文を速やかに終えられるのである。

また、ハーバード・サイモンは「全知モデルにおいて、あらゆる問題は処理の過程の中に永久かつ同時に出現する」とも述べている。実際の行為モデルでは、人々は往々にして一部分の問題を選択しただけで処理を加えており、そこでは直覚や情緒が非常に重要な役割を果たす。直覚や情緒は懐中電灯が暗闇の一部を照らすだけのようなものであり、暗闇の中にある部屋全体に何があるのかを想像するものではない。ハーバード・サイモンが喚起するのは、情報が発生するのは情緒の文脈においてであり、感性のない環境の中ではないということである。私がここで長々とこの話を引用する理由は、私たちは歴史上の行為者が主観や予測において全知全能であるかのように誤解し、情緒や情熱に影響される側面をなおざりにしてきたことを強調したいからである。

もちろん、思い込みもまた行為に影響する軽視できない要素である。私たちはしばしば、他人には先ず前提があり、その後に結論があることを責めるが、ハーバード・サイモンは前提がなければ結論は出しえないと考える。多くの場合、前提は当然思い込みに満ちているので、「私たちが人々や事物を考えるとき、事実や価値、情緒は互いに影響し合う」こと、「私たちは決して真実に隣接した世界に生活しているわけではない」ことに彼は言及している。私たちは「限定合理性」が統率する世界において生活しているにもかかわらず、歴史研究に従事し、歴史上の行為者を解釈する時には、却ってしばしば「全知モデル」に拠って思考している。

また、私たちはしばしば歴史上の競争とは一種の「完全な競争」であったと考えるが、大部分の競争は「不完全な競争」であったことを見落としてしまっている。もしあらゆる競争が完全で透明であり、それを前提として思考するならば、多くの盲点が生み出されることとなろう。「完全な競争」と「不完全な競争」に対する私の理解は、全面的にフリードリヒ・ハイエク（一八九九―一九九二）から着想を得た。

七、「時間の序列」と「後知恵バイアス」

「後知恵バイアス」を議論するにあたって、先ず「時間の序列」と歴史解釈の問題について論じたい。「中国近代思想文化史研究的若干思考」において私は、「後知恵バイアス」が歴史解釈にもたらす弊害を強調したが、当時は次の点を見落としていた。すなわち、よい歴史再構成の方法ないし歴史解釈とは、A→Z（事件のロジック）とZ→A（歴史家のロジック）とが互いに循環するものであるはずだという点である。映画を鑑賞する場合、放映されるA→Zの流れを理解し、二回目に鑑賞する際にはすでに内容を理解した上で振り返って見るため、しばしばいくつかの動作や台詞がその後の展開にとって極めて重要な含意を有していることに気がつく。これらはA→Zに即して見ている時には気がつかないものである。歴史学研究に従事する者はこの二種のロジックの間を繰り返し巡回すべきである。時間の流れにそって未来を見る時、先の事は未知であるため、歴史解釈をする際には大きな努力を払って自分を未知の状態にする必要がある。これは、ミシェル・フーコー（一九二六―一九八四）のいうところの「脱熟知化」である。しかし「脱熟知化」は非常に困難なことである。私たちはすでによく知っていることに対して完全に無知となることは極めて難しいからである。歴史家はゆっくりと前に進みながら、歴史における行為者が直面していたあらゆる可能性と限界を吟味しなければならない。同時に、しばしば振り返って観察せねばならない。そうしてこそいくつかの事情の意味がようやく明らかになる。

小文において私が言及できなかったのは、後知恵式の推断にはある特色があるという点である。すなわち、後の結果がよくわかっているので、歴史の行為者にとって未来とは「既知」であると無自覚に誤解してしまっていることである。この点を説明するために、私は「日記」と「自伝」における文体の差異について簡単な説明をしたい。偉大な人物が日記をつけるとき、将来公開されることをすでに予測している場合を除き、大部分の日記は事件が発生した時間軸に沿って記される。日記の主にとって、「未来」は計画されており、「未来」は必ずしも完全に不透明ではないものの、未来は絶対に「既知」のことではない。自伝は正反対である。自伝を書く時には「未来」は既知のものであり、作者も意識的に、あるいはある枠組みにおいて自分のライフ・ヒストリーの一部を選別し、意味のある枠組みを賦与する。前者はA↓Zであり、後者はZ↓Aであり、両者は截然と異なるわけではないものの、両者の間には、日記における未来とは未知であり、自伝における過程は既知であるという違いがある。

異なる時間の序列の中において、歴史に対する人々の判断が異なるという事例をもう一つ挙げよう。汪士鐸（一八〇二―一八八九）は『乙丙日記』において陸建瀛（一七九二―一八五三）などを口汚くののしり、道学は消滅すべきであると記した。もし彼が太平天国の平定後に、曾国藩（一八一一―一八七二）などの道学者が清朝を苦境から挽回した功績を知った上で日記を書いたならば、語気や考えは必ず違うものになったであろうという人もいる。恐ろしく悲観的で、残酷で破壊性に満ちた『乙丙日記』の考えは、太平天国平定の前に書かれたものである。これこそが「時間の序列」が歴史解釈において果たした重要な役割である。

同様に、歴史上の人物に対する評価は「時間の序列」の違いによって異なる。例えば李鴻章（一八二三―一九〇一）がもし太平天国や捻軍の乱の平定直後に逝去していたのならばその評価は必ず異なっていただろうし、太平天国や捻軍の乱の鎮圧における彼の役割の語り方までも異なっていたであろう。(四七)

続いて、「後知恵バイアス」式の歴史判断が有する問題について、別の事例を挙げて説明しよう。私は学生時代に、ある哲学の教授に教えを請いに行ったことがある。彼の家の壁には彼の父である林月汀（一八七〇―一九三一）が数多くの日本の勲章を服につけた写真がかけてあった。私は好奇心からなぜこうした勲章を得たのか尋ねた。結果、彼の父は武科挙出身であり、日本による台湾占領の初期、弟子や地元民を率いて抵抗運動を展開したということがわかった。後に、丘逢甲（一八六四―一九一二）が抵抗運動から離れたので、抵抗に前途のないことを予見した彼は人々を率いて投降し、そして山中で抵抗を続けていた人々に対して日本人に代わって投降を呼びかけた。日本人はその功に報いて勲章を授けた上、彼に一種の専売権を与えた。したがって、彼に対する評価は地方志によって異なり、ある地方志は日本への投降を勧めたので彼を売国奴であるとし、ある地方志は日本に抵抗したことがあるので抗日の志士であるとしている。ある者は両者とも正しいと見なすが、ある台湾史研究者は両者の見解とも誤っているといった。すなわち、近代国家の概念が出現する以前において、台湾では新政権がやってくると人々はまずしばらく抵抗し、望みがなくなるか、あるいは新政権に受け入れられる余地があると見出した時に妥協するという慣習的なやり方があったと指摘したのである。この見方を敷衍すると、人々の多くは近代国家概念が形成される以前における人々の思考モデルや習慣をなおざりにしているため、歴史の評価には大きな違いが生じてしまったのである。

章炳麟はいくつかの文章において清朝の読書人の一部をたびたび叱責した。彼らが清朝に出仕し、漢人としての節操を守らなかったというのである。しかし、これこそがまさに革命史学の「後知恵」なのではないだろうか。章炳麟は清末の革命家の視点から遡って、清代の漢人はみな自分が出仕すべきであったか否かを無意識に自問していたと見なした。したがって、章は、「昔、戴震や全祖望はともに偽政権の命令に穢されていた」[四八]「余蕭客や陳奐の輩もなお貧しく身分が低いながらも天寿をまっとうした」[四九]などのように、彼らはあたかも熟考を重ねた上で出仕の決定を下したかのごとく述べている。実際は、「偽りの運命に身を汚す」という問題はおそらく清代の盛世に生まれた人々の頭の中をよぎらず、高い官位に着くことができて嬉しくて仕方なかっただろう。読者は戴震の文集において「海寇鄭成功」に言及されていることに気がついたであろうか。[五〇]もし戴震が強い漢族意識を持っていたならば、鄭成功を「海寇〔海賊〕」と称することがありえようか。章炳麟は完全に「後知恵バイアス」を通して歴史を見たのであるが、私たちもしばしば彼と同じ轍を踏んでいるのではないだろうか。

あらゆる歴史の発展過程は「未知」へと進んでいくことであり、選択をやり直すことはできない。ここではソクラテス（紀元前四六九―三九九）が学生にもっとも大きなリンゴを選ばせた物語を例に考えてみたい。ソクラテスは学生をリンゴ林につれていき、決められた範囲を歩く中でもっとも大きなリンゴを選ばせたが、その際間違って選ばないこと、行った道を引き返してはならないことを命じた。ソクラテスが行った先で待っていると、学生はみな手ぶらでやってきた。ある者は非常に大きくて素晴らしいリンゴを見つけたものの、先にはもっと大きくてよいリンゴがあると考えもぎとらなかった。ある者は大きくてよいリンゴを見つけてすぐにもぎ取ったが、しかしその後にさらに大きくてよいリンゴを見つけてしまった。学生達はもう一度やらせてほしいと要求したが、ソクラテスは「これこそが人生である。人生とは一度きりでやり直しのきかない選択なのである」と答えた。歴史はやり直しのきかぬものであり、歴史過程における未来には不透明さがつきまとい、利用できる情報は極めて限定されているので、あらゆる行動の結果はみな一種の確率であり、合理的判断や選択肢が限定されていた状況で選ばれたものにすぎないのである。

続いて、「歴史世界の不透明性」について改めて述べたい。私が強調したいのは次の二点である。第一は、社会の不透明性や、人と人との間にある距離を十分に理解する必要があることである。人と人との間に窓があり、その窓は常に開かれていると仮定してはならない。第二は、時間の流れは一つ一つの切れ端であり、それらはしばしば絶縁状態にあるということである。世代間の文化継承は必ずしも自動的には発生しない。先の世代で流行した書籍は下の世代において必ずしも再版されるとは限らず、継承されてきた伝統も自動的に下の世代に送り伝えられるわけではなく、骨の折れる学習に依拠しているのである。（五二）

したがって、歴史研究に従事する者は、事物は自然に可能性に満ちており、見通すことができ、伝達可能であるという仮定から、「歴史世界の有限性」や「歴史世界の不透明性」を慎重に検討するという前提へと思考方式を転換すべきである。まず、人類の活動における制約を踏まえた上でその可能性を考えてみよう。このようにして有限性と可能性との間にある、探索が必要ないくつもの層の存在が明らかになり、したがってこれらを認識してこそ、どれが自然に発生した結果であるのか、どれが歴史上の行為者による意図的な作為による結果であるのかを比較的よく理解できるようになる。

もし私の理解に誤りがないのであれば、自閉症の症状の一つには人と人の間にある不透明性を度外視することがあり、会話の際、常に相手が自分の心の中で思っていることの一切を完全に知っていると捉えるため、多くの奇妙な言動が現れるという。このような病状が私たちに投げかけるのは、人と人の間は完全に透明ではなく、もし完全に透明であると誤解すれば、さらに深刻な誤解を生み出してしまうであろうということである。ただし、私たちが多くの歴史解釈の枠組みを点検する時に発見するのは、歴史家がしばしば意識的にせよ無意識にせよ歴史世界の不透明性を低く見積もっており、したがって多くの複雑で錯綜した潜在部分をなおざりにしたり、誤って判断したりしてきたということである。

フランス革命二〇〇周年の時、西洋史学界では少なからぬ専門書が出版された。大部分の著作はフランス革命の到来をあまりにも確定的に描写し、それが成功裏に欧州や全世界に影響したことを必然と見なした。革命が勃発する前の様々な予兆から、すでに革命の発生は「予知」されていたかのようであった。しかし、アレクシ・ド・トクヴィル（一八〇五—一八五九）の『旧体制と大革命』〔小山勉訳、筑摩書房、一九九八年〕においては、当時のフランスの君主や大臣は決して「革命」が起こりうると心から信じてはおらず、火事場泥棒によるものと考えていただろうと述べられている。したがって私たちは、フランス革命の前に人々はおぼろげながらも革命がまもなくやってくると本当に感じていたのかという認識そのものを問わなければならない。トクヴィルがいうように、フランス君主や大臣の認識のごとく、フランス革命前の予兆は周期的な疾病のようなものにすぎなかったのではなかろうか。「未来」は一体どのようなものかは誰も知らず、後の歴史家が一切をすでに知っているのとは異なっていた。トクヴィルのこの著作のうち私をもっとも惹きつけたのが、彼が「大革命」の前まで遡って打倒された人々の観点を考えた点である。彼はこれらの旧人物の陳情書、各地の公文書、諸侯間の手紙などの分析を通して、目の前に出現したのは一体何であるのかを彼らがみな理解していなかったことを発見した。「未来」は彼らにとって未知であった。しかし私たちはそうではない。私たちは国王が断頭台に送られ、社会全体が天地を覆すように改変されたことを知っている。したがって、私たちは結果を先に知っており、そこから遡ってすべての過程を理解しようとするのである。

　次に現代の事例を挙げたい。アメリカの元副大統領アル・ゴアは『不都合な真実』（枝廣淳子訳、ランダムハウス講談社、二〇〇七年）において地球温暖化の危機を深刻に警告しているが、別の一派は地球温暖化とは周期的な現象にすぎないと見なした。未来の結果がどうなるのかについては、私にはわからない。私たちは歴史における多くの時代と同様に決して未来を予見できないのであり、一体ゴアが正しいのか、もう一派が正しいのかはわからない。もちろん大多数はゴアを支持しており、いわゆる周期的な現象説が参照する多くの指標と彼らの考えとが異なっていることを知っている。ここでこの事例を挙げたのは、私たちにとって未来とは決して既知のことではなく、将来もしある人が歴史の角度から地球温暖化問題への認識を研究する時、未来は既知であるという角度から理解することはできないということを説明するためである。

　続いて以下では、「創造者」と「模倣者」の違いから、「未来は既知であること」と「未来は未知であること」の違いを説明したい。模倣者は既知の知識を遡るもの、つまりZ→Aのロジックであるのに対して、創造者はA→Z、すなわち未知の未来にむかって模索して成功した者であり、彼らは異なる歴程を歩んだのである。模倣者は「me too」であり、もしくはいくらか改善して、創造者が新たに作り出したものをさらに有効に、安く、簡素にするが、結局のところ創造とは異なる性質の仕事である。このことは清末の徐寿（一八一八―一八八四）と徐建寅（一八四五―一九〇一）親子とよく似ている。彼らは西洋の汽船を完全に模倣して建造し、多くの人々を驚愕させた。[五二] しかしすでに存在する汽船を模倣して建造するのとゼロから汽船を作り出すのとでは、その難度は同列に論じられないし、意義も全く異なる。それは禅宗の「受業師」と「得法師」との違いにも似ている。受業師は教授する内容が事前にすべて定められているのに対して、得法師は今までの基礎の上に新たな点を加えて聞く者の悟りを促すのであり、伝授の内容には根本的な違いがある。

「創造者」と「模倣者」の違いや、「未来は既知であること」と「未来は未知であること」との間にある違いについて読者がよりよく理解するために、二人のノーベル賞受賞者の例を挙げて説明したい。

ノーベル賞を受賞した多くの学術研究は、現在振り返って見てみると相当簡単で、筋道に沿って順調に進んだ物事のように見えるが、新たな創造の過程は極めて困難であった。例えば、一九九三年にノーベル化学賞を受賞したキャリー・マリス（一九四四―二〇一九）は勝手気ままで何ものにも縛られないヒッピーのような科学者で、恋愛遍歴も多彩であった。長らくアメリカのある生物科学会社に傭われていたが、カリフォルニア州でショッピングセンターを経営したこともあった。しかし、かような人物がＰＣＲ（polymerase chain reaction）というＤＮＡの複製技術を発見したのである。ノーベル賞がかような人物に与えられることは不可思議であると多くの人が考えるかもしれないが、彼の発見したＰＣＲが生命科学研究にもたらした重大な影響を否定することはできない。私も試しにＰＣＲについて調べてみたが、私のような門外漢ですら理解できる原理であった。キャリー・マリスがいうには、かくにも簡単なことはとっくに誰かが試しているだろうと思っていたとのことであった。彼が調べてみると、なんと試した者はいなかった。この実験は今日では生命科学学界においてみな行うことができる。もともとハードルが高かった多くの実験と同様に、その後の人々はみなできるようになった。なぜキャリー・マリスはノーベル賞を獲得し、他の人はそうでなかったのか。なぜならば後にできるようになった人は単なる模倣者、つまり「me too」とつぶやいたのみであり、後の人がこの実験を行うことは一本の科学論文を読むようなものであり、読めばすぐにわかるのである。

また、ノーベル化学賞を獲得した中国系アメリカ人であるロジャー・ヨンジェン・チエン（一九五二―二〇一六）は、蛍光タンパク質の応用方法を発明した。この技術は現在では非常に普及しており、極めて簡単であると多くの人がいい、どうして彼が賞を獲得したのかいぶかしがる。先の例と同様に、これも創造者と模倣者との違いである。すなわち、未知の状態からの創造と、後の模倣者の察知とは完全に異なるのである。

創造者のロジックは「事件のロジック」すなわちA→Zであり、未知の事項や不確定性に満ちており、未来の次の一歩が完全にわからない状態から少しずつ理解する状態に進むのである。後の人は創造されたものを見て、みな道理に適っていて理解することは容易であり、模倣して複製することも難しくないと考えるのである。多くの「後に参入した者」が市場においては発明者よりも成功していることを私たちは知っているが、実際にはこの両者のロジックは異なるのである。

したがって、私たちが歴史を研究する際、ただ遡って見るだけであれば、ある時代の持った空気には注意が及ばず、単に直接関係する部分のみを見るにすぎない。例えば、王陽明（一四七二―一五二九）思想の興起を遡って分析したいと考えたとしよう。これは非常に大きなテーマである。この研究が困難なのは、私たちは遡って考察して連続性の部分を探り当てることはできるものの、「風」〔空気〕の部分の理解が難しいからである。しかし「風」を含む全体こそが後に影響した要因なのである。私たちが見るものは大きな漏斗の下の一部分であり、大きな漏斗の中には空間がある。しかし、私たちが歴史を研究する際、往々にして空間を含む全体像を忘れてしまう。たんに既知から未知を推測するだけであり、未知の視点から未来の発展を見ていないのである。

ここで、歴史における人物の方向性をどのように解釈すればよいのか、アナール学派の「長期持続」（longue durée）をまたどのように理解すればよいのかといった問題を尋ねる人がいるかもしれない。私個人は、歴史上の人物には当然方向性があり、歴史の「長期持続」もやはり存在しているであろうと考えるが、私たちはこの両者を深く理解する必要がある。それらは数多くの複雑な過程の中でゆっくりと確かなものになったのであり、矢を射ればたちどころに対岸に届くというようなものではない。したがって、方向性や長期持続がないというのではなく、多くの曲折、努力、克服を経て社会全体の雰囲気が備わってこそ、それらが形作られたのである。

　このような反省はクエンティン・スキナー（一九四〇—）の考えとどのような違いがあるのかとある人が問うたことがある。スキナーは主にジョン・Ｌ・オースティン（一九一一—一九六〇）の日常言語分析の影響を受け、言語が広く普及していく過程から文献を歴史的脈絡の中に置き直すことを重視した。これ以外に、スキナーはいくつかの操作可能な手順を編み出したものの、「事件のロジック」と「歴史家のロジック」とを区別していない。彼が行った仕事は主に思想や文献を歴史の脈絡の中に戻すことであった。また歴史上の人物の目的性を再構築することを非常に重視し、歴史上の人物の意図を客観的に描写しようとしたのであり、上に述べた様々な問題は考慮されていない。

　西洋には"Spinoza could not have foreseen"〔スピノザですら予見できなかった〕という諺がある。これはたとえスピノザのような偉大な人物であっても未来は予測できないという意味である。歴史における行為者にとって、未来が既知であるか、未来が未知であるかは極めて大きな違いがある。私たちは常に「未来」が既知であるという状況から「未来が未知であった」歴史の研究をしているが、よく考えてみると、ボリス・エリツィン（一九三一—二〇〇七）の後にＫＧＢ出身のプーチンが一二年間連続して執政し、再び大統領に就任すると誰が予想しえたであろうか。当初各方面で絶賛されたユーロが現在の混乱状態になることを誰が予測しえたであろうか。未来は未知であり、私たちは何らかの予測をすることができるものの、未来とは結局のところ漆黒であるというのが歴史解釈をする際に必要な心構えである。[五三]

八、伏流

歴史とは多くの力が競争・競合して前進するものであり、ある時期に一つの曲調しかないのではなく、まるで交響曲のように多くの曲調が同時に進んでいくものだと私は解釈している。また、歴史とは未完の賭博のようなものであり、私たちは一時的に注意を一点に集中させて研究する。私たちが歴史を叙述する際には往々にして当時の主旋律のみを重視し、ほかにも副旋律や伏流があり、主旋律に伴って同時に進み、互いに競合したり影響したりしており、先へと無限に伸びている繊維のようなものであることを見落としている。もし同時に競合する副旋律や伏流を見落としたなら、私たちは当時の主旋律を正しく理解することはできない。

これはジャン・ボードリヤール（一九二九―二〇〇七）がいうところのリゾームのことである。地上の樹木は移動することはできないが、樹根を伸ばして交わることができる。また、「伏流」という言葉は、それが意思を持って活動しているものと誤解させてしまうかもしれない。もしアリストテレスの「形式」（form）と「材料」（matter）を用いて区別するなら、伏流はある時は散り散りの「材料」として存在しているが、ある時には「形式」として現れる。「形式」のない材料は方向性や原則性がない。しかしながら、ある時にはそれは単なる「材料」ではなくなり、凝集して一定の方向性を有するや主流と競争・競合するのである。

ある時代やある社会を描述するには、主旋律以外に伏流を含む多くの競合する力が互いに照らし合って影を落とし合い、関係が極めて複雑であることに目を配らなければならない。もし私たちがそこに含まれる様々な側面や脈絡、および主旋律や副旋律などの間にある複雑な関係を理解できなければ、ある時期の歴史をしっかり深く理解することはできない。ここではジャック・ランシエール（一九四〇―）のいう「美学的体制」（regime of aesthetics）という概念を用いて、やや風変わりで新しい思想がなぜ、ある時代に登場してみなの知るところとなったのか、そしてある時には地下へと隠れて見えなくなったのかを考えてみたい。ある思想が頭をもたげず見えないからといって、実際に存在しないと考えてはならない。それはある時には潜伏の状態を脱して一種の主旋律になるかもしれない。低層にあるものも前進・改変しており、加えて絶え間なく主旋律と対話をしており、ある時には「正面をひっくり返して」主旋律になりえさえする。

鄭超麟の回想録を再び引用しよう。彼は一五歳の時に初めて『紅楼夢』を読み、「過去に読んだ小説と結びつけて、婚外になお『愛情』があることを知った。また小説から、結婚は『愛情』を基礎とすべきであることを知った。しかし旧社会においては道徳の力があまりにも大きく、愛情を基礎とする婚姻は必然的に悲劇を演じることとなると考えた。『紅楼夢』『西廂記』はその実例である」と述べた。(五四)私がこの一節を引用するのは、鄭超麟の話は私たちに次のことへの注意を喚起しているからである。当時少なくとも二種類の愛情観が併存していた。一つは正統派の愛情観であり、もう一つは伝統的な愛情観や結婚観以外の、小説や戯曲から影響を受けた愛情観念であり、それは伝統的な道徳と相容れず、抑圧された感情であった。辛亥革命や新文化運動以降に至ると、このような小説式の愛情観は「正面へとひっくり返り」、主流となった。この世代の多くの新派の人物は、もともと取るに足らないとされた小説の中のものを新たな正統へと変えてしまった。胡適も同様であった。彼は中華民国期以前に多くの旧小説を読んでおり、彼が学んだ朱子学思想と同時に心中に存在していたのであるが、小説の世界がゆっくりと「正面へとひっくり返り」、彼の思想や美的感覚の主流になった。こうして生まれた変化と衝撃は極めて大きなものであった。

したがって、私たちが歴史研究をする際、単に当時主流であった論述のみを見て、様々な力が併存して互いに競合している状況に注意が至らないのであれば、当時の低音や伏流を知ることはできず、全体像を理解する術がなくなるのである。皇帝権力がもっとも強大であった清朝期においてさえ、小説や戯曲においては皇帝権力をからかう内容が含まれていた。例えば清初期の賈鳧西の『木皮散人鼓詞』には、市井の人々の口ぶりで古今の統治者を揶揄する内容に満ちている。戯曲や小説だからといって、そこには価値あるものが何もないと考えることはできない。実際には戯曲や小説も様々な思想の層の一つなのであり、多くの人がそこから政治思想を得ていた。たとえば、忠義と実直で知られた宦官寇連材（一八六八―一八九六）が清末に作成した上奏文は小説や戯曲から多くの素材がとられていた。小説と堂々たる政論とは同一の時代に存在し、小説は戯曲とともに重要な役割を果たしていたのであろう。

上述のように、伏流はある時は単に雑然として方向のない流れにすぎないが、ある時には一種の触発を受けて、方向や目的を持った流れになりうる。事例を挙げて説明しよう。アメリカの一九六〇年代に出現した修正運動に関する最近の研究では、当時の学生運動のみならず、当時低調であった様々な保守団体がいかに呼び起こされ、形を変えて結合したのかにも注意が払われている。もしこのような伏流を深く理解しなければ、保守派のロナルド・レーガン（一九一一―二〇〇四）がなぜ一九八〇年代にアメリカ大統領に当選したのかを説明することはできない。

伏流以外に、被統治者、在地の人々、敗者たちも従来の歴史叙述においては、「表現」（represent）されない人々であった。彼らに対する私たちの歴史的な理解は非常に少なく、理解している内容の大部分は勝利者についてである。イギリスの歴史家E・H・カー（一八九二―一九八二）の『歴史とは何か』はあまりにも有名なベストセラーである。最近私は商務印書館版の訳本でリチャード・J・エバンスによる紹介文を読んだ。ここには当時カーを批判した意見が列挙されており、その一つとして、カーはまさに勝利せんとしている人の側に非常に巧妙に立っているという ヒュー・トレヴァー＝ローパー（一九一四―二〇〇三）の言葉が引用されていた。すなわち、同時代に競争していた他の勢力や多元的な声に対してカーはそれほど気に留めておらず、彼の歴史叙述は常にまさに勝利せんとする勢力についての軌跡を記録したというのである。

この数十年来、私はずっと連続テレビドラマを見ることはなかったが、数年前『篤姫』という日本の大河ドラマを見て、これが徳川幕府の立場、すなわち敗者から歴史を捉えたものだと思った。過去における明治維新についての歴史叙述は、ヒュー・トレヴァー＝ローパーがいうように常にこっそりと勝利者の側に立っており、論じられるのは明治天皇、大久保利通、伊藤博文などの人物であった。これに対し、徳川家や膨大な忠臣たちが同時代にどのような選択をしたのか、そして彼らは後にいかなる状態で歴史の中に存在していたのかについては忘れられている。フランスのアナール学派ナタン・ワシュテル（一九三五―）による *Vision of the Vanquished: Spanish Conquest of Peru Through Indian Eyes*〔『敗者の想像力――インディオのみた新世界征服』小池佑二訳、岩波書店、二〇〇七年〕も好個の事例である。この名著では、一般の人々はスペイン植民者の行為にのみ注意を払うが、自分は征服された人々の声と様子を追究したいのだと著者は述べている。もし被征服者を深く理解しなければ、当時の全貌を全面的に理解することはできないと著者は主張している。これこそが私のいう「低音」にあたる。もし被統治者、被征服者、現地人、弱者といった「低音」の側の歴史をなおざりにしてしまったのであれば、主流の人々や統治者あるいは勝利者に対する理解も完全ではないのである。

私自身のある研究も一つの事例として提示することができるかもしれない。二〇年来私は、地方官の乗る駕籠の破壊や役所の襲撃、ストライキ、京控〔北京の都察院及び歩軍統領衙門に告訴すること〕、騒乱といった方法以外に、地方の民衆が意見を表現できる別の方法があったか否かを調べてきた。私が蒐集した多くの史料が示すのは、民衆はしばしば賛美に関する象徴的な行為を通じて、地方官に対する評価や査定を表したという点である。朝廷による地方官の評価には郷賢祠や名宦祠などがあったが、地方の民衆も彼らを評価する非公式の体系を有していた。民衆は、よい地方官と見なした人物に対して、彼が離任する際に様々な行動をとった。例えば、地方官の靴を脱がせること、留任願い、万民傘や万民衣などを送ること、勤政碑や去思碑を刻むことなどがあり、罷市〔商人のストライキ〕を行うことや、よい地方官の事績を戯曲や小説の題材にすることさえあった。こうした行為は、民衆が地方官に対して自らの評価体系、すなわち「弱者の武器」を有していたことを示している。弱者は、ジェームズ・C・スコット（一九三六―二〇二四）

がいうようなストライキや非協力、あるいは民衆蜂起を武器としていただけでなく、賛美や不賛美という行為をも武器としていたのである。(五五)

結論

本講では、様々な省察を通じて、陳寅恪の述べた「説を立てた古人と同一の境地に自分を置く」ことを歴史研究が達成するにはどうすればよいのかを考察した。「説を立てた古人と同一の境地に自分を置く」とは、当時の道徳や礼法、あるいは先人聖人の道や王侯の功績などが占めた歴史学へと完全に退却することを意味するものではない。中華民国期の保守派の学者張爾田の言葉を例として見てみよう。王蘧常（一九〇〇―一九八九）は「銭塘張孟劬先生伝」において、「当時西欧の方法によって国学を研究する者がいたが、〔張〕氏は『国学にはおのずから真目〔真の様相〕があるので、我が国の方法によって研究しなければならない』とおっしゃった」と言及している。(五六)私は「国学にはおのずから真目がある」という前提に同意するが、「真目」を理解するには、中国に属するものであれ西洋に属するものであれ、用いることのできる資源、方法、手段、理論などをすべて活用しなければならないと考える。

国学の真の様相を理解するには、「自己否定」（self-negation）を経なければならない。(五七)近代考古学の発展を例にすると、もし「疑古」の段階を経ていなければ、のちの科学的な考古学の発展は得難かった。李済（一八九六―一九七九）が回想していうには、もし新文化運動の洗礼を経なければ、近代中国において考古学は誕生しなかった。同様に、もし近代西洋がもたらした数学がなければ、中国古代の数学を理解・評価することはおそらく容易ではなかったであろう。清末以来の著名な学問成果がなければ、清代以前の諸子の論証方法を広く深く理解することはできなかったと私は信じている。したがって、国学を真に理解するためにはあらゆる学術的資源を用いなくてはならない。そして、そ

個別化して中国を普遍化することでもないのである。(五八)

質疑応答

司会：王先生が本日論じた二つの論点はとても重要です。表現を少し変えていうと、一つは「出発点に戻ること」であり、もう一つは「消耗的転換」です。消耗的転換は、林毓生のいう「創造的転換」と実は同様の転換であり、一方は創造の面を強調し、他方は消耗の面を強調しているのです。

問：二点についてご教授いただきたいと思います。中国の道徳や学術、思想に哲学という帽子がかぶせられた後、傅斯年が胡適を批判していったように、その多くが元来の境地から引き離されてしまったと先ほど先生はおっしゃっていました。西洋において諸思想が哲学と分類されるようになったのは一八、一九世紀の再編過程を経たからだと考えます。そこでお伺いしたいのは、キリスト教などの西洋思想と、近代中国において剝奪されてしまった思想との間に、比較や対話の可能性があるのか否か、あるいはそれらを生活の学問として見なすことができないかという点です。

第二の問題は、先生が先ほど提起した、不断に行われてきた消耗的転換や消耗の前にすでにあった思想についてです。私が尋ねたいのは、こうした消耗的転換を生み出す原因が何であったのかということです。例えば言語の変容、例えば中世にギリシャ語の原典をラテン語に転写あるいは翻訳して継承した際、その過程において消耗的転換が起こっていたと考えられるでしょうか。私たちの文献記録方法も口伝から筆写へ、抄本から版本へと移ってきました。こうした言語伝播の過程は消耗的転換を生み出す原因の一つといってもよいでしょうか。

答：あなたの質問にはすでに答えが含まれていて、すべてに賛同します。私は一貫してある見解を持ち続けてきました。すなわち、歴史上の事柄は常に「啐啄《そったく》同時」であり、発展と潜在的な危機とは常に同一の内核の中に存在しているという見方です。消耗的転換の背景について目下いえるのは、当時の人々はそれを消耗とは見なさず、創造と見なしていたということです。もし現代の生活を議論するのであれば当然このような転換が必要となります。過去のどの時代に生きる人も、現実に適応するためにかような転換を行う必要がありました。しかし、ここで私は歴史研究について述べているのであり、冒頭より「歴史的事実」と「価値の宣揚」とを分けて論じるべきことを一貫して強調してきました。今日の私たちが振り返ってかつての歴史や文化を理解しようとするのならば、転換が存在したことを意識してこそようやくよく理解できるのです。私が講演全体で伝えたかったのは、つまり私たちはいかにして古人と同一の境地に自分を置くことができるのかという点です。

実のところ、私がもともと論じたかった事は四点あり、その中には言語の問題が含まれています。実際、近代における言語上の転換は非常に大きく、全体像は把握しきれません。王国維「論新学語之輸入」(「新たな学術用語の輸入を論ず」)では、古人は単漢字を用いるのを好み、日本から語彙を輸入した後は二字からなる単語を用いることが多くなったと論じられています。(五九)日本人は二字の単語を常用し、時には四字を用いて明晰に表現しました。王国維はこのことは非常に重要であり、現代の事物は極めて複雑であるので、精緻な新語を用いてこそそれまで正確に表現できなかったことを表せると考えました。古代を理解する際にはこうした語彙が後になって登場したことを踏まえなくてはなりません。実際、新語は非常に大きな網を織りなし、私たちはこの網を用いて世界を理解・解釈しています。私たちの万物に対する見方はみな転換を経た語彙によって織りなされた一張の意味の網を通して見たものです。同時に、古代の歴史を理解する際もこの網を用いて理解しているのです。

中国の中古時代に仏教が伝来して以降、大量の新語彙がもたらされました。ある台湾の学者がこれらの語彙を整理しました。これらの新語彙が作り出した認識の体系が中国思想にもたらした影響の大きさを考えてみてください。あらゆるところに当時の新語彙があり、その存在は私たちが古代を考える際に、古代から現代にかけて幾層もの隔絶があることに気づかされます。例えば、講演でも取り上げた「伝統」という語は、過去においては「具体的な事物や技芸を代々継承していくこと」を指しました。このような用例は多くなく、もっとも多く出現するのは五胡十六国の時期で、例えばある者が王位を誰かに継承させる時に、「某人の統を伝える」ことが即ち「伝統」でした。しかし、現在ではこの意味では用いられず、過去のまとまった文化の全体が河の流れのように現代の私たちへと到達したものを「伝統」と呼びます。このような転換は非常に大きなものであり、例えば清代に顕著な成果をあげた考証学者阮元（一七六四―一八四九）は、隠然にせよ明示的にせよ儒家経典の注疏に現れた仏教家や道学者の観念を分別せんとしました。皇侃（四八八―五四五）の『論語義疏』には多くの仏教の観点が混ざり込んでいることを発見したと彼は述べています。この本は儒家経典に関する非常に古い注釈書ですが、〔この時期ですらすでに〕多くの仏教思想が浸透していたのです。もし古代に立ち戻ってそこから時間軸にそって一歩一歩見ていけば、文献の中にある一つ一つの層には様々な要素が混入してきたことを発見するでしょう。現在の私たちは遡って考えるため、気づかなくなってしまったのです。

胡適はハーバード大学の創設三〇〇周年記念式典の時に「中国的印度化」〔「中国のインド化」〕という文章を発表しました。(六〇) ここでは中国起源ではない多くのものがインドから中国に伝来したことが指摘されています。例えば、天国と地獄とを峻厳に区別する観念などで、秦代以前の古書においてはこうした観念の痕跡が見られないとのことです。したがって、私たちが秦代以前の歴史をよく理解するのに、後に得られた観念を当てはめるのみならば、大きな誤解が生じてしまうでしょう。

この点以外に、一八、一九世紀以降、とりわけ一九世紀以降における現代学科の誕生は、もう一つの巨大な波をもたらしました。これは最大の変化といってもよく、これ以降「学科化」および「学術化」した観念が登場しました。私個人はこの変化について次のように考えています。学科化時代が到来した後には様々な学問にみな変化があり、私たちは当然その影響を受けています。学科化は近代の学術に大きな変化をもたらし、もし学科化がなければ、その後の多く発展はありえませんでした。また、会場のみなさんがここに座って現代学科がもたらした知識をもとに討論することもなかったでしょう。

問：一つ質問します。先ほどの質疑応答にあった問題とも関連しているのですが、古人と同じ境地にたって古人の心情を理解する必要があると提起なさった点は、つまり孟子が言及した「尚友」、すなわち「其の詩を頌し、其の書を読むも、其の人を知らずして可ならんや。是を以って其の世を論ず。是れ尚友なり」と同じ意味だと考えます。歴代の経書家の注疏に照らせば、その理解は基本的に先生がおっしゃった内容と同じです。中国史の転換点のどの時期においても、経典を原点に戻さねばならないと提起する者がいました。そこで含意されているのは中国の伝統史学が有した現実的な役割の問題であり、本日の講演内容に即していえば歴史学の主体性ということになると思います。当時の歴史学はみな非常に現実的な意義を有していたことは、先生が言及された「風」の観察にも反映されています。先生がおっしゃった「消耗的転換」における「消耗的」とは、かつての史官制度から現在の研究制度への変化の中で、もともと有していた歴史学の機能が喪失されたということになりますが、史官の機能が失われたことについての見解をお伺いしたいです。

答：陳寅恪のいう「説を立てた古人と同一の境地に自分を置く」ということはもちろん孟子の「尚友」と類似する点がありますが、陳寅恪の主張は歴史学者が知識を追求する立場から出発した性格がより強いものです。私個人は、彼の『柳如是別伝』こそが「説を立てた古人と同一の境地に自分を置く」ことの試みであると考えます。彼は、新史学の実験が必要であることをしばしば提唱していました。つまり、古人の世界に立ち戻って古人の様々な生活の現実を理解せんとすることで、例えば、名前の付け方や様々な選択の仕方、人と人の交際の方法などについての彼らのやり方をようやく理解できると主張していました。これらは今日の私たちと同様に単純に当然のことと見なすことはできません。『柳如是別伝』において意図されたのはこうした試みであったと考えます。

ある著名な歴史学者は、陳寅恪はなぜ数十年もの時間を費やして柳如是の物語を書いたのかと疑念を呈しました。彼はこの作品を歴史学の才能の最大の浪費だと考えたのです。しかし、私の見解は異なります。陳寅恪は新しい歴史学の方法を示したのだと考えます。

もう一点あなたが提起した史官については、王国維の「道徳団体」論を論じる第三講の内容と関係があります。私が論じる重要な論点の一つは彼自身の矛盾という点です。学術事業と生命への関心に対する彼の態度には、矛盾や引き裂く力が同一人物の身に発生した際の苦境が顕著に示されています。

問：講演の第一の部分で先生が挙げられていたのは、基本的に清末中華民国期という学術の転換期における学者の言説でした。私も先生の基本的なご見解に同意します。私自身も関連する問題に関心を持っているので、ある困惑があります。先生がおっしゃった通り、当時の学者もしばしば生活問題やストレスに対応する必要がありました。黄侃や王国維といった人々が社会の主流にならなかったのは、つまり彼ら自身が当時置かれていた状況から生活問題やストレスに対応することを余儀なくされ、十分に力を発揮できなかったため、いわゆる古代に関する研究や想像そのもの自身に何らかの問題をもたらしたと考えてもよいでしょうか。私の基本問題や私が常に直面している困惑とは、これらの問題をどのように処理するのか、どう評価するのかという点です。私たちが研究する際には実際のところ心の中には常に評価の態度が内在しています。この点について先生はどのようにお考えでしょうか。

答：その問題は答えるのが非常に難しいので、講演の冒頭で次のように申し上げました。歴史を研究することと価値を宣揚することとを極力分けて考える必要があると。そしてこのうち私は前者の歴史を研究することを論じたのです。

現実生活については、胡適と梁漱溟（一八九三―一九八八）の対話を紹介したいと思います。梁漱溟は書信において胡適を挑発しましたが、胡適は答えていいました。数十年来、国家に進歩をもたらしたのは私たちの歩んで来た道か、それともあなたたちの道かと。胡適は自分の道が正しく、梁漱溟らが固守している思想は通用しないと考えました。この点について、陳独秀（一八七九―一九四二）の「孔子之道与現代生活」〔「孔子の道と現代生活」〕を例として考えてみましょう。この手の文章は多くの人によって書かれました。この百年来の中国には二つの衝突する路線がありました。一つは一九世紀以来の西洋学術規範であり、もう一つは強力な道徳的要求でした。王国維本人はすなわちこの二つの路線が交錯する地点にいたと私は考えております。私の表現を用いれば、彼は「永遠の矛盾」状態にありました。王国維のみならず多くの人もそうだと私は考えます。王国維は単にそのうちの意義のある代表的人物にすぎず、多くの人も同様の問題を抱えていました。当時多くの人々は自分のもともとのやり方で十分であると考えていたものの、時代そのものが変化したため、すなわち科学、近代、西洋、物質文化の時代が到来したため、自然に周縁へと追いやられてしまいました。よい回答ではないですが、歴史上における転換期においてしばしば見られた現象です。

興味深いのは、西洋で保守主義を討論する際、とりわけ近代保守主義の書籍に顕著ですが、この世界は完璧ではないと見なす特徴が見られることです。容易にはユートピアは得られないため、強力な手段によってユートピアを作り上げるというのが保守主義者による重要な定義の一つです。しかし近代中国の保守派知識人にはこうした世界の不完全さという概念はなく、自分たちの世界は完全であると考え、その完全な世界を固守せんとしました。

梁巨川（一八五八―一九一八）が自死前に残した遺書から考えると、彼も別の形の保守主義者であったと私は考えています。彼は自分自身の「道」を具体化することが現代生活と合致しないことを知っておりました。これは、陳独秀が孔子の道のことを非常に素晴らしいとしながらも、現代生活には適合しないと述べたことと完全に一致します。梁巨川はある一派を代表しており、陳寅恪はそれにも近い立場にいました。彼らにとって歴史とは一つ一つ切り取られた環であり、彼らが尽くした忠義とはこうして切り取られたものに対してでありました。換言すれば、一旦清朝に忠義をたてたのであるから、清朝に殉ずれば「忠」を尽くしたということになります。これは非常に特殊でありますけれども、その意義は非常に普遍的です。つまり、もしあなたが中華民国のために死ぬことができるのであれば、あなた自身に忠義を尽くしたということと意味は同じです。したがって、具体的であるのと同時に普遍的なのです。陳寅恪はなぜそのような方法で王国維を褒め称えたのでしょうか。

陳寅恪の「王観堂先生輓詞」を会場の多くのみなさんはご存知だと思います。この詞には様々な幾重もの層があると私は考えます。第一の層が伝えるのは、儒家の道徳、思想、文化は一定の具体的な経済や社会の環境に依拠してきましたが、清末以来こうした具体的な部分はすでに消失してしまったという点です。したがって、三綱五常や儒家の道徳、大本、大根、大源〔すべて「本来の根源」の意〕という観念はすでによりどころがなくなり、抽象化してしまったのです。抽象化した後に王国維の殉死が続きます。先ほど言及した梁巨川が清朝に殉じたのも、たとえ孔子の道が現代生活と合致しなくなったとしても、孔子の道のために殉ずるという具体的な方法によって普遍的な意義を示すことができたからです。もし殉死という形で自分の職分を全うすることができたなら、このことは具体的で小さなことですが、意義は大きなものです。ここでは具体と普遍とは同一で分かち難いものであり、具体をもって抽象的・普遍的意義を示すという方法が採られたのです。実はこれはこの時代の一つの変化であり、孔子の道と現代生活に関する陳独秀の思想と同一のスペクトルを有しています。彼らは抽象化した具体を普遍と見なし、抽象的な理想が作り出した普遍的な意義を具体的に実現せんとしたのです。例えば、梁巨川の遺書には、中華民国時代にある者は自由民主のために殉死すべきであると述べられています。彼が述べるには、自分の死は清朝に忠を尽くすことであるが、実際には中華民国にとっても有益であり、今後のあらゆる時代にとって有益であると。なぜならば彼の行為はある重要な道理を顕彰するものであるからだというのです。すなわち人々は自らの職分や自らの理想に忠実であるという具体的な行為が普遍的な意義を有すると考えたのです。

『桂林梁先生遺書』を読んだのは二、三〇年前でしたが、当時はその中の意義を読み取ることができませんでした。当時の私は五四運動の角度から読んだのですが、遺書に書かれている内容が破綻なく記述されているとはそれほど思えませんでした。しかしながら、角度を変えて読んだところ、この遺書にとても心を揺り動かされました。述べられている思想に必ずしも賛同はしないのですが、とても心を揺さぶられたのです。これは私の態度の変化に拠るものです。ここで私が述べたいのは実は答えではありません。講演の冒頭で述べたように、私自身が困惑している問題についてみなさんと問題意識を共有したいのです。もし本書に対する三〇年前の評価から離れて当事者に寄り添うアプローチを採ることで、この時代にこのような境地に置かれた人はどのようにこの問題を考えたのかを理解しようとするなら、しかも内在する矛盾のみに目を向けることをやめて考えるのであれば、新しい見方を得たことになり、殉死の問題を内在の矛盾に満ちた行為であると見なさなくなります。

梁巨川は自身の主要な責務をその職分を尽くすことだと考えていた節があります。遺書の中には「私が清に殉ずるのは、私が職分を尽くすためである」と記されております。すなわち彼は世間に向かって次のように語っていたのです。「殉ずる」という特殊な行為について私は決して完全に同意したわけではない、私は「殉ずる」という行動を通して「世道人心」〔世の中の道徳と人々の心〕を守ろうとしたのであって、あなたたち中華民国の人士はあなたたち自身の職分があるので、中華民国下の共和制での諸事をよく行い、中華民国の国民としての職分を尽くしなさいと。彼は中華民国という、かくも大きな大義のもとで行われていることが却って混乱を招いていることを酷く恨んでいましたので、自死しなければならないと考えました。もちろんこの中にも興味深い考えがあります。清朝が滅亡したのに誰一人として自死していないのは恥ずべきことであると述べたことや、『二十五史』の最後のページを記す人がおらず、自分がそのページを書くのだといった点です。ある王朝が滅亡したのに、こともあろうに誰一人殉死をしないのはいただけない、自分が必ずや自死すると述べているのです。

三〇年前の私はこの意味を全く理解できませんでした。当時は彼の思想が曖昧であるとだけ感じましたが、現在彼が発した「低音」を仔細に聴いてみて、背後に確固たるロジックがあることに気がついたのです。

【註】

（一）葛兆光「思想史研究的他山之石」『思想史研究課堂講録――視野、角度与方法』（北京、生活・読書・新知三聯書店、二〇〇五年）三四九―三五三頁。

（二）王汎森「権力的毛細管作用――清代文献中自我圧抑的現象」『権力的毛細管作用――清代的思想、学術与心態』（台北、聯経出版事業公司、二〇一三年）三九三―五〇〇頁。

（三）薛福成「治術学術在専精説」『庸盦海外文編』（清光緒十三年至二十一年刻庸盦全集本）巻三、二三―二四頁。

（四）王国維著、傅傑点校、陳金生復校『静安文集』（杭州、浙江教育出版社、二〇〇九年）。

（五）王国維「奏定経学科大学文学科章程書後」謝維揚・房鑫亮主編『王国維全集』（杭州、浙江教育出版社・広州、広東教育出版社、二〇〇九年）第一四巻、三七頁。

（六）王国維「国学叢刊序」『王国維全集』第一四巻、一二九頁。

（七）胡頌平編『胡適之先生年譜長編初稿』（台北、聯経出版事業公司、一九八四年）第一〇冊、三四八一頁。

（八）「『経世報』叙」胡珠生編『宋恕集』（北京、中華書局、一九九三年）二七三頁。

（九）エドワード・P・トムスン（一九二四―一九九三）が近代化前の西洋を議論する際に用いた「経済」(economics) という語

が指したのはより広い領域であり、現代的な意味での「経済」ではなかったがごときである。

（一〇）王毓銓「研究歴史必須実事求是」中国社会科学院科研局組織編選『王毓銓集』（北京、中国社会科学出版社、二〇〇六年）三〇八―三一七頁。

（一一）羅志田「中国文化体系之中的伝統政治統治」『戦略与管理』一九九六年第三期、四五―五一頁。

（一二）里贊『晩清州県訴訟中的審断問題――側重四川南部県的実践』（北京、法律出版社、二〇一〇年）二一八―二一九頁。

（一三）熊十力『乾坤衍』蕭萐父主編『熊十力集』（武漢、湖北教育出版社、二〇〇一年）第七巻、五〇六頁。

（一四）熊十力『乾坤衍』において、「最近、旧学を遵守する者が批判して次のように述べている。『乾とは天、すなわち陽の気である。坤とは陰の気である。これが乾坤の本来の意味であり、『易経』の主旨もここに在るのである』と。……今日のあなたたちの議論は、漢代と宋代の儒者たちが古来伝授してきた『易経』の学説を根本的に覆すものであり、おそらく人々は受け入れないであろう」と述べているがごときである。『熊十力集』第七巻、五一二―五一三頁。

（一五）梁啓超「国学入門書要目及其読法」（宋育仁評点）桑兵ほか編『国学的歴史』（北京、国家図書館出版社、二〇一〇年）二三六―二三七頁。

（一六）梁啓超「国学入門書要目及其読法」『国学的歴史』二四四頁。

（一七）柳詒徴「論近人言諸子学者之失」柳曾符・柳定生編『柳詒徴史学論文続集』（上海、上海古籍出版社、一九九一年）五二四頁。

（一八）李源澄「評胡適説儒」林慶彰・蔣秋華主編『李源澄著作集』（台北、中央研究院中国文哲研究所、二〇〇八年）第三冊、一一四八頁。

（一九）林慶彰「民国初年的反『詩序』運動」『貴州文史叢刊』一九九七年第五期、一―一二頁。

（二〇）梁啓超「国学入門書要目及其読法」『国学的歴史』二四一頁。

（二一）尚笏・陸恩湧「季剛師得病始末」『量守廬学記――黄侃的生平和学術』（北京、生活・読書・新知三聯書店、一九八五年）一〇三―一〇四頁。

（二二）以上の引用文は、尚笏・陸思湧「季剛師得病始末」『量守廬学記』一〇四頁、を参照のこと。

（二三）蒙文通は一九四〇年代の論考「論経学遺稿三篇・丙篇」において、「清末の学校制度改革以来、以前の学校にあった経学という科目は分裂して、『易経』は哲学へ、『詩経』は文学へ、『尚書』『春秋』『礼記』は歴史学へといくつかの学科に入れられてしまった。本来は宋代において独特であった経学は遂に若存若亡の状態になってしまった。西洋の学術の分類を用いて妄りに中国の学術を評価しており、民族文化における経学の巨大な力量や巨大な成果を顧みないからである。実のところ、経学は経学に他ならず、そのものが一つの全体である。したがって、自ずからその研究対象を持ち、それは史学でも哲学でも文学でもなく、古代文化の集大成なのである」と述べている。蒙文通『蒙文通文集第三巻――経史抉原』（成都、巴蜀書社、一九九五年）一五〇頁。蒙文通と黄侃の議論はかなりの類似性がある。蒙文通のこの一段は非常に強烈であり、経学とは独特の学問であって、史学でも哲学でも文学でもないと主張している。もし近代の史学、哲学、文学の枠組みを用いて議論し、それらを語り尽くしたと考えるならそれは間違いであるというのである。上述した蒙文通と黄侃の議論は強烈な反省の潮流を代表しており、それは「消耗的転換」の状況を間接的に示すものである。

（二四）読経問題に関する関連議論については、蔡元培ほか『読経問題』（香港、龍門書店、一九六六年）を参照。
（二五）王国維が述べたように、日本では単漢字を重ねて単語とすることが好まれた。王国維「論新学語之輸入」『教育世界』第九六期、一九〇五年、二一―四頁。
（二六）梁啓超「新史学」『飲冰室文集』（台北、台湾中華書局、一九七〇年）第二冊、巻之九、七、九、一〇頁。
（二七）汪栄宝『中国歴史教科書』（原名は『本朝史講義』）（上海、商務印書館、宣統元年第四版）二頁。
（二八）徐則陵「史之一種任務」東南大学史地会編『史地学報』第一巻第一期、一九二一年、一―七頁。
（二九）陳訓慈「史学観念之変遷及其趨勢」『史地学報』第一巻第一期、一―三二頁。
（三〇）梁啓超『儒家哲学』（台北、台湾中華書局、一九五九年）。
（三一）梁啓超『先秦政治思想史』（台北、台湾中華書局、一九六七年）五頁。
（三二）柳詒徵「評陸懋徳『周秦哲学史』」『柳詒徵史学論文続集』一三六頁。
（三三）梁啓超『先秦政治思想史』一頁。
（三四）梁啓超『先秦政治思想史』一三頁。
（三五）梁啓超『先秦政治思想史』一三頁。
（三六）梁啓超『先秦政治思想史』一三頁。

（三七）柳詒徵「評陸懋徳『周秦哲学史』」『柳詒徵史学論文続集』二三四—二三五頁。

（三八）柳詒徵「評陸懋徳『周秦哲学史』」『柳詒徵史学論文続集』二三八頁。

（三九）鍾泰『中国哲学史』（瀋陽、遼寧教育出版社、一九九八年）六七、六五頁。

（四〇）鄭超麟著、范用編『鄭超麟回憶録』（北京、東方出版社、二〇〇四年）一六八頁。

（四一）欧陽漸「仏法非宗教非哲学而為今時所必需」王雷泉編選『悲憤而後有学——欧陽漸文選』（上海、上海遠東出版社、一九九六年）一五頁。

（四二）欧陽漸「仏法非宗教非哲学而為今時所必需」『悲憤而後有学』三頁。

（四三）欧陽漸「仏法非宗教非哲学而為今時所必需」『悲憤而後有学』四—六頁。

（四四）欧陽漸「仏法非宗教非哲学而為今時所必需」『悲憤而後有学』六—一四頁。

（四五）楊文会『等不等雑観録』巻一、周続旨校点『楊仁山全集』（合肥、黄山書社、二〇〇〇年）三三六頁。

（四六）王汎森「中国近代思想文化史研究的若干思考」『新史学』第一四巻第四期、二〇〇三年、一七七—一九四頁。

（四七）銭穆は『両漢経学今古文平議』（香港、新亜研究所、一九五八年）「序」において、今文と古文との争いは清代学術の後期における問題であり、一切合切を漢代に遡って当てはめてはならないこと、つまり清末の今文と古文の区別や時期区分、範疇、套語を用いて漢代の学術を見てはならないこと、それらは完全に無用であるとはいわないけれども、そっくりそのまま適用できないことを述べている。

（四八）章太炎「謝本師」『民報』第九号、一九〇六年、一〇〇頁。

（四九）章太炎「説林・傷呉学」『民報』第九号、九九頁。

（五〇）戴震「鄭之文伝」趙玉新点校『戴震文集』（北京、中華書局、一九八〇年）一八七—一八八頁。

（五一）ここで筆者が引用したのはイギリスの詩人T・S・エリオット（一八八八—一九六五）の「伝統と個人の才能」（"Tradition and the Individual Talent"）という一文である。ここでは、偉大な作品が出現する時、新たなものが簡単に加えられたのみならず、古今のあらゆる文学史上の作品の相対的な位置がそれによって様々に調整されると述べられている。Thomas Stearns Eliot, "Tradition and the Individual Talent" *Selected Essays* (London: Faber and Faber Limited, 1951), pp.13-21.

（五二）王揚宗『傅蘭雅与近代中国的科学啓蒙』（北京、科学出版社、二〇〇〇年）二四—二六頁。

（五三）現在、私たちはユーロが作り出した様々な深刻な問題を知り、慌てて振り返ってみて、マーガレット・サッチャー（一九二五—二〇一三）が当初なぜユーロに反対していたのかをようやく理解するのである。

（五四）鄭超麟『髫齢雑憶』范用編『鄭超麟回憶録』一二四頁。

（五五）James Scott, *Weapons of the Weak: Everyday Forms of Peasant Resistance*（New Haven: Yale University Press, 1985）を参照。

（五六）王蘧常「銭塘張孟劬先生伝」銭仲聯編『広清碑伝集』（蘇州、蘇州大学出版社、一九九九年）一三六三頁。

（五七）self-negation（自己否定）とはヘーゲルが提唱した語彙であり、中国語版では牟宗三（一九〇九—一九九五）による「自我坎陥」という訳語を借用した。

（五八）謝国雄「百年来的社会学——断裂、移植与深耕」王汎森編『学術発展』〈中華民国発展史〉（台北、聯経出版事業公司、二〇一一年）第一冊、三七九頁。

（五九）王国維「論新学語之輸入」『王国維全集』第一巻、一二六—一三〇頁。

（六〇）原題は"The Indianization of China：A Case Study in Cultural Borrowing"。周質平主編『胡適英文文存』（台北、遠流出版事業公司、一九九五年）第二冊、六六三—六九四頁、に収録されている。

第二講　「心力」と「破対待」――譚嗣同『仁学』を読む

近代の中国思想には、一種の道徳的情熱が溢れて膨張する現象が見られた。それは新時代が提供した一切の養分を吸収して新たな変化を形作ったばかりでなく、それまでの礼法秩序などの社会的な制約を打破した。もっとも重大であったのは、社会全体を粉砕して原子化させ、過度に横溢した道徳的情熱の力のもとで改めて組織せんとする動きがあったことである。譚嗣同（一八六五―一八九八）の『仁学』はまさにこうした思惟の趨勢を体現した著作である。(一)

譚嗣同は一八六五年に生まれ、戊戌の政変後に斬首された。享年はわずか三五歳であった。『仁学』は彼の生前には出版されなかったものの、その内容は当時すでに流布していた。譚嗣同の死後、梁啓超はそれを整理して『清議報』に掲載した。『亜東時報』にも載せられたが、内容は若干異なる。(二)

『仁学』には非常に複雑な思想が論述されている。『仁学』は明らかに何年もの時間をかけて継続的に書かれたものであり、したがって、そこにはある思想の発展過程が反映されている。譚嗣同は唐才常（一八六七―一九〇〇）に宛てた信書において、自らが宣揚しているのが一種の「網羅を衝決する」〔いのちの束縛を突き破る〕学問であることを極めて明晰に表明していた。『仁学』の後半では「網羅を衝決する」対象の一つが清朝政権であったことが著されており、その強烈な排満の言論が一九〇〇年以降から辛亥革命に至る一〇年間の思想動向に与えた影響は極めて大きかった。

一、譚嗣同の生涯

譚嗣同の生涯はそれほど複雑ではない。彼が北京で生まれた時、その父譚継洵（一八二三―一九〇一）は戸部主事の任にあった。譚継洵はその後昇進を続け、湖北巡撫兼署湖広総督に至った。張灝（一九三七―二〇二二）は、譚嗣同が「少年から壮年までしばしば綱倫〔道徳規準〕の災いに遭った」ことが、彼の個性や思想の発展にかなり大きな影響を及ぼしたと夙に指摘している。（三）

譚嗣同はかつて父に随って長期にわたり西北地方（特に甘粛省）で過ごしたため、彼の伝記史料には西北地方において大砂漠を行き来し、遊俠生活を送る英雄のイメージがしばしば現れる。したがって、私たちは「俠」〔義俠〕の精神が彼に与えた影響を見落とすことはできない。『仁学』においては、「遊俠」の努力があったからこそ日本の明治維新が成功したと高く評価されている。（四）

譚継洵が一八九〇年に湖北巡撫に任命されたことに伴い、譚嗣同も湖北に何年か滞在し、後に湖南に戻った。譚嗣同は湖南滞在時に清末に形成されていた学風に触れるようになり、特に王夫之（一六一九―一六九二）の影響が濃厚な学説の薫陶を受けた。加えて彼の思想にとりわけ影響を与えた唐才常や貝元徴などと知り合った。

譚嗣同の思想は、三〇歳以前と三〇歳以降とで大いに異なった。三〇歳までの彼の経歴（career pattern）は一般の士人と比較的近いものであった。桐城派に陶酔するばかりでなく、考証学に精魂を投入するほどであった。一般的な士人と同様に科挙及第を唯一の活路と考えていたため、湖南や湖北の省試に六度も赴いた。しかし三〇歳になった年（一八九四年）の夏から秋にかけての期間に日清戦争が勃発し、清朝の陸海軍はみな敗北したため、譚嗣同の思想や行動には激烈な変化が起こった。（五）

日清戦争での敗北は、譚嗣同がそれまで歩んできた学問の道を変えた。彼はその師や友人に書簡を出し、全面的な変法の実施、すなわち様々な西洋の方法や学問によって中国の古い慣行を一変させることを主張し、各地の人士と交遊・議論するようになった。彼は北京に赴き、公車上書を実行したばかりの康有為と面会しようとしたが、康有為はすでに広東に戻っていたので会うことは叶わなかった。しかし、康の弟子である梁啓超と深く話すことができ、その中で康有為の学問の主旨を知って大いに感動し、康有為の私淑弟子と自称するようになった。

その後、譚嗣同は一八九六年に北京において呉嘉瑞、夏曾佑（一八六三—一九二四）、呉徳瀟（一八四八—一九〇〇）父子といった一群の仏教学者と知り合った。そして上海においてジョン・フライヤー（一八三九—一九二八）と会談して意気投合し、彼のもとで見た新しい事物、例えば化石、計算機、人体写真などに深い感銘を受けた。とりわけ重要なのは譚嗣同がジョン・フライヤーのもとで『治心免病法』を読んだことであり、当該書にある「心力」や「乙太」〔エーテル〕の観念は彼の思想体系の構築に重大な役割を果たした。その後、南京において仏教学者の楊文会と面会し、彼との交遊を通して仏典を博捜することができた。仏教学の洗礼を深く受けた譚嗣同は、非常に多くの仏像や経典、仏具を収蔵し、思想も大きく変化した。『仁学』においても仏教学の影響は随所に見られる。この年こそが『仁学』の執筆を開始した年であった。梁啓超は、譚嗣同の伝記において、「南京において官職が与えられるまでの一年間、門を閉じて修養、読書につとめ、孔子や仏教の精髄を深く考察し、様々な先哲の新法を完全に理解し、康有為の趣旨を発展させ、『仁学』の一書をなした」と述べている。（六） 表現は簡潔であるが、『仁学』の成立経緯の概要が説明されている。

一八九七年、譚嗣同は積極的に各種の新政事業に参与した。『時務報』の董事に就任し、測量会を設立して各種の計器を購入した。同年一〇月、湖南巡撫陳宝箴（一八三一—一九〇〇）の再三の催促に応じて南京より湖南に戻って時務学堂の創設に積極的に参与し、梁啓超と李維格（一八六七—一九二九）をそれぞれ中文総教習と西文総教習に招聘した。時務学堂の教習はみな陽明学を尊んで民族の大義を講じ、時には『明夷待訪録』『鉄函心史』『揚州十日記』などの書を課外の読み物として配付したため、学生たちが年末休暇で帰郷した際には湖南の守旧派紳士の間に恐慌を引き起こした。また譚嗣同は、湖南において陳宝箴と相談して「南学会」を設立し、大量の蔵書を会に寄贈した。翌年(一八九八年)、譚嗣同は南学会で講演し、七月には北京に赴いて変法運動に参与した。戊戌の政変後、彼は逃亡することを肯んぜず毅然として逮捕され、七月中に処刑された。

二、思想の淵源

近代西洋の科学知識が中国に伝播した際、一部の人々は完全に相容れないと考えなかったばかりではなく、そこに前代未聞の契機を見出し、従来の道徳意識を新たな体系へと改造しようと考えた。このような全面刷新の改造は、単純に「新」が「旧」に取って代わったという過程ではなく、一方で互いに重なり合いながら、一方で換骨奪胎をすることであった。

譚嗣同の『仁学』は、康有為の『新学偽経考』や『孔子改制考』と同様に、それ自体が体系を有していて世の中を震撼させた著作である。これらはみな真新しい思想を大胆に用いて古来の道徳理想である「仁」を全面的に再構成した。

この大胆で斬新な構成には相当複雑な思想上の淵源があった。康有為はその代表的な例である。康有為は『孟子微』などの著作において、電気工学、力学、気象学、数学、化学などを大量に引用して人間の性質や世間の出来事を解釈した。『孟子微』において「エーテルが含むものは美徳などの徳性と結びつく。それは陽電気と陰電気が互いに引きつけ合っているがごときである。もしそれらの本質に『電気』がなければ、他の『電気』と互いに引きつけ合うことはできない。人はこのようにして天分に恵まれる」「人に忍びざるの心が仁である」と述べられているように、(七)

「電気」と「エーテル」の概念を混ぜて「仁」を論じたことが康有為の独創であった。彼は時には新たな科学知識を用いて儒家の既存の道徳語彙を説明した。例えば、「エーテル」の概念を用いて「性」や「仁」を論じ、吸引力の概念を用いて「愛」を説明した。時には、動力、愛力、吸引力、張力、圧力、速力といった、大量の各種の「力」に関する概念を用いて人々の世界を説明した。(八)また、原子や化学の「質点」(元素)の観念を用いて世界全体を質点の角度から把握したので、世界を破壊・構築することは任意で根本的な活動と見なされるようになった。康有為は自訂年譜において、初期に広州の長興で講義し始めた時から「仁を求める大義を大いに発揮していた」ことを強調している。(九)

康有為の初期の学説は、多くの場合、書物となる前に講演や口伝によってすでに流布していた。例えば、『大同書』は演説から正式に刊行されるまで数十年を費やした。また、本講で言及する『孟子微』の正式刊行は一九〇一年であったが、その趣旨は口伝によって早くに伝わっており、譚嗣同の『仁学』においてもすでに吸収されていた。『孟子微』では、「エーテル」を用いて「仁」を分析したり、「電」(電気)の観念を用いて人間の本性を解釈したりするなど、現代の科学知識を用いて孟子思想に対する多くの革命的な解釈を行った。これは前代未聞の「創造的転換」であり、譚嗣同によって継承された。

注意に値するのは、『仁学』の冒頭において譚嗣同が、当該書を読む前に知っておくべき種々の学問、すなわち仏教書(華厳宗、禅宗、法相宗)、西洋の書物(新約聖書、数学、物理学、社会学)、中国古典(『易経』『春秋公羊伝』『論語』『礼記』『孟子』『荘子』『墨子』『史記』、及び陶淵明、張載、陸九淵、王陽明、王夫之、黄宗羲の著作)を列挙していることである。このリストは譚嗣同の思想の淵源を反映しており、なかでも鍵となるのが王夫之である。リストにはないジョン・フライヤーの『治心免病法』も同様に重要である。

『治心免病法』において大いに語られている「心力」という観念は、譚嗣同が『仁学』において発展させた後、空前の拡大を遂げた。「心力」は本来、解き放たれた無限の主観が有する能動的な力を指し、古書にしばしば出現する人の努力を示していた。しかし、『仁学』の文脈においては、全く束縛や制限のない一種の意志の力を指すようになった。

譚嗣同はまた清末湖南における思想の潮流を承け、王夫之や彼が際立たせた道学への興味を表した。王夫之の『張子正蒙注』から受けた影響がもっとも大きかった。なぜ王夫之の『張子正蒙注』であったのであろうか。曾国藩はかつて、張載（一〇二〇—一〇七七）の『正蒙』が「仁をなす方〔方法〕」を展開したと述べた。[一〇] この評価には深い意味がある。当該書は、「仁」がどのように衆生を平等にするのか、孟子のいう「四海の内はみな兄弟たり」ということがどうして可能なのか、またなぜ「万民が我が同胞であり、万物が私の仲間である」のかを極めて緻密に展開している。宇宙の質点を構成するのは「気」であるので、万事・万物を構成する元素が同一であるならば、相思相愛には理論的根拠があるというのである。一方で天地の間はみな「気」で満ちており、物が形作られるのは気が集まるからであり、物が壊れるのは気が分散したからであると解釈された。また、気は行ったり来たりして互いに「通じる」ものであり、一呼吸の間に彼我の気、宇宙〔世界〕の万人や万物までも互いに通じ合うので、したがって相愛や博愛はもっとも根本的な基礎であるとされた。このような視点からは、人の生死さえ断絶していないという解釈がなされた。張載の『正蒙』は「仁」の観念に対して安定した基礎を与え、「仁とは人を愛すること」「仁は天地万物と同体である」こと、「仁をなす方法」が何であるのかを解釈したに等しい。このような議論を経て、張載は「西銘」という一文において「宇宙の大家族」に近似した学説を提唱した。この「宇宙の大家族」あるいは「宇宙ユートピア」のごとき構想には多数の批評が寄せられ、親疎や等差がないとする墨家の「兼愛」に近いものと捉えられた。[一一]

注目に値するのが、宋明理学において「仁は天地万物と同体である」という思想はかなり普遍的であり、人々もそれぞれの理論体系に従ってこのような思想を述べていたが、張載の思想はとりわけ過激な内容であったことである。

一七世紀湖南の思想家王夫之の『張子正蒙注』はまさに張載の思想をより前進させたものであった。しかし、私たちが注意しなければならないのは、王夫之は強烈な礼教主義者であり、決して過激なユートピア的思想を主張したわけではなかったことである。

王夫之の遺書は同治年間に曾国藩兄弟によって『船山遺書』として刊行され、湖南において極めて大きな影響を及ぼした。譚嗣同は彼から深い影響を受けつつ、同時にその説に全面的な改造を行った。『仁学』においてもっとも痛烈に批判されたのは「礼」であり、『仁学』全書を通じて礼教を取り除くことが提唱されている。譚嗣同は『張子正蒙注』の影響を受けてはいたものの、完全に「礼」の影響を脱し、いかなる束縛も受けない「社群」（道徳コミュニティ）を自由自在に構想した。

「仁」を主軸とする新たな道徳団体において、宋明理学以来の「仁は天地万物と同体である」という偉大な理想は、さらに物質性を帯び、理解しやすく、より科学的な基礎を持つ「エーテル」という学説を得た。換言すれば、これは当時の人々によってもっとも科学的とされた学説であり、人はどのように「仁」に至れるのか、「仁」によってどうやって天地万物と同体となるのか、人はどうやって「徳を同じく」し、慈愛や感応を持ちうるのかといった問題や、人の意志の力、不生不滅、一念万年などの観念に対して、もっとも物質的で、もっとも理解しやすく、もっとも科学的な解釈を与えたのである。

三、『治心免病法』から『仁学』へ

（一）『治心免病法』

譚嗣同及び清末以降の人士の一部は、「心力」「エーテル」という二つの観念を併せた上で、これらを無限大に応用するようになった。このことは『仁学』が完成する直前に現れた『治心免病法』という書物と多かれ少なかれ関係がある。

新たな「心力」観は、近代中国における人の主観や能動性を努めて拡大させる思想や運動と密接な関係にあり、そこでは自己の意志や思想の勝利が重視された。毛沢東（一八九三―一九七六）の「神に従うにもかかわらず、なぜ己に従わないのか。己は即ち神である」という言葉はその代表といえる。[一二] この運動は清末の陸王心学〔陽明学〕と関係があり、康有為もその影響を深く受けていた。しかし、清末に流行した「心力」説と心学との間には違いがあり、清末の「心力」説は「心」および「我」の概念を「自己神格化」という未曾有の境地にまで拡大させた。[一三] 新たな「心力」説は心の力によって無限の事柄を達成できることを強調したが、この思想の形成や拡散の過程とは、『治心免病法』から譚嗣同の『仁学』への発展過程であった。

『治心免病法』はヘンリー・ウッド（一八三四―一九〇九）による *Ideal Suggestion through Mental Photography* の中国語訳である。ヘンリー・ウッドは一九世紀末・二〇世紀初頭のアメリカで大流行した「新思想運動」の一員であった。この運動はその後、一九二〇年代には次第に退潮してしまった。この運動についてはいくつかの著作が参考になる。ここでは先ず、ウィリアム・ジェームズ（一八四二―一九一〇）の *The Varieties of Religious Experience*（『宗教的経験の諸相』桝田啓三郎訳、岩波書店、一九六九年・一九七〇年）にある紹介から始める。ウィリアム・ジェームズはこの運動を

「心療運動」（Mind-cure movement）と称した。この運動では、科学や物質の持つ力は極めて低く評価され、科学や現代医薬の力を過度に誇張することは誤っていると考えられた。神の意志は自然の法則と合致しており、必ずしも自然科学のみが自然の法則を把握し、思想や意志の力を高めるわけではないことが主張された。ウィリアム・ジェームズの言葉を引用すると、「新思想運動」の提唱者は「思想こそが事物」であると考え、そして「神の生命と人の生命は完全に同じ、つまり一個の生命であり」、したがって「我々の生活と神の生活とは一つである」とした。また、「世の中には心以外のものは存在しない」「自分をどう考えるかが、すなわち、その人を規定する」と述べていることに加え、さらに「悪とはうそにすぎない」という過激な観点もあった。（一四）

「新思想運動」では善念を心の中に充満させること、すなわち極力「善い」念を拡大させて「悪」念が存在する空間をなくすことを推進しており、したがって一切の邪念を引き起こす文化事物、例えば映画、書籍、娯楽などに反対することで心や病を治療できると考えられた。先に述べたように、この運動では医薬の治療能力が過小評価され（完全に排除したわけではない）、病は「思力」（思念）によって治療でき、さらに医薬に比してより効果が高いと考えられた。ヘンリー・ウッドはこの「新思想運動」において重要な地位を占め、一般向けの運動を推進した最初の人物であると目された。彼によるいくつかのパンフレットは数十万冊も売れた。

ヘンリー・ウッドはもともと成功した商人であったが、五四歳の時に重度の心理疾患に苦しめられ、あらゆる方法を試してみたが治癒せず、最後に「新思想運動」よって疾患から抜け出せた。*Ideal Suggestion through Mental Photography* は本来、心理療法に関する書物であり、そこで用いられている方法は主に「催眠術」である。

したがって、この英文書においてヘンリー・ウッドは「思力」の効用を鼓吹してはいるもの、決してジョン・フライヤーの中国語訳本のように誇張はしていなかった。原著では随所に催眠術に触れられており、睡眠過程における実験者と被験者の「思力」には大小の違いがあると捉えていたが、ジョン・フライヤーによって中国語に翻訳された際には多くの改変が加えられた。ジョン・フライヤーは中国において二十数年もの長きにわたって翻訳事業を行っていたが、対象となった書籍は自然科学方面が主であり、『治心免病法』のような心理療法に関する本は例外であった。同書の翻訳は、将来の中国社会の心理的危機に対するジョン・フライヤーなりの関心を表していたのかもしれない。

Ideal Suggestion through Mental Photography とその中国語訳である『治心免病法』との違いは、僅かな言葉で説明し尽くすことはできない。この点について最近、ある研究者がすでに分析をしていることを私は知った。[一五]そこで指摘されている以下の三点は本論の議論と関連している。第一に、原著における異なる語彙、例えば、power of thought、mental activity、mental operation、pure ideal、higher and spiritual selfhood などの語彙が、『治心免病法』においては一律に「心力」と訳されており、これらの語彙と「心力」との間には意味に距離がある点である。また中国語版は、これらの「心力」観念を原著にあった比較的素朴な意味から逸脱させ、高度に強化された力という意味を持たせた。このことによって「心力」は、いかなる困難や不可能なことでも達成できる神秘的な力を帯びるに至った。第二に、英文版には「エーテル」に類似した観念がほとんど現れない点である。ただしある時には用いられ、ある時には ether ではなく、a small stream of turbid water と表現されている。[一六]ここでは、人の「心力」は「エーテル」の伝達を通して他人の心を呼び起こすことができると信じられていたものの、「心力」と「エーテル」はジョン・フライヤーの中国語版のように無限の神格化はなされていない。第三に、ヘンリー・ウッドの原著は確かに「電気」に着目しており、「心力は電のごとし」のような考えもあったものの、[一七]直接表現してはおらず、電気が登場してすでに久しいと述べているのみである。

（二）『仁学』

譚嗣同が仏教学や宋明理学に通暁していたことは上述した通りである。彼はまた伝統的な即理学〔心性の学〕にもかなり熟達していた。宋明理学においては心とは至善で無悪であり、人は自我を通して自己の境地を高めることができるとされた。また、念の力が重視されたので、正しい念が必要であると説かれ、「慎習」〔慎重に習慣を維持すること〕や「復性」〔本質に回帰すること〕などの観念がみな伝統的な即理学にも見られたことが強調された。*Ideal Suggestion through Mental Photography* 及び『治心免病法』においては、上述の心性に関する思惟と近い発想を見て取ることができる。すなわち、宋明理学の思惟と西洋の新たな学知とは、片方が片方に取って代わる関係ではなく、一方がもう一方と重なり合い、その上で改変が加えられて出現したのである。譚嗣同らは正に『治心免病法』における思考の筋道を中国固有の理学にすっぽりと当てはめた上で、改変して過激にし、併せて「心力」を従来の想像を超える意味に拡大させた。

しかし、譚嗣同らの思想と『治心免病法』とでは依然として大きな違いがあった。そのうちもっとも重要な違いは前者に「神」の観念がなかったことである。ヘンリー・ウッドおよび「新思想運動」のもっとも基本的な考えは、「思力」あるいは「心力」は「神」と結合してこそ力が得られるというものであった。すなわち、「神」は一切の力を最終的に保証する存在であり、「思力」が人の病を治癒することができるのはそれが神意と合致しているからであった。『治心免病法』の下巻には心理療法の実践方法が示されている。そこでもっとも重要なのは「神」と合一することであった。それに対して、譚嗣同の『仁学』にせよ、当時「心力」説を提唱していた梁啓超、康有為、唐才常、李大釗（一八八九―一九二七）らの言説にせよ、みな「神」の部分がなかった。彼らのいう「心力」とは完全に各個人の思想や意志によって操作できるものであり、信仰によるいかなる保証も必要なかった。毛沢東が述べた「己は即ち神である」という言葉は、そのもっとも端的な解釈である。

上述のように原著においてはいわゆる「心力」の大小は催眠術と関係があったが、中国語訳においては催眠術の要素は極めて少なく、仔細に読まなければ本書が催眠術を論じたものであるとすぐには気がつかない。譚嗣同や梁啓超などの著作においては、催眠術の片鱗を全く見出すことはできず、ある者の心力は強く、ある者のそれは弱く、そして前者は後者を変えて支配するとされた。もし「心を収斂し」、方法が当を得て、力を深く運用できれば、世界を変えるほど心力を強くすることができ、宇宙をも変えることができると見なされた。そして、「電気」や全宇宙に広がる「エーテル」は、「心力」を駆使する道具を提供するようなものであり、心力による活動を完成させるよい助っ人とされた。心理療法に関する運動は、中国においてはなんと「唯意思」〔主意主義〕的な力に関する全く新しい運動になっていた。これはおそらくジョン・フライヤーが翻訳した時点では全く想像しなかった事態であったろう。

ここに、さらなる探究に値する問題がある。すなわち、この時期以前に清末思想界ではすでに主意主義的な傾向が始まっていたであろうという問題である。この問題に答えるには慎重になる必要がある。清末における孟子派と荀子派との論争や、孟子が提唱した「心」の役割を広げる点を重視した一派が勢力を強めた後に展開した「荀子排斥」運動における脱「礼教」の声などからは、この問題の手がかりを得ることができる。これ以外に重要なのは、康有為が、自らの学説全体において「仁」を求めることを旨としたことを再三にわたって強調し、また陸九淵や王陽明が「心」の持つ極めて大きな力を重視することを繰り返し力説していたことである。龔自珍〔一七九二―一八四一〕が断片的に「心力」説に言及していたことが当時改めて注目されたことは、上述の脈絡の中で理解されなければならない。ただし、それらと『仁学』における「心力」説とはまったく違う内容である。

譚嗣同は『治心免病法』の「心力」説から多くの論点を展開させ、その影響力は原著を超えたが、彼の「心力」に対する考えは多様であった。その特徴は次の四点に分けられる。第一に、脳とは即ち電、心力とは即ち電であり、心力は一切に「通ずる」ことができるとする見方である。第二は、「〔心力は〕形容のしようがないので、力学の凹凸の力で形容しよう。ものごとに対処できる者ほど凹凸の力が大きい」とあるように、力学の角度から心力の大小を議論する見方である。第三は、心力とは即ち願力であり、意思の力だという捉え方である。心力は訓練をする必要があった。訓練の方法が適切であれば心力も無限大になり、「エーテル」を通して宇宙上の物質の離合や成り行きのすべてを変えることができると捉えられた。彼が「心を追究する学派」を組織して人々に「心力」を鍛錬させたいと言及したことは、「心力がぐんとあがらぬときは、心を究明する学派を作って仏教でいう願力を学べばよい」という言葉に示されている。第四は、心力の影響力についてである。もし天下の人々がみな心力をしっかりと掌握したのならば、「文明はどの程度まで栄えるだろうか」と述べられているように、人々が心力を身につけて互いに感応したならば、人類の新たな道徳団体を形成することができると述べた。

(三) エーテル

先に簡単に言及した通り、譚嗣同が『治心免病法』などの書物から受けた影響のうち、第二の重要な観念は「エーテル」である。張載の『正蒙』から王夫之の『張子正蒙注』に至る学派の思想では「気」がとりわけ重視された。王夫之の『張子正蒙注』と譚嗣同の『仁学』を詳細に対照させれば、譚嗣同が「心力」や「エーテル」の観念を全面的に用いて、伝統中国思想における「気」の概念を書き換えたことを看取できる。清末民初の思想界で起こったこの思想転換は、これまで十分に重視されてこなかった。近代西洋の「科学」観念によって中国がもともと有していた道徳や意識を解釈しようとする風潮において、力学、物理学、科学などは思いがけない用いられ方をした。例えば、力学における「吸」〔吸引力〕や「斥」〔反発力〕から人の愛や恨みなどの感情が解釈されたのがその一例である。

「エーテル」は古代ギリシャ以来存在してきた物理思想であり、空間に満ちる一種の物質と考えられてきた。一八七〇年（同治九年）に江南製造局が翻訳した西洋の書物『光学』において至るところに存在する「伝光気」について言及されたことが「エーテル」が中国に紹介されたもっとも早い事例であり、その後この概念は陸続と紹介されたと一般には信じられている。『治心免病法』の原著は簡潔に「エーテル」に言及したにすぎなかったが、ジョン・フライヤーが中国語に翻訳した際、「エーテル」に関する内容を大幅に加えたため、エーテルと「心力」とがあたかも不離不可分であるかのような印象を中国の読者に与えた（一八）。譚嗣同は「乙太説」において、「〔エーテルは〕波動になり、動力になり、粒子になり、知識になる。現象を構成する原則はこのようにして現れる。虚空もここから現れ、衆生もここから現れる。無形もあらゆる形に縛られており、無心もまた、様々な心が感応したものである。要するに、それもまたいわゆる『仁』なのである」と述べている（一九）。

譚嗣同は「エーテル」概念を広く展開させた唯一の人物ではなかった。清末の「エーテル」観の影響は非常に広範であり、戊戌の変法運動期から中華民国初年に至るまで多くの士人の心を摑んだ。彼らは宇宙には確かに至るところに「エーテル」のごとき「微気」があると考え、そしてそれと中国思想にもともとあった要素と重ね併せて捉えた。例えば、一九〇〇年（光緒二六年）に孫詒譲（一八四八—一九〇八）は「論下元日展仮事示瑞安普通学堂学生」〔「下元節の休暇に関して瑞安普通学堂の学生に告ぐ」〕という一文において、「思うに天地の間にもっとも濃密な微気があり、西洋人はこれを『乙太』または『亦脱』〔ともにエーテルの意〕と呼ぶ。地球の外側にある空気の層は遠くなればなるほど薄くなり、たったの数百里でほぼ真空となる。ただ『エーテル』のみが世界を満たし、みじんの隙間もない。光や電はこれによって伝達し、動植物もまたこれによって生きている」と述べている。この短い文章において『周礼』研究の大家でもある孫詒譲は、「エーテル」概念を用いて、霊異や方術までも含む古今往来の万事万物に対する新たな解釈を行った。また彼は「人がこれを得ると脳気となる。これは西洋人が電気とよぶものである。したがって、人類の精神が注がれるところには知らぬ間に揺さぶるような大きな力が生まれるのである」と述べているように[二〇]、人の意思は、「エーテル」や「電気」の力を借りて人と人の間の隔たりを超越し、台風のような揺るがす力を作り出すことができるというのである。

『仁学』の随所に、譚嗣同の「エーテル」観を見ることができる。譚嗣同は「仁」とはすなわち「エーテル」であると強く主張しており、これはまさに康有為が『孟子微』において唱えた新説であった。すでに述べたように、『孟子微』の出版は『仁学』の後であったが、「仁」とはすなわち「エーテル」であるという観点は早くから口伝によって譚嗣同に影響を与えていた可能性が高い。「仁」が「エーテル」や「心力」であるという説は、『仁学』においては全面的・徹底的に、過激に展開された。「然るに元素は六四種あるが、元素のもとはエーテルがあるのみである」と述べられているように、「エーテル」は元素よりも小さな、より根本的な物質であるとされた。「仁」とは「エーテル」であるので、「仁」は物質化し、捉えたり伝えたり、貯めたり散らしたりと心力で指揮できるものになった。この理解において、宇宙や人生は「エーテル」概念によって全面的に解釈され、それは『張子正蒙注』で語られた内容よりさらに徹底的、合理的、科学的であった。

「エーテル」のもう一つの特徴はすべてに通じるという点である。譚嗣同は「物質を備えない神経であるエーテルは天地万物も人我も通じて一身であるのに、〔人々は〕ありもしない彼此を立て、ありもしない区画を設け、己の利のみを思って人のことに関心をよせない」と述べている。天地の万物はみな「エーテル」によって構成されているので、天地の万物はみな平等である。また「エーテル」は「気」のようなものであり、人々は「エーテル」を呼吸し、天地万物と互いに通じているので、天地万物は互いに感応し、したがって天地万物は一体であるのだという。ここにおいて、宋明理学家がしばしば掲げた「仁とは天地万物と同体である」という偉大な理想を物質的に実証できた。この「エーテル」は長らく宇宙に存在しており、故に不生不滅であり、古今は一体であった。また、「エーテル」は一万年後も依然として存在し続けるとされた。したがって、僧璨の「信心銘」という一文にある「一念万年」の観念に対しても、「心力」や「エーテル」の説から物質的・科学的解釈がなされたのである。

一切に「通」じる「エーテル」の性質は、譚嗣同において「脱差異」「対待〔対峙〕の打破」という観念になり、それは古くからの礼法、専制、君権、五倫といった観念に対してばかりでなく、さらには男女や老若など様々な「不平等」な違いをも打破するための思想的な基礎をもたらした。あらゆる対立的関係を打破した後に、「仁は天地万物と同体である」という性質に類似した道徳団体という境地にようやく到達できるとされた。

『仁学』では「エーテル」に加えて、音声学、光学、化学、電気学、気体学、力学を広く援用して「仁」「心力」「エーテル」が論じられている。音声学、光学、化学、電気学、気体学、力学には何の隔絶もなく一切を貫「通」する特質があり、これらは対待的関係を打破するに足ると考えられていたからである。譚嗣同は「音声学、光学、化学、電気学、気体学、力学が発達すると、対待が打破されていく。対待の打破にはまず格致を究明しなければならず、格致の究明にはまず対待を明確にしなければならない」と述べている。また「格致が究明されたとき対待が打破されて、これが学問の極致である」とも述べている。科学界における法則や通則はみな一貫性を有し、いかなる時においても一致するものであり、「対待」的なものでないため、譚嗣同は「真実理が現出するとき、対待は打破するまでもなく打破されているのである」と述べている。

譚嗣同が想像した理想団体において、「通」と「平等」とは核心の主題であった。譚嗣同は、この世界にかくも多くの悲哀や不幸があるのには根本的な原因があること、すなわちあらゆる人々や団体が一つ一つの小さな枠の中に閉じ込められ、互いに疎通できないことに起因するのだと考えた。彼は次のように述べている。

仁の第一義は通である。以太といい、電といい、心力というのは、いずれも通のあらわれるかたちの表示である。

（中略）

通に四つの意味がある。中外通。これの意味はほぼ『春秋』にもとづいていて、太平の世には遠国と近国、大国と小国が一つである、ということである。上下通と男女内外通。これの意味はほぼ『易』にもとづいていて、陽が陰の下位に在る泰は吉、陰が陽の下位に在る否は吝、のことである。人我通。これの意味はほぼ仏教典にもとづいていて、「人の相もなく我の相もない」ということである。

「通」は譚嗣同の『仁学』の核心概念であり、彼は「上下が通じること」「他人と我が通じること」「中外が通じること」「男女内外が通じること」を主張した。「通」のもっとも理想的な境地は、あらゆる「対待」を打破してこそ到達できるものであった。

『仁学』の「仁学界説」において譚嗣同は、もっとも高い政治理想とは「平等」であり、それは「通」ずること、「名」〔名目〕を打破すること、「対待を打破すること」「対待をとりかえまぜ合わせること」を通して達成される必要があると明晰に示している。換言すれば、『仁学』全体が「対立を打破すること」を第一義としており、したがって、「仁学界説」では冒頭で次のように述べている。

仁はまことに一である。対待のことばはすべて崩壊するはずである。
対待の崩壊のためには、対待をとりかえまぜ合わせてみよ。
対待をとりかえまぜ合わせるとき、混迷して平等が見えない。
対峙をとりかえまぜ合わせてはじめて平等となる。
対待がなくなってはじめて平等となる。

無もまたなくなってはじめて平等となる。

譚嗣同は一生を通じて数学こそがもっとも力があると主張し、そして清末の学界でも数学は西洋の格致の根源であると考えられていたので、代数を用いて「対待をとりかえまぜ合わせること」を想像したほどであった。

一切の罪悪の根源はみな「虚妄な分別を起こした」ことに由来し、「虚妄な分別を起こした」が故に「名」が生まれたと譚嗣同は考えた。『仁学』において彼は、「学ぶ者はこの点の見分けがつかず、虚妄な分別を起こしたのである。あれをとるとこれが落ちる、こちらで得ればあちらで失うと、あちらへこちらへうろついているうちに一つものにならず両方ともだめになる。結局かれらは文字にひきずられて迷いつまずき、かけらもないまでに分裂崩壊してしまい、……一寸きざみの刑である」と述べている。譚嗣同は、「名」とは実体のないものであり、忽然と彼と此を生じ、極めて容易に混乱を生んでしまうと考えた。したがって学問の浅薄な者や行いの卑劣なる者が、名を教と見なして、ややもすれば「名教」を口にしていたことは、彼がもっとも反対したことであった。もし「仁」は「共名」〔一般名詞〕であると主張するならば、君主や父が臣下や子を責めることができるように、臣下や子も君主や父を責めることができると彼は説いた。古来の君主や父はこれでは具合が悪いと考えたので、「区別や優劣」という「名」を設けて自己の権威を保持した。この点について彼は、「中国は刑罰のむちを積みあげて天下を拘束した。ついては、拘束の道具立てになにかと名を立てなければならない」「そのうえまた、名は人がこしらえるものであるが、それを上のものが使って統御すると下のものは従うほかない。そのため数千年このかた、三綱、五倫のきびしく残酷な毒害が起こっているのである。君は名によって臣に足かせし、官は名によって民に首なわをかけ、父は名によって子を抑えつけ、夫は名によって妻をしばりつけ、そして兄弟、朋友はそれぞれの名をかかげて相手と対抗した。このときになお、仁のかけらでも残っていたろうか」「この名のために仁がわからなくなったのは、ことの自然でもあった」と述べている。人と人は本来平等であり、区別のある「名」は一部の人々が創り出したものであり、卑しい者に対する尊い者の支配や抑圧を合理化するために用いられた。それが包括する範囲は極めて広く、三綱、五常、君と臣、官と民、父と子、夫と妻はみなそうであった。本来人々はみな平等であったが、力を有する者が虚構の「名」を創り出して不平等な従属関係を合理化したというのである。

また譚嗣同は、「親疎」の差、尊卑貴賤、「名教」、一切の礼教に反対し、人が守るべき五つの徳目は「乱世の法である」と考えた。そして「三綱」に反対し、「朋友」という徳目のみを提唱した。この点について『仁学』では「ことに超出していたのは釈迦牟尼仏であって、君臣、父子、夫婦、兄弟の人倫は本来空《くう》の無きものとして棄てさった。けれどもこの朋友だけは、日常においても禅定中でも、一刻として離れることがなかった。……朋友は他の四倫より高いだけでなく、四倫の主軸である。朋友の道が四倫を貫徹しているのだから四倫は廃棄してよいのだ」「孔子教では『ああ臣下よ、ああ隣人よ』といい、『国人と交わる』とあって、君臣は朋友なのだ。『己の父だけを父とせず、己の子だけを子とみない』といって、父子は朋友なのである。夫婦はというと、兄弟よりもゆるく、一緒にもなれ別れもできて、孔子の家も離縁を避けていないように、夫婦は朋友なのである」と述べられている。また、「仏教では、君も臣もそして父母・妻子・兄弟、血のつながる一族の全部が、すべて出家して受戒し法会に集まる。つまり四倫にわたって朋友となってしまうのである」と述べている。譚嗣同が考えるに、仏教があらゆる尊卑あるいは親族関係を取り除き、あらゆる人を「朋友」としたことは、賞賛に値することであった。譚嗣同が「朋友」という徳目を強調したことについては後述する。

譚嗣同は「人我」〔他人と我〕の区別に反対した。「妄りに区別を生み出」し、妄りに対立的な関係を生み出したことによって、「人我」の違いを導き出してしまったと認識したのである。また彼は、「無我」や「一多相容」〔時事物々の相互作用〕、「三世一時」〔過去・未来・現在が一瞬の連続であること〕の観念を主張し、これらを信じない者はみな「対待」的な観念に欺かれていると考えた。「ありとあらゆる対待の名、対待の分別がごたごたと湧き出るのである。それで目がくらむが、自分から目をくらますのであるから解消すべくもない」と述べられているように、「対待を打破すること」は譚嗣同の『仁学』において追求した新たな道徳団体の構築と密接に関係していた。

譚嗣同が構想した新たな道徳共同体は、康有為が『大同書』において説いた「無家」「無国」の境地に似ている。『仁学』では、「国がなければ、境界は消滅し、戦争はあとを絶ち、猜疑は消え、権謀は不必要であり、あちらとこちら、ということがなくなり、平等が現実となる。君主が廃止されれば貴賤の差が消え、公理があらわれれば貧富のちがいがなくなる。千里万里が一家であり一人となって、わが家はかりの宿、家人は兄弟も同然である。父の慈しみも子の孝もその場所がなくなり、兄弟の友愛恭愛も夫唱婦随も問題外のこととなる。西洋の書物の『百年一覚』というのも、〔『礼記』の〕「礼運」篇の大同のありさまをおもわせるものだ」と述べている。これは公羊学の三世説における「升平世」あるいは「大一統」——すなわち「地球上の諸教が一人の教主をいただき、地球上の諸国家が一人の君主をいただく形勢がある。時勢でいえば大一統であり、人間でいえば天命を知るときである」という考え——にほぼ等しいと譚嗣同は述べた。

四、君権の排除と排満

譚嗣同はユートピア的色彩を帯びた新たな道徳団体を構想するのと同時に、『仁学』において様々な「網羅」を批判し、打破した。「網羅の衝決」と新たな「道徳団体」の構想とは正に一体の持つ両面であり、「網羅の衝決」は清末の最後の十年における革命思潮の重要な構成要素となった。「網羅の衝決」の範囲は非常に広範にわたった。譚嗣同は『仁学』の「序」において、「網羅は無限の虚空いっぱいに重層している。まずもうけの網羅を衝決しなければならない。次は文献しらべや言葉いじりの俗学の網羅を衝決し、つぎは地球上のもろもろの学の網羅を衝決し、つぎは君主の網羅を衝決し、つぎは人倫道徳の網羅を衝決し、つぎは天の網羅を衝決し、つぎは地球上のもろもろの教えの網羅を衝決し、そして最後は仏法の網羅が衝決されるであろう。けれども、本当に衝決することができるのは網羅がもともとなかったからであって、実のところ網羅などないからそれで衝決ということがありうるのだ。したがって、網羅を衝決したとは実は網羅の衝決などしていないということなのである。『円環は切れ目なしにぐるりとつながっている』『大道は一つであって通じている』とあるがごときである」と述べている。「網羅の衝決」論は後の革命思潮に影響を与え、一面で儒家を批判しながら、一面では皇権を打破して満族政権を転覆させせんとするものであった。

『仁学』においてもっとも注目を集めた論点は、専制政治の文化的基礎に対する深い批判を行ったことであった。『仁学』では黄宗羲（一六一〇―一六九五）が賞賛され、顧炎武（一六一三―一六八二）が激しく非難されている。その原因の一つは顧炎武が礼教を尊び、黄宗羲が君権を批判して民権を宣揚したからである。

『仁学』では君権の打倒や反君主・反君統〔反君主制〕が提唱され、真の孔子がおり、また偽の孔子の学もあることが主張されている。荀子の学はすなわち偽の孔子の学である。なぜならば、荀子は君学や君統を代表するものであり、荀子の学が盛んになれば正しい孔子の学を埋没させてしまうからであるという。この点について譚嗣同は、「君統の力が強くなって、堯、舜以後はこれといった政はあらわれていない。孔子教が亡んで、三代以後これはといった書物はでていない」「というわけで、この二千年間の暗黒閉塞のもとはとくに君臣の一倫であって、人間というものが亡びさった。今日となってはもうひどいものである」と述べている。また、彼には人口に膾炙した次のような一段がある。「二千年来の政治は秦の政治であり、みな大盗であった。二千年来の学問は荀学であり、みな郷愿〔道徳家を装った俗物〕だった。大盗だから郷愿を利用する。郷愿だからたくみに大盗に媚びる。双方が結託して、そして何でも孔子様をかついだ。かついだ大盗、郷愿をつかまえて、かつがれた孔子を問いただしたところで、孔子がわかるはずもあるまい」と述べている。

譚嗣同は日清戦争直後に彼の師であった歐陽中鵠に宛てた手紙において、「君主は民を天となす。したがって、民心を獲得するか否かが天意の去留を規定するのである」「和議の条項を見るに及び、なんと四億の人民の財産や生命を一挙に捨て去っている。満漢の偏見は現在に至っても融解していないので、このことはあぶく銭を使って自己保全を謀ったにすぎず、彼ら〔満族〕の気にするところではない。二五〇年にわたって全力を尽くしてお上に尽くしてきたのに、なんと何ら恩恵もないのだろうか」「この時、西洋人は中国の官吏を禽獣に喩えていた。……また『穢、賄、諱』の三字で中国を批判していた」と述べたように、早くも排満〔満洲人排斥〕に簡単に言及していた。後に変法派と接触したため、排満思想もややなりを潜めたが、『仁学』下編に至ると、彼が明らかに排満を主張していることをはっきりと見出すことができる。この点に関する言論は辛亥革命に対して少なからぬ役割を果たした。『仁学』において、「それがどうしたことだ、中国とは無関係で無縁の奇渥温や愛新覚羅が卑賤の異族出身の身で、残忍野蛮な性情にまかせて中国を盗みとり、盗んでしまったらもう、伝来の盗みのやり方で元の持ち主をしばりつけた。縁もゆかりもなかった孔教をたてにして、臆面もなく、縁もゆかりもなかった中国をおさえつけた。それをまた、中国は天とあがめて罪悪を感じていない」とあるがごときである。

これ以外に、彼は「ところがなんと、智あり勇あり能力ある数億もの人間が、娼妓あつかいをうけながらまるで平然としている」「彼らの本土は不毛であり、人種は獣くさく、心は禽獣、毛織りものを風俗としていた。ある日残忍きわまる淫と殺の暴力をふるって中原の婦女子と財宝につかみかかった」と述べている。『仁学』ではまた、『揚州十日記』や『嘉定屠城紀略』を大いに評価して、「そもそも誰が誰のものを食べ、誰が誰の土地に住んでいるというのだ」と述べている。彼は太平天国軍に同情して湘軍を恥じて憎んでいたばかりでなく、白人がやってきて漢人を救い出し、満人の支配から漢人が脱する手助けをするとさえ考えていた。清末の革命志士において少なからぬ者が譚嗣同

の影響を深く受けており、例えば呉嘉瑞は「仁学会」を設立して、『仁学』を宣講〔説き聞かせること〕した。[二一]

上述した種々の概念以外に、『仁学』では多くの新思想や新たな価値観が提唱されている。それらの大多数は「通」ずることと「対待」を打破するという思想に関連しており、あるものは王夫之思想の影響があり、あるものは清末思想の影響を受けていた。これらの価値観は当時の士人あるいは儒家思想の伝統に莫大な衝撃を及ぼした。例えば、彼が変法を主張し、「日新」〔時時刻刻に新生すること〕を提唱したことが挙げられる〔「新はなんといっても諸教に共通の理であるわけだ」〕。また彼は「日新」を「エーテルの生動のしくみである」とした。そして動的な人生観を求め、節約に反対して奢侈を提唱した。「からだかたちが天性である」と主張し、「天理」〔万物の法則〕と「人欲」〔人の意思〕の区別に反対し、王夫之の「天理は人欲の中にこそある。人欲がなければ天理も現れようがない」という名言をしばしば引用した。譚嗣同は世俗の見識の浅い儒者が「天理」を善と、「人欲」を悪と見なしていることに対して、「人欲なくしては天理もありえない」と激しく非難した。

『仁学』ではまた、名教や礼法が激しく非難され、三綱や五常を廃止することが提唱されている。譚嗣同が「朋友」という人倫を強調していたことは先にも述べたが、この点についてさらに踏み込んで議論しよう。譚嗣同は「朋友の人倫だけが尊貴とされたとき、他の四倫はおのずと廃棄される。ということは、四倫が廃棄されてもよいものとわかるときにこそ、朋友の権が広大になるのである」と述べている。古今東西国内外の変法を論じる者は、四つの人倫を捨てて「朋友」という人倫を強調しないのであれば、あらゆることにおいて議論する手がかりは得られないというのである。ここまで読んで私たちは当然驚かないわけにはいかない。譚嗣同の思想において「仁」とはなんと「朋友」という人倫を残すのみなのである。

譚嗣同は、それぞれの個人が古い道徳の束縛から解き放たれた後、新しい「大群」〔大きな集団〕を組織して「会」を作り、群策群力して理想や目標のために奮闘すべきであると述べた上で、キリスト教を例として「大群」の力を説明している。注意に値するのは、『仁学』では宗教の力が非常に強調され、一種の宗教優先論が提唱されていることである。譚嗣同は、孔教、キリスト教、仏教の教義はみな不平等を平等にすることだと強調した。「平等」はまさに譚嗣同が高らかに唱えた思想である。彼は「だから政を談じ学を談じても、教のことを教えないかぎり無用同然であって、そんな政道や学術は逆に人殺しの道具になることもある」と指摘している。

譚嗣同は、康有為の影響を受けて孔教を創設することを主張し、また「孔教」と「儒」とは異なると考えていた。「孔教」の範囲は広範であり、「儒」は孔教の一端にすぎないが、「儒をふりまわして孔子の教えをくらまし、やがてはもっぱら孔子を削りとるばかりになった」と見なした。彼の趣旨は、二千年来専制の君権に奉仕してきた儒家を承認することではなく、「真の孔子」に立ち返って孔教を創設することにあった。彼は、キリスト教を模倣し、「孔子教堂」〔教会〕を建設することを主張した。

また、『仁学』では仏教至上論が提唱されている。譚嗣同は、三教のうち低いものから高いものへと並べると孔教、キリスト教、仏教という順になり、仏教は「無父」「無君」を提唱しているので、他の宗教に優越すると考えた。「だから、仏教を挙げれば地球上の教えはすべて一つに統合できる」と彼は考えた。「無父」「無君」が最高の理想とされていたことからも、仏教思想が当時もたらした衝撃の大きさが想像できよう。

譚嗣同は、「心力」に「エーテル」を加えた思想を非常に広く展開し、「新人類」を創造したとさえいえる。進化論の影響を受けて、彼は「人種改良学」を提唱した。「この世代よりもあの世代へと改良を重ね続ければ、純粋に智だけが働いて労力は使わない、霊魂だけで肉体のない新しい種類の人間がきっと生まれるはずだ」と彼が述べているように、もし一種の「霊魂だけあり」「肉体〔の呪縛〕を軽減する」新人類を生み出すことができるのなら、人類は二度と道徳に閉じ込められることはなくなることが主張された。

最後に、譚嗣同の思想と彼の死生観について述べたい。王夫之の『張子正蒙注』にある「気」の思想を敷衍した譚嗣同の「エーテル」思想において、人の生死を「エーテル」のように集散しても常に宇宙に存在する「不生不滅」のものと捉える考えが生まれた。『仁学』において、あらゆる人は「すべて天地にもともとあるところの分子がくっつきあって人間ができていると知っている。だから死んでばらばらになり、それぞれもとの分子にかえると、新たにくっつきあって別の人間や物になるわけだ」とある。人が死ぬと、その質点がばらばらになった後に新たな人を形成できる。たとえ地球が滅んだとしても、すでに滅んだ地球の「質点」から新たな星が形成される。したがって、死に対してなんら恐れを抱く必要がないというのである。宋代の儒者はみな気の集散という観点から人の生死を議論することを好んだ。明末清初の王夫之が「ある聖人が死んでも、その気は多くの賢人に分かれる」と述べたのも、かような思惟のさらなる展開である。そして、譚嗣同が戊戌の政変の失敗後に自ら進んで捕らえられ処刑されたのは、おそらくこのような思想背景と直接関係していた。

五、清末民国初期における『仁学』の影響

譚嗣同の思想の内容にはスペクトルや濃淡の違いがあり、その影響も一様ではない。ある者は彼の「網羅の衝決」や君権排除、排満思想の影響を受け、ある者は既存の秩序を全面的に破壊することで新たな中国を再建しようとする巨大な思想の枠組みを継承せんとした。以下では、「淡」から「濃」の順に譚嗣同の影響について若干述べる。

周知の通り、『仁学』が清末の革命者にもたらした影響は極めて巨大なものであり、その激しい表現や文章によって、呉樾（一八七八—一九〇五）、鄒容（一八八五—一九〇五）、陳天華（一八七五—一九〇五）などのように革命のために命を捧げた者の心を激しく揺り動かした。清朝最後の一〇年間に、新聞・雑誌という新たに登場したメディアには譚嗣同思想の影がしばしば登場し、特に「網羅の衝決」という概念に関わる表現にそれが顕著であった。『辛亥革命前

十年間時論選集』には多くの言論が収録されている。例えば『覚民』という雑誌を例にすると、「敢生」の手になる「新旧篇」という文章において作者は、「総じていえば、大宇宙においては新旧の隔たりはなく、新しくもあり古くもあり、新と旧とは平等であり、新しくないものと古くないものも平等である。新党と新でも旧でない党もまた平等である。ただその平等故に分別はなく、分別がないので新旧は見えずして滅してしまう。しかしながら、物力は常に存在しており、宇宙にはもともと新旧はなく、滅することはできない」と述べている。[二二]この一節は『仁学』の模倣といってよい。

また、「広解老篇」という一文では老荘思想式の自治が提唱され、「一八世紀以前の欧州世界はいわゆる圧制や虚偽が甚だしかった。したがって、一八世紀の諸学者の説に拠って欧州の圧制や虚偽の網羅を衝決せんとすれば、老荘の説に拠って支那の圧制や虚偽の網羅に衝決せざるをえないのである」と述べているように、[二三]「網羅を衝決する」思想から欧州の歴史を語っている。一九〇一年の『国民報』第二期に掲載された「説国民篇」という一文では、「統治者と被統治者との網羅を衝決すれば、即ち人々はみな統治者となり、また被統治者となる。貴族と平民との網羅を衝決すれば、人々はみな王侯になり、また奴隷にもなる。自由民と不自由民との網羅を衝決すれば、すなわち律例の中に奴僕の文字がなくなる。……男性と女性の網羅を衝決すれば、男性に参政権が与えられれば、女性にも参政権が与えられる。このようにして国内には誰一人として平等でないものはいなくなるのである」と述べられている。[二四]ここでは文章全体にわたって「網羅を衝決する」説が述べられており、当然これは譚嗣同の影響を受けたものであった。

また「唯物論二巨子（底得婁、拉梅特里）之学説」（「唯物論の二巨人（ディドロ、ラ・メトリー）の学説」）という文章が「自分自身が実際に得られる幸福をすてて、茫漠として捉えきれない霊魂を求めるのは大愚にあらずしてなんであろうか。是非を知れば、人は堂々として独力で立ち、みなの幸福を図って一切の網羅を衝き、一切の障害を除くのである」と述べていることもまた、「網羅を衝決する」思想の影響を受けたものであった。[二五]

「権利篇」が「我が中国に『礼儀三百、威儀三千』という煩雑な礼儀があることを恨む。人々はみな卑屈な状態に陥り、遂に少しでもその非を知る者がいなくなり、自ら礼儀の邦であると誇っていることは、全く理解に苦しむことである。礼とは人に固有のものではない。野蛮時代に暫くの間便宜的に聖人が作ったものであるが、後に大奸臣や大悪人が天下の公権を奪って私有しようとし、また人々が自分に従わないことを恐れたので、聖人が礼を作ったことを名目として波乱を大きくし、妄りに様々な網羅を立てて、天下の人々の範としてしまったのである」と述べているように、(二六)「網羅」という用語を用いて「礼」を説明するのは、その手本である『仁学』の主旨でもあった。

「網羅を衝決する」という言葉は新文化運動時期においても依然として流行していた。新民学会の発起人の一人である蔡和森（一八九五―一九三一）は一九一八年七月二四日に毛沢東に宛てた書簡の中で、「我々の究極の目的はただ世界の様々な網羅を衝決し、自由な人格、自由な地位、自由な業績を作り出すことにある」と述べている。(二七)ここでいう「世界の様々な網羅を衝決する」という主張は、当然ながら譚嗣同を踏襲していた。これ以外に、蔡和森が師の楊昌済（一八七一―一九二〇）に宛てた書簡の中で、「大仁・大勇を思い、衆生を済度するには、地獄に墜ちなければならない」と述べている。(二八)譚嗣同は「霊魂の説がはっきりすれば、どんな暗愚な者でも、死んだ後にもやる事が多くあり、苦楽も限りあることがわかって、生きている間の一時の苦や楽に執着したり嫌ったりする気持ちはきっと起きないだろう」「その身が不死であって殺されても死ぬものでないとわかったなら、きっとなにものもおそれることなしに仁をやりとげ義に挺身することであろう」と述べているから、蔡和森のこの一節は『仁学』の焼き直しである。ここからも中国共産党創設期の先駆者に対する譚嗣同の影響の大きさを見て取れる。

毛沢東もまた師である楊昌済の影響を受け、『仁学』を非常に推賞していた。エドガー・スノー（一九〇五―一九七二）の『中国の赤い星』には毛沢東が楊昌済の授業において「心之力」という一文を書いたことが以下のように述べられている。「私にもっとも強烈な印象を与えた教師は、イギリスに留学し、帰国した楊昌済でした。後に私は彼の生涯と密接に関係することになりました。彼は倫理学を教え、理想主義者で、道義性の強い人物でした。自身の倫理観を非常に固く信じていました。……彼の影響で私は蔡元培（一八六八―一九四〇）の訳した倫理の本を読み、それに感動して論文を書き、『心之力』と題しました」と。[一九]「心之力」は『仁学』の心力観念を用いた『倫理学原理』を論じたものであり、楊昌済はこの文章に満点を与えた。残念なことに私たちは現在ではこの文章を見ることはできない。

毛沢東は、心力や意思力は一切を操作・改変できるばかりでなく、人は「心力を鍛錬すること」もできると主張し、心力を無限の大きさに展開させた。これも譚嗣同の影響を受けたものである。この点について毛沢東は、「人心能力説を私は長らく信奉してきたので、譚嗣同の『仁学』にある心力を鍛錬できるという説を心に抱いてきた」と述べている。[二〇]これ以外に、彼が一切の網羅を衝決することにしばしば言及したことも、明らかに『仁学』の影響を受けていた。例えば、ある史料には、「中国人は堅固な要塞に閉じこもり、自らの見識が狭いことに気がついていない。一方には主人のように仕え、他方には奴隷のように対することが遍く習いとなっている。どうしてロシアのトルストイのように一切の現象の網羅を衝決し、理想の世界を発展させることができようか。身をもって衝決を行い、書に記し、真理に依拠する。真理があるところでは全く傍観しない。かつての譚嗣同、今の陳独秀の人たるや迫力は極めて雄大であり、まことに今日の俗物と比較できるものではない。また毛沢東君は唐宋以降の文集・詩集をかまどにくべて焼くことを主張している。彼はまた家族革命や師弟革命を提唱している。革命とは武力衝突のことをいっているのではなく、古い制度を廃して新しい制度を確立することをいうのである」と述べられている。[二一]

『仁学』において言及された道徳団体と政治メシアとの関係、そして世界全体は容易に離合集散して一定ではないが「心力」によって森羅万象を完全に操縦できるという発想は、毛沢東にまで影響したと私は考えている。

結論にかえて――世界を改造する巨大な力

譚嗣同の死後、彼の思想の影響は極めて広範にわたり、清末民初において既存の秩序を破壊し、世界を改造する力となった。譚嗣同は「エーテル」、原子、化学の元素などの学説を導入して、宇宙全体を質点の角度から捉え、集めることも散らすことも、生成することも破壊することもできるものと世界を捉えた。換言すれば、新たな世界とは私たちがもともと想像していたように次第に蓄積したり次第に破壊されたりするものではなく、人の意思によって生成することもできるし、また人の意思によって瞬時にすべてを消滅させた後に何処かで改めて集めることができるものと考えられたのである。また、彼は「心力」に「エーテル」を加えて、意思が一切を改変できるという考えを生み出した。『仁学』において「エーテルの用が霊妙きわまることは、人間の身でいえば脳で確かめられる」「虚空では電である」「脳は物質をそなえた電であるとすれば、電は当然物質をそなえない脳である」「五官、骨肉は神経が通っていることによって一身であることがわかるならば、天地万物も人我も電が通っていることによって一身であることがわかるはずだ」と述べられているように、一念を発し、一言を出せば、人我を感応させることができるばかりでなく、千里離れた人にも影響を及ぼすことができるとされた。したがって、「エーテル」によって「天地万物も人我も電が通っていることによって一身となり」、一切の隔絶、限界、生死、利害、区別を超越して、一切を貫通し、地球全体を一家として、一種の新たな道徳団体となることができると考えられたのである。

「心力」と「エーテル」とは互いに通じているので、「心力」は無限に拡大し、宇宙を構成する新たな質点を操縦することができると考えられた。一切を質点にした後には、新たな世界を組み立てたり、新たなものを作り上げたりすることができるばかりでなく、ものを消滅させることができるとされた。したがって、「心力」と「エーテル」とが結びつくと、とてつもなく大きな力となり、心の力によって道徳や国家を含む宇宙のあらゆるものを動かすことができると考えられた。このようにして、大きな破壊力と建設力とが容易に形成できるとされた。これらは今日から見ればあまりにも曖昧な考え方であり、科学、道徳、人心などの概念が入り交じっているものの、しかし、譚嗣同においては新たな体系を成しており、また新たな集団をも形成していた。この新たな集団においては、一切を打破し、もともとあった網羅を衝決した後、新たに平等な社会を作り上げることができると考えられた。そして、かような思想のごく一部を継承さえすれば、宗法社会を溶解させ、ユートピア式の新たな道徳団体を築いて、政治メシアに強大な可能性を提供できるとされた。

近代中国の知識人が未来の見通しを探し求めた時、譚嗣同のように一切を打破して新たな道徳団体を作り上げるという考えを主張したのは決して単独の事例ではなかった。柳亜子（一八八七―一九五八）は「私は山河が破壊され、祖国を新たに建てることを望んでいる」と述べている。[三二] 章炳麟もまた「荒れ果てた中国」という議論をし、「大殺戮」によって新たな言論を呼び込み、清末中華民国初期の思想界を埋め尽くすことを強調した。一九〇一年に『国民報』に掲載された「亡国篇」においては、「もし一大殺戮がなければ、永遠に奴隷根性を取り除くことはできず、一家への希求も消滅させることはできないことを私は知っている。天下において新旧が混じり合って国家を形成したことは断じてない」と述べている。[三三] 以上のような清末以来の重要な政治論述を構成した観念が後に及ぼした影響は絶大なるものがあった。このことは中国近代思想や政治を研究する者が関心を寄せるべき要点である。

本講を終える前に簡単に補足をしておく。それは、譚嗣同が主張した新たな道徳団体は、王国維が「殷周制度論」において言及した「道徳団体」とは全く相反するものであるという点である。王国維の道徳団体は宗法を通して統合される道徳コミュニティであるのに対して、清末中華民国初期に構想された道徳コミュニティとは一切の関係がすべて溶解した後に、人の意思によって再建されるべきものであった。王国維の道徳団体論については次講において詳述する。

質疑応答

司会：王先生がおっしゃったように、譚嗣同の思想が依拠した資源は主に宋明理学の脈絡から得られたと私は考えます。しかし、私個人の関心からいえば、この点以外の側面にも注目しています。私がかつて『治心免病法』を読んだ時、これに深く関わった清末の人物とは譚嗣同、宋恕、夏曾佑など基本的に仏教を信仰していた一群であり、みな仏教学に興味を有していたという共通点があり、仏教学は折よく心力や主観的な力に関する理論を彼らにもたらしたことに気がつきました。したがって、清末民初における「改造」の思想的資源は宋明理学に由来していたのと同時に、もう一つの脈絡、すなわち夏曾佑や章炳麟、そしてもちろんもっとも重要なのは譚嗣同や宋恕などの仏教学の脈絡と結びつけることができると考えますが、いかがでしょうか。

答：まったくその通りだと考えます。仏教学の影響についていえば、言及された数名が挙げられます。譚嗣同はもともと昔気質の人でしたが、日清戦争が彼の思想全体に大きな転換をもたらし始めました。その後南京や北京において夏曾佑、楊文会、宋恕などの影響を受けたことが、彼の思想に根本的な変化を起こしました。しかし、私は今まで『治心免病法』が仏教学に及ぼした影響に気がついておらず、最近この問題は文章とするに値する問題だと思いつきました。心が有する無限の力をとりわけ誇張し、特に従来の伝統的礼法による一切の制限を超越した『治心免病法』の思惟が当時及ぼした衝撃力は極めて大きなものであったことはみなさんも同意すると思います。このような思惟は仏教学やおそらく他の学問に対しても大きな影響があったでしょう。そして譚嗣同はそれを『仁学』の高みにまで結晶させたのです。もし譚嗣同が処刑されていなかったなら、『仁学』を敢えて出版したか否かについては別の論点です。実際、当該書は彼の死後に整理出版されたものです。

問：梁啓超の『徳育鑑』においては一章を割いて「存養」〔人徳の錬成〕について述べています。ここでは先ず「主敬」（敬意を保持すること）や「主静」（平静を保持すること）が論じられ、そして「主観」が論じられています。そこで梁啓超は、譚嗣同の『仁学』が張載の『西銘』や程顥（一〇三二―一〇八五）の『識仁篇』を発展させたものであることに言及し、加えて羅念庵（一五〇四―一五六四）の一節を引用し、『仁学』がこの部分を展開させたものであると見なしました。私は、康有為が梁啓超に教えた「主観」や観想は、儒家や宋明理学において主流であった観想とは異なることに気がつきました。譚嗣同の『仁学』は儒家の神秘主義の要素を具えており、彼自身の実践を通してこのことを発見したと梁啓超は考えたのだと思います。また、康有為には三回にわたる悟りの過程があり、最初の二回は宋明理学の範疇に属するものであったものの、三回目は顕微鏡を用いるような西洋の学問を通して大同という理論を発見したことであったと『康有為自編年譜』に書かれていました。梁啓超の『徳育鑑』や『康有為自編年譜』という二つの史料から見ると、譚嗣同の『仁学』は一種の神秘主義的な経験に基づいて西洋科学が結合した結果ではないかと感じます。

答：『徳育鑑』においては譚嗣同が『識仁篇』や『西銘』の影響を受けたことに言及されていますが、それらはすでに理解が転換されたものでした。譚嗣同が後に述べたように、張載や程顥は宇宙が打破して再生できるものであり、あらゆる関係を改めて組織して新たな道徳団体に変えることができるとは考えませんでした。章炳麟は私たちに喚起しています。それは、王陽明の学説においてもっとも重要なのは「外絶牽制、内断疑悔」（外からの誘引を切り捨てて、内なる疑いや後悔を断ち切る）（「議王」）という八字であること、しかし王陽明は伝統的士大夫であったので、「外絶牽制、内断疑悔」とは依然として儒家社会内部での学説にすぎなかったことです。

しかし譚嗣同は違いました。彼は外界の環境一切を打破せんとしました。このような状況のもとで述べられた「道徳共同体」は従来あったものとは全く異なるものでした。もちろん、あなたがおっしゃるように、近代においては道徳共同体について体系的に述べた書物はありませんでした。近代には多くの政論があり、特に一八七〇年代や一八八〇年代以後には政論に関する書籍が出現しましたが、『仁学』ほど自ら体系をなし、議論の貫徹した書籍はありませんでした。この本が毛沢東に与えた影響は絶大なものがありました。毛沢東の多くの発想のうち、例えば、文革におけるいわゆる「大無畏」〔恐れを知らないこと〕の背後にある思想の論調は楊昌済の影響を受けたものでした。彼らは湖南人であり、こうした影響も湖南の学風の一部であったのです。江浙では必ずしもそうではなかったことは、当地の政論からも看取できます。

康有為の『大同書』と『仁学』は比較的似ています。『大同書』の着想は相当遡りますが、書物となったのは非常に遅く、それが出版された時は〔思想の潮流において〕非常に時代遅れになっていました。その考えは一部が『仁学』に現れています。近代思想における一つの方向は、親疎や対待を分かたずに道徳共同体を形成しようとする傾向に類似したものでした。宋恕も同様であり、こうした傾向は後の共産革命と直結しています。彼のもっと有名な著作は『六齋卑議』です。彼にはもう一つ『卑議』と称する著作がありましたが、隠して他人には見せませんでした。しかしながら、『卑議』において想像された世界も上述のごとき世界であったと考えられます。すなわち、この考え〔道徳共同体〕は譚嗣同の独創ではなく、ただ彼はこれを非常に徹底的に過激に論じたのです。張載には「大心篇」という文章があり、「我大事小」、すなわち私の心が非常に大きければ事柄は非常に小さくなると論じています。こうした思想は清末の思想に影響をもたらしました。康有為は『南海康先生口説』において随所で「観」「我大則事小」を強調していますが、これは張載の議論と関係があると考えます。康有為は儒家思想のうち、程・朱〔朱子学〕の系譜をあまり継承せず、もっぱら陸・王の思想を継承しました。なぜならば、陸・王の思想には独断独行〔独断専行〕というものがあり、主観以外の一切の要素をそこから排除したからです。

儒家の神秘主義については、ここでは論断を避けたいと思います。儒家には確かにそのような側面があります。儒家自身は神秘とは考えないでしょうが、私たちは神秘と感じます。例えば、『徳育鑑』には王陽明の思想が書き写されています。ここでは、いかにして人を道徳的で有用にするか、行動における困惑や不安をどのように解決するのかについて述べた上で、礼法が崩壊した時代に直面して伝統思想を刷新せんとしています。これが私の『徳育鑑』の読後感です。章炳麟は「革命道徳説」という文章を書き、清末に日本にいた革命家の多くが革命とは一切を打破することであると考え、道徳を蔑視する者もいたことが述べられています。章炳麟はかような意見に同意せず、革命そのものにも道徳が必要であり、当時の中国人を六種に分け、農民がもっとも道徳があり、革命家がもっとも道徳がないと述べました。梁啓超はもちろん革命派ではなかったが、当時の革命家が道徳を廃棄することを革命と同一視していたことに気がついていたので、彼の『徳育鑑』には強い道徳意識が含まれています。ただ梁啓超は、伝統的な道徳思想を新たな脈絡、すなわち現代国家や現代社会の脈絡において講じる必要があることをはっきりと認識していました。したがって、彼は『明儒学案』から多くを書き写していたものの、その語り方は新たな時代の国家や社会の脈絡に即したものでした。彼の儒家神秘主義において強調されたのは静座における悟りの部分であり、当然これは譚嗣同においても重要な側面であったと考えます。

問：先生は歴史学者としての実践において、茫漠とした偶然を必然として捉える作業をなさっています。歴史学者が事件内部の生き生きとしたロジックを破壊しないように留意しつつ歴史本来の相貌を復元する際、例えば運命や天意として解釈される出来事をどのように捉えればよいでしょうか。私たちには確かに必然に対する信念がありますが、これと歴史学者が真実を追究することとをどのように調和させればよいでしょうか。

答：偶然の出来事をどのように解釈すればよいのか。この問題はアイザイア・バーリン（一九〇九―一九九七）がE・H・カーを批判した際の重要な論点です。カーの著作では自由な選択に僅かに言及するのみであり、偶然の事件については言及がありません。周知の通り、カーは革命を一種の歴史の必然として捉えたので、カーのいう歴史は必然的に確定された過程であり、そこには偶然性が考慮されていないという疑念をバーリンは投げかけました。

しかし、あらゆる偶然はみな必然であり、偶然として観察されたことの背後には必然が存在しているという主張をした人もいます。したがって、偶然と必然との境界は曖昧であり、偶然の出来事はみな必然であったわけではありません。例えば、先に言及した梁巨川の自殺のように非常にドラスティックな出来事にはドラマティックな張力が溢れていました。彼は自殺の前にすべての友人に対して手紙を認め、その死が中華民国に警告を与えて清朝に殉じるためであることを示すために、彼らがその遺書を一緒に見ることを求めました。しかしながら、彼の死はなんら影響を生み出しませんでした。なぜならば、その時期はまさに新文化が最高潮に達していたからです。しかし当時彼の思想に賛同していなかった陳独秀などの人物もみな文章を寄せて梁巨川の自死を論じ、敬服の念を示しました。ただ、当時は彼の思想上の転換には何ら影響を与えませんでした。彼の息子の梁漱溟でさえ父の思想が混乱していたと見なしたほどです。これこそが一つの偶然と必然なのです。私たちはしばしば一つの比喩を用いてこの事件を描写してきました。すなわち、私は麻雀を打てないけれども、小さいときから大人が麻雀をするのを見てきたと。参加者それぞれの牌や局の流れの最終的な結果は一種の「構造的な相互規定」関係にあり、ある者は大部分において勝ち、悪くとも最終的には勝ちであるが、あるものは負け続け、よくても負けでしかないのです。このような状況は参加者の才能と局の構造全体に関係があり、結局のところ牌がある局の状況を決定し、個人の技能もまた局の状況を規定し、うまくいった局とは両者が複合した結果なのです。したがって、偶然の事件は構造全体と互いに規定し合っており、偶然の事件も完全に偶然の事として、〔構造全体に〕重大な結果を引き起こしうるのです。

問：清末には多くの思想家が近代科学の概念を用いて伝統的な道徳理念を解釈し始めたとおっしゃいました。しかしながら、西学が中国に伝来した際、彼らは「西学は中国に由来する」という枠組みでそれらを受け入れたこともよく知られています。当事者の観点に立てば、自然で合理的なのは中国の伝統的な道徳観念であり、そこから出発して西洋の科学知識を理解する必要がありました。先生がおっしゃった時期に至り、中国の知識人が逆に西洋の科学知識を用いて、従来自然で合理的だと考えられてきた道徳理念を解釈する必要が生じた時に、以下のような状況があったと判断してもよいでしょうか。つまり当時、少なくとも譚嗣同らの知識人や、彼らの文章を受け入れた人々の心理において、伝統的な道徳理念はすでに自明性や合理性を持たなくなっており、当時合理的と考えられた科学によって解釈することが必要になっていたという状況です。当時このような雰囲気が醸成されていたと考えてもよいでしょうか。もしそうであるのならば、自明で合理的という基準はどのように最初の伝統道徳から西洋の近代的科学観念に変化したのでしょうか。

答：その問題は検討に値すると思います。中国と西洋という二編成列車の関係には複雑な過程があり、またその間には微細な区別がありますが、私自身も厳密に区別してきたわけではありません。少しそれますが、次の事例を考えてみましょう。銭穆は『国学概論』の最終章において三民主義と戴季陶（一八九一―一九四九）を論じました。当時ある者はそれを批判し、三民主義と戴季陶は国学とはいえず『国学概論』に書くことはできないと述べましたが、この批判にはもちろん道理があります。しかし、彼がどうして最終章をそのように書いたのかを振り返ってみると、実は彼が重視したのは民族の自信についての討論であったことがわかります。戴季陶の著作において論じられたある議論に銭穆は注目していました。すなわち、中国において民族の自信はどうして近代において一歩一歩後退してしまったのか、そしてどのようにして民族の自信を回復するのかという問題です。先に述べたように、清末には、東西が大いに通じた機会に乗じて欧米において孔教が大いに行われると考えていましたが、それは後には完全に異なる論述に変化してしまいました。このような過程が歩んだ道は、あなたが先ほどおっしゃったように、当初はこちらの側が正しいと考え、相手がこちらに近づく必要があると考えたが、その後、こちら側があちら側に近づく必要があるようにゆっくりと変化したのです。この間にはいくつもの転換点がありました。そのうちもっとも大きな転換点は日清戦争です。日清戦争は多くの人々の思考方式や人生の軌跡を変えたと思います。近代の人物の文章を見てみると、この年の文章にはみな震撼が記されています。歴史上において、このような大激動に直面した時には、しばしば関連する出来事へと伝播しました。換言すれば、このような大激動が一旦出現すると、独自の方式や雷同する方式など様々な形で多くの事柄が大激動に呼応しました。私は日清戦争とはそのような大激動であったと考えます。これは、どのような書籍を読むべきであるのか、何をどのように思考すればよいのかという問題に及びましたし、また先ほどの質問にあったように西洋の科学を用いて改めて解釈せねばならず、伝統道徳はもう先がないと見なすことも含まれていました。

しかし、譚嗣同の状況についてさらに取り上げるに値するのは、彼は他の人とやや異なり、ある面においては西洋の思想が中国の伝統をより強力にすると考えたことです。例えば仁という観念ですが、鄭玄（一二七―二〇〇）や清代の儒者が講じた仁とは「相人偶」（互いに敬意を抱いていること）でありました。この説明はいささか抽象的です。しかし譚嗣同の説明はなんと明快でしょう。万事万物を構成する要素は同じであり、互いに通じているので、仁は自然と私たちの頭に通じてきて、あなたと私が互いに共感するように、まるで私たちのエーテルが互いに貫通するようなものなのだと説いたのです。偉大な考証学者孫詒譲にはエーテルを大いに論じた文章があり、次のように述べています。エーテル説が登場して以降、なぜ私たちが共感できるようになったのかというと、私のものと相手のものとが互いに交流して互いに心を通じることができるようになったからであり、憎しみによってではなく、愛や仁の気持ちで互いに向き合うことができるようになったと。もしある者が人徳を実践できないとしたら、それはその者の心力が十分に強くないからだとも彼は述べています。当時このような考え方は広く存在しましたが、このような説明は安易に持ち出されて無理に比定されたのではなく、一種の観察可能で物質的な根拠があり、さらに抽象的な道徳が明快に表現されるようになったのです。これこそが新たな仁概念が人々を惹きつけた点だと思います。みなさんもご存じの通り、このような二編成の列車が互いに向かってくる状態は、人類や国家の歴史において常に出現したのではなく、中国史全体においても、かくも強大な列車が対向走行していたのはわずか数回でありましたが、清末のものは圧力や衝撃力のとても強いものでした。なぜでしょうか。それは現実における挫折があったからです。

私は、いかなる重要な思想にもみな二面性があり、一面では普遍性や長く持続する価値があり、もう一面では時代への指向性があると考えます。もし純粋に遠大で普遍的な面の価値しか持たないのであれば、その思想はその時代において大きな吸引力を持ちえません。しかしまた、もし時代性を有するのみであったならば、その思想はその時代に縛り付けられてしまいます。二面性を有しているからこそ、ある思想は一方でその時代において影響を与えつつ、もう一方でその後の人々を不断に思考・体験することへと導くのです。したがって、清末以来の重要な思想でこのような二面性を有していないものはありません。余英時氏が考証した朱熹の思想世界が、朱熹の形而上の世界を破壊してしまったと考えられていることを私は知っております。しかし、角度を変えて考えてみると、いかなる重大な思想にも二面性や多面性があり、一面には普遍的な意義があり、もう一面は特定の時代に対して語った内容があります。余氏は朱熹思想の時代性の一面を発掘して再構成したのであり、その普遍性の側面を代表するものではありません。『明夷待訪録』もまた同様であり、それが対象としたものの多くは一七世紀の事柄についてでしたが、同時に遠大な射程を有する側面もありました。もし後者の面、すなわち多くの時代に通底する面がなかったのなら、その歴史的価値は抑えられていたでしょう。章炳麟はかつて、清末には大殺戮を経てこそ希望を持ちうると記しましたが、ここからは当時の雰囲気がどの程度まで悪化していたのかを看取できます。私はこの二日間の講演において梁巨川の遺書にしばしば言及してきました。彼は清朝に忠義を尽くし、現実に応え清末という時代を激しく恨んでいました。また、譚嗣同もこの時代の特定の問題を目の当たりにし、現実に応えようとしました。同時に、『仁学』には普遍性というもう一つの価値がありますが、これら二つの側面は必ずしも互いに排斥し合うものではありません。

【註】

（一）表題にある「破対待」（対峙を打破する）とは譚嗣同が提唱した概念である。
（二）湯志鈞「『仁学』版本探源」湯志鈞・湯仁澤校注『仁学』（台北、台湾学生書局、一九九八年）一〇四―一四〇頁。
（三）張灝『烈士精神与批判意識――譚嗣同思想的分析』（台北、聯経出版事業公司、一九八八年）。
（四）譚嗣同は「中国にごく近く、そしてすぐにも模範にしなければならぬところといえば日本だが、その変法自強に成功したわけは、刀を腰に歩きまわり大声をあげて慷慨叱咤する気風」があったからだといっている。『仁学』蔡尚思ほか編『譚嗣同全集（増訂本）』（北京、中華書局、一九八一年）三四四頁。
（五）これ以前、譚嗣同には世の中のために働く意志があり、『周礼』に心酔していた。西洋の学問は『周礼』にも見られると考えていた。しかしこの後、次第に康有為周辺の今文学者と親しくなり、『周礼』は偽造されたものと主張するに至った。
（六）梁啓超「譚嗣同伝」『譚嗣同全集（増訂本）』五五三頁。
（七）楼宇烈整理『孟子微・礼運注・中庸注』（北京、中華書局、一九八七年）三〇、九頁。
（八）ヤング・ジョン・アレン（中国名は林楽知、一八三六―一九〇七）が翻訳した『格致啓蒙』においては、動力、愛力、吸引力、張力、圧力、速力などはみな人類の情感や道徳関係を説明できると述べられている。林楽知訳『格致啓蒙』熊月之主編『晩清新学書目提要』（上海、上海書店出版社、二〇〇七年）九一頁。
（九）楼宇烈整理『康南海自編年譜（外二種）』（北京、中華書局、一九九二年）一九頁。
（一〇）曾国藩「王船山遺書序」『曾国藩全集・詩文』（長沙、岳麓書社、一九九四年）二七八頁。
（一一）余英時『朱熹的歴史世界――宋代士大夫政治文化的研究』（台北、允晨文化実業公司、二〇〇三年）を参照。
（一二）毛沢東「『倫理学原理』批註」中共中央文献研究室・中共湖南省委『毛沢東早期文稿』編輯組編『毛沢東早期文稿――一九

一二・六―一九二〇・一二）（長沙、湖南出版社、一九九〇年）二三〇頁。
（一三）張灝「扮演上帝――廿世紀中国激進思想中人的神化」第三届国際漢学会議論文集思想組編『中国思潮与外来文化』（台北、中央研究院文哲研究所、二〇〇二年）三二一―三三九頁。
（一四）威廉・詹姆士著、唐鉞訳『宗教経験之種種』（北京、商務印書館、二〇〇二年）一〇三、九六、一〇〇、一〇二頁。
（一五）劉紀蕙『心之拓樸――一八九五事件後的倫理重構』（台北、行人文化実験室、二〇一一年）三六八頁。
（一六）Henry Wood, *Ideal Suggestion through Mental Photography* (Boston: Lee and Shepard Press, 1895), p.51.
（一七）Henry Wood, *Ideal Suggestion through Mental Photography*, p.53.
（一八）劉紀蕙『心之拓樸』九五頁。
（一九）譚嗣同「乙太説」蔡尚思ほか編『譚嗣同全集（増訂本）』四三四頁。
（二〇）孫詒譲「論下元日展仮事示瑞安普通学堂学生」張憲文輯『孫詒譲遺文輯存』（杭州、浙江人民出版社、一九九〇年）二三九頁。
（二一）章士釗「疏『黄帝魂』序」中国人民政治協商会議全国委員会文史資料研究委員会編『辛亥革命回憶録』（北京、中華書局、一九六一年）第一集、二二五―二二七頁。
（二二）「新旧篇」張枬・王忍之編『辛亥革命前十年間時論選集』（第一巻、北京、生活・読書・新知三聯書店、一九六〇年）下冊、八五二頁。
（二三）「広解老篇」『辛亥革命前十年間時論選集』第一巻上冊、四三一頁（初出は『大陸』第九期、一九〇三年）。
（二四）「説国民篇」『辛亥革命前十年間時論選集』第一巻上冊、七三―七四頁。
（二五）「唯物論二巨子（底得婁、拉梅特里）之学説」『辛亥革命前十年間時論選集』第一巻上冊、四一二頁（初出は『大陸』第九期）。
（二六）「権利篇」『辛亥革命前十年間時論選集』第一巻上冊、四七九頁（初出は『直説』第二期、一九〇三年）。
（二七）羅紹志編『蔡和森伝』（長沙、湖南人民出版社、一九八〇年）一五九頁。
（二八）羅紹志編『蔡和森伝』五〇頁。
（二九）斯諾（エドガー・スノー）著、董楽山訳『西行漫記』（北京、生活・読書・新知三聯書店、一九七九年）一二一―一二三頁。

エドガー・スノー（松岡洋子訳）『中国の赤い星』〈増補決定版〉（筑摩書房、一九七五年）九八頁では「精神の力」と訳されている。

（三〇）毛沢東「張昆弟記毛沢東的両次談話」『毛沢東早期文稿』六三八頁。
（三一）毛沢東「張昆弟記毛沢東的両次談話」『毛沢東早期文稿』六三九頁。
（三二）楊天石『南社』（北京、中華書局、一九八〇年）三七頁。
（三三）「亡国篇」『辛亥革命前十年間時論選集』第一巻上冊、九二頁。

第三講　王国維の「道徳団体」論及び関連問題

本講において着目するのは史学と倫理との関係、史学と意義との関係という論題である。周知の通り、近代中国において新史学が流行して以降、可能な限り史学と倫理とを切り離すことが望まれたことは、当然ながら近代学術の進歩にとって重要な背景であった。第一講で言及したように、胡適は、学問とは一つの独立した事柄であり、信仰はそれとは別の独立した事柄であり、道徳もまた別の事柄であると考えた。この一節は、近代の新たな学術においてこの三者を分けて考えるようになっていたことを端的に説明している。中央研究院歴史語言研究所の創始者である傅斯年は「歴史語言研究工作之旨趣」〔「歴史語言研究の趣旨」〕において「伝統的な『仁義礼智』、あるいは自ら作り上げた類似観念やその他の主観と、歴史学や言語学とを混ぜ合わせにする者は、決して我々の同志ではない」と述べている。(一)すなわち、「仁義礼智」の観念と歴史研究とを結びつけてはならないこと、どの学術も伝統道徳とあまりにも強く結びつくと進歩がなくなってしまうことを説いたのである。したがって、一九世紀以来の学術の発展には、各種の学問と道徳・倫理とを切り離すという大きな特色があった。

しかしながら、以下に議論する王国維の「道徳団体」論は事情が異なる。彼は、歴史学はより多くの道徳的・倫理的な意義を体現すべきであり、そうしてこそ歴史学には意義があると考えた。本講ではこの問題をめぐって若干の議論を行いたい。

一、殷周変革より説き起こす

比喩を用いれば、近代中国とは「二編成の列車」が対向走行している状態であり、このことは巨大な衝撃を生み出した。このような対向走行状態において、もし〔二種の異なる価値を〕一緒に縛りつけんとしたなら、大きな衝突が生み出されたであろう。王国維はこのような衝突を体現していたと思う。この「二編成の列車」のうち、新たな編成、すなわち先に挙げた譚嗣同が『仁学』において創造しようとした新たな「道徳共同体」を例として考えてみよう。『仁学』には「心力」と「破対待」という二つの重要な概念があり、譚嗣同は「エーテル説」に拠って世界全体を元素化し、そして世界を溶解した後に心力や人の理性に照らして、これらの元素を無限に組み合わせることができると考えた。したがって、一方で網羅を衝決して、親疎や高低といった種々の既存の区別を破壊し、もう一方で平等の原則のもと新たな道徳共同体を打ち立てようと考えた。このような政治メシア式の見解は、近代中国において大きな影響力を有し、多くの人がその議論の細部から着想を得て様々な主張を提示した。一九〇〇年から一九〇一年の間、「心力」「破対待」「衝決網羅」といった観念は非常に流行し、各種の新道徳団体を設立せんとする試みが至るところで見られた。

本講の主人公である王国維は正反対であり、彼は厳格に伝統的な意味での道徳団体観を主張した。王国維は一九一六年に「殷周制度論」を著し、そこで「故に夏と殷との間における政治と文物の変革は、殷と周との間のような激烈なものではなかったのである。殷周間の大変革は、表面的上は一姓一家の興亡と都邑の移転にすぎないが、その内実についていえば旧制度が廃止されて新制度が興り、旧文化が廃れて新文化が興ったということであった。また表面的にいえば古の聖人が天下を取ってそれを守ったのであり、後世の帝王の行動と異なるところがなかったようであるが、内実を見れば、変革期に登場した新たな制度や文物、そして制度を立てた本意は万世の安寧という大計から出ており、その射程や規模は決して後生の帝王が夢想できるものではなかった」と述べている。[二] 殷周交替期の大変革は、王国維や傅斯年を含む多くの人が気づいており、蒙文通や徐中舒、郭沫若（一八九二―一九七八）らも議論していた。

王国維の『三代地理小記』などの文章では、地理の知識を用いて古代の都邑が論じられている。王国維は、地理の角度から検討して東西に二つの系統があることをぼんやりと発見していた。しかし彼は、後の傅斯年のように、周が西に殷が東に拠る異なる民族であり、殷周間の変動とは東西民族の争いの結果であるとは考えなかった。周知の通り、傅斯年と陳寅恪はともに欧州留学の経験者であったので、ドイツ歴史学の影響を受けており、「種族」と「文化」とが密接に結びついていると捉えた。ドイツはもともと小国が林立した状態から次第に統一して成立した国家であり、したがって彼らの研究においては「種族」と「文化」の間の関係に非常に注意が払われた。この影響を受け、傅斯年は東西の種族集団として殷周変革の現象を解釈する傾向にあった。しかしながら王国維は、殷周とは決して二つの異なる種族ではなく、両者とも帝嚳〔五帝の一人〕の子孫であるが、両朝の制度の間には極めて大きな変革があったと考えた。したがって彼は続けて、「周が天下を定めた理由を知ろうとするならば、必ずその制度の理解から始めなければならない。周人の制度は殷とは大いに異なる。一つ目は立子立嫡の制であり、ここから宗法及び喪服の制度や君・天子、臣・諸侯の制度が生まれた。二つ目は廟数の制〔地位によって廟の数を定めた制度〕である」と述べている。[三] 王国維は、殷代の廟号を整理した結果、しばしば兄が死ぬと弟が継承しており、父が死んで子が継承した事例は少なく、周代において整然とした宗法制度によって継承されていたのとは異なることを発見した。こうして彼は殷周の間にかくも大きな違いがあることに気がついたのである。そして、「この〔廟の〕数は、周が天下を治めた原理である。その趣旨は上下を道徳の中に収め、天子、諸侯、大夫、士、庶民を合わせて一つの道徳団体を成立させることにあった。周公が制度を作り上げた本意は実はここにあった」と述べ、周代の制度が壮大で独特であることを主張した。[四] 王国維は、殷周間のもっとも重要な変化は周が殷に取って代わり、「道徳団体」という制度を示したことにあったと考えた。これが周公のもっとも偉大な創造だと彼は捉えた。なぜならば、この「道徳団体」は血縁、政治、文化を有機的に結合しており、その後の歴史に大きな影響を及ぼしたからである。「殷周制度論」は極めて長い文章であり、王国維の学問の成熟期におけるもっとも代表的な文章でもある。

私は王国維の多くの著作に目を通したが、「道徳団体」という言葉はこの文章にのみ見られるようである。「殷周制度論」において彼は、歴史、道徳、倫理の結合について意を尽くして議論を展開している。ここでは、政治と道徳が一体に結びつけられ、宗法制度によって国家全体が一つの「道徳団体」として成立していたと見なされている。王国維は、一切は「長子を立嫡する」、「父が死して子が継ぐ」原則から始まっており、この原則は天が定めたことであるので、人々は権力や政治によって争奪する必要はなかったと考えた。周公が礼楽を定めた最大の意図はここにあり、周と殷の最大の違いもこの点にあったと王国維は捉えたのである。

二、ドロイゼンの「道徳団体」論

ヨハン・グスタフ・ドロイゼン（一八〇八―一八八四）はゲオルク・ヴィルヘルム・フリードリヒ・ヘーゲル（一七七〇―一八三一）の学生であり、ドイツにおける歴史学理論の影響を深く受けた。一九世紀ヨーロッパにおける歴史学には二つの道があった。一つはレオポルト・フォン・ランケ（一七九五―一八八六）の歴史主義であり、もう一つはヘンリー・バックル（一八二一―一八六二）の *History of Civilization in England*（『英国文明史』土居光華・萱生奉三訳、宝文閣、一八七九年）を代表とする歴史科学である。しかし、ドロイゼンは両派ともに満足できなかった。彼にとってランケの歴史学は史料にこだわりすぎていて単調で堅苦しすぎるものであり、「古物商」式の歴史学であった。ドイツの歴史主義は歴史を個別化し、歴史とは一回限りのことであり、同一の出来事が繰り返されることはないと見なした。

したがって、歴史主義の洗礼を経た後、歴史学は基盤全体が揺らいだと主張する者もいる。なぜならば、歴史が一回限りのことに変わったため、以前のキリスト教などが築いた安定した認識体系に変動が起こり始めていたからである。ランケに拠れば、どの時代も上帝に通じることによって、歴史上の個別の事件はどうにか意義をつなぎとめていた。「歴史は実際に起きたままに説明するべきである」というランケの名言が示すように、彼は史料批判を行い、大量の公文書を用いて客観的な歴史を構築しようとした。ドロイゼンの意見はこれとは異なっていた。彼は『歴史知識理論』において「歴史研究の対象とは、この地・この時であり、すなわち完全に過ぎ去っていない過去である」と述べている。(五)すなわち、過去の事件の中で現在まで残存したもののみが真に過ぎ去っていない過去であり、過去に発生して現在まで影響を及ぼしているものを私たちは歴史として書き残すのだというのである。この見方はランケの歴史学と異なる。またドロイゼンは、ランケの歴史学が過度に政治史に没入していることに反対し、現代政治の色彩の濃い歴史学雑誌を刊行せんとした。彼は「歴史」と「現代政治」とは一種の二重アプローチ（dual approaches）であると考えたからである。現実政治において、ドロイゼンはプロイセンに希望を託し、プロイセンが現状を変えてドイツの統一を完成することを望んでいた。

ヘンリー・バックルの『英国文明史』は清末に相当流行した。当該書は自然科学の影響を受けた当時の歴史学のもっとも典型的な事例である。バックルの考えでは、歴史学に拠って人の歴史に様々な法則を見出すことが可能であった。対してドロイゼンは、自然科学の方法を用いて歴史を見るのは極めて重大な誤りであり、人類の歴史と自然界とは全く異なると考えた。したがって、ドロイゼンの『歴史知識理論』では多くの紙幅を割いて何が自然界に属し、何が歴史に属するのかが区別されている。大自然の事柄は個別の意思や規律のないものであるのに対して、人類の活動は道徳性を帯びており、目的や情緒を伴っているとされた。人々の活動においてもっとも重要なのは結びついて団体となること、すなわち結びついて家庭、教会、国家、風俗、習俗などとなることであり、団体の活動と関連するものにはみな道徳や倫理の要素があり、この部分こそが歴史において記されるべきものだと彼は考えた。自然の事柄は昨日も今日も同じであり、自然に意思はなく、論理も道徳もない。そこには人の意思はなく、自然は法則に従って反復して起こるので、これは歴史のテーマではないというのである。

『歴史知識理論』はドロイゼンの長年にわたる講義のノートであり、不断に整理・編集され、西洋における影響は非常に大きかった。しかし、ある時期になるとほとんど注目されなくなり、(六)その後、ハンス・ゲオルク・ガダマー(一九〇〇—二〇〇二)が *Truth and Method*〔『真理と方法』〕においてドロイゼンの史学理論における歴史が現実との関係を発生させんとした点について多くの紙幅を割いて詳説し、ヘイドン・ホワイト(一九二八—二〇一八)などのポストモダン史家がドロイゼンに対して多くの関心を向けるようになって、ようやく再び人々の注目を集めるようになった。ドロイゼンがヘーゲルの学生であったことはすでに述べた。彼は後にヘーゲルに対して相当激しい批判を行ったが、実際にはヘーゲル歴史学の後継者の代表として彼を見なしてもよい。ヘーゲルは『精神現象学』(第一巻・第二巻、熊野純彦訳、筑摩書房、二〇一八年)において、「sittlichkeit」(倫理)と「mächte」(団体)とをつなぎ合わせ、道徳的力量(sittlichkeitmächte)は神の力を帯びると一度だけ述べているのみなので、これは決してヘーゲルの核心観念ではない。ヘーゲルの目的論式の歴史観において、究極目的としての「精神」あるいは「理念」は力のあるものであった。すなわち、具体的な歴史団体は形態を自己展開するものであり、その形態と形態の間には変化があり、最後に「精神」はあらゆる人類団体の形態を統合して弁証的な全体へと併せられるものとされた。そしてヘーゲル式の歴史哲学や思弁哲学のみがこの観念を完全に把握できるものであった。

ヘーゲルは、国家こそがもっとも究極の団体であり、国家は衝突する様々な領域を包括し、市民社会の種々の利益は国家という実体によって最終的に仲裁されると考えた。したがって、国家はあらゆる倫理のうちの最高の実体を表したものであった。チャールズ・テイラー(一九三一—)が『ヘーゲルと近代社会』(渡辺義雄訳、岩波書店、二〇〇〇年）においてヘーゲルの哲学を議論した際、「個人が普遍理性の媒介として形成される過程において、国家は不可欠の地位を占めている。個人が国家に隷属することとは、個人が自分自身を超え、より大きな生命の中で生活するということである。そして、国家がその『真理』に到達したことが普遍理性として（法律の形式によって）現れる時、国家はその中の個人を指導して、個人が究極の天職を達成せしめる」「人が是とするところの一切はみな国家に帰する。ただ国家の中においてのみ、人はその本質を見出す」「国家の本質はすなわち倫理生活である」「国家あるいは共同体はさらに高い生命を擁している。その諸部分は一個の有機体の構成員として互いに関連している」と述べているがごときである。（七）

ドロイゼンの歴史学研究における最大の成果は、アレキサンダーとギリシャ化時代のオリエントに関する研究である。彼は、ギリシャの都市がもっとも「道徳団体」の精神を体現しており、もし都市がなければ人の生活は決して完全ではなく、人の道徳的潜在力が発揮される術がないため、都市のない市民（citizen）を完全な人と見なすことはできないと強調した。

ドロイゼンが議論した歴史知識は、ヘーゲルの歴史哲学にあった強烈な目的論的傾向や精神哲学性を薄めたが、それでもなおドイツの典型的な歴史主義（「過去」の意義は、歴史学者や行為者の「現在」に対する理解あるいは自己理解によって構築されたものであるという見解）が主導的地位を有していた。

ドロイゼンの「道徳団体論」という特に重要な見解をヘーゲルの観念と比較すると、大体次のような違いがあると思われる。この概念にある「道徳」という語は実は「倫理」と翻訳した方がより妥当である。なぜならば、それはカント（一七二四―一八〇四）からヘーゲルに至るまで共通して受容された観念を代表しており、道徳（morality）とは自由意志に基づいて自主的に決定したものであるのに対して、倫理（ethics）とは個人が存在するコミュニティの脈絡（家庭、社会、国家）によって決定されるものだからである。カントにとって、後者は基本的に他律的であった。しかしヘーゲルの「倫理生活」（Sittlichkeit）概念が特に西洋の現代的政治社会組織（市民社会及び国家）に応用されると、「主観の自由」と、人を形作る能力としての「倫理の力」あるいは「倫理実体」とが互いに補完し合わなければならないこと、そうしてこそようやくヘーゲルが求めた個体の自由と倫理の整合という二重の目標に到達できることが強調されるようになった。

面白いのは、ドロイゼンの「道徳団体」あるいは「倫理団体」とは実はSittliche Mächteであり、その実際の意味は「倫理の力」と翻訳すべきことである。ヘーゲルよりもさらに実証性を強めたドロイゼンの歴史学において、その「道徳団体」概念が採ったのは、上述したヘーゲルの倫理生活における「倫理の力」あるいは「倫理実体」の方向であり、主観的自由を共同生活のコミュニティを規定する基本として見なさなくなっていた（彼も自由を論じてはいるが）。したがって、ドロイゼンの「道徳団体」（彼の議論に拠れば家庭、民族、国家、教会などを含む）概念が強調したのは、共同あるいは集団の生活において相互作用による精神性が生み出すつながりが有した異なる様態である。彼は原子論的な個人主義に反対し、アリストテレスの四原因説を用いて「倫理団体」に分析を加えた。その論述からは、倫理団体が「形式」や「組織性」の原則を担っていたこと、そしてそれらがアリストテレスの述べた古典的意義、すなわち都市国家のレジームが都市国家における政治生活の「形式」を構成していたことと対応していたのを看取できる。

興味深いことに、浮田和民（一八六〇―一九四六）による日本語訳では、sittlichkeitmächteは「道徳団体」と翻訳されており、胡昌智の中文訳でも同様に「道徳団体」と訳されている。歴史学の文脈においては「道徳団体」という訳語が適切であると歴史学者は見なしていたことがわかる。

さて、上述のいくつかの引用文に戻ると、ドロイゼンの歴史思想がヘーゲルを起源としていたことを看取できる。ドロイゼンは、歴史とは目的へとまっすぐ進み、上昇していく活動に関する記録であると考えた。この点についてドロイゼンは、「それらの行為は、ただ我々が歴史のまなざしをもって理解せんとする時ようやく歴史となる」「最高の自由は至善のために生きること、最後の目的のために生きることである。自由を追求することは人類の一切の活動の上に君臨する総活動であり、これらの活動を研究することがすなわち歴史学なのである」と述べている。(八) したがって、彼が「歴史」という言葉を使った際のもっとも適切な意味は「道徳界」であり、人々が意思をもって努力・上昇せんとする部分であって、そうでなければ研究に値しないとされた。

「道徳団体」はドロイゼンの史学理論における核心の最たるものである。彼は、「人類が不断に自己を高めようとする一切の活動を、我々は道徳界（sittliche welt）と総称する」と述べている。(九) 人は「道徳団体」において他人を理解し、そして他人から理解されることを通じてのみ、自己の全体性を保つことができるというのである。そして、ギリシャの都市国家こそがもっとも「道徳団体」を体現できたのであり、「歴史とはすなわち道徳活動が現れた世界であり」(一〇)、膨大な歴史の痕跡の中に「道徳団体」における生活の表現（例えば、風俗、習慣、国家組織、教会組織など）があると彼は考えた。またドロイゼンは、「道徳生活の団体の中に、我々は歴史発展の連続性および歴史の展望を発見することができる。人々はこの団体の中に位置づけられる。……たとえ天賦が極めて優れており、意思が強く、権勢を有する者であっても、彼らもまた道徳団体の発展の一つの要素にすぎないのである」と述べている。(一一) 人物を研究するのは、人物そのものを理解するのみならず、その人物の個性や心理を通して、道徳団体やその人物が表す団体の理念（idee）を理解することだというのである。以上のように、実は「道徳団体」はドロイゼンの『歴史知識理論』の重点であった。

三、観念の旅行

ドロイゼンの『歴史知識理論』における「道徳団体論」は一九世紀末から二〇世紀初の東アジアの歴史学に影響を

与えた。ここには観念の旅行の過程がある。日本の明治維新においては当初、フランス、イギリス、アメリカが模範とされた。しかし、一八八〇年代に至ると、ドイツを模範とする傾向が顕著になった。この中で、ドイツ哲学の学習者が急増するようになった。浮田和民もそのうちの一人であった。浮田和民は早稲田大学設立の功労者の一人であり、『倫理的帝国主義』という著作でその名を知られている。しかしながら、この作品に対する研究は少なく、また彼の他の著作もほとんど言及されない。私がここで議論したいのはほとんど注意を払われていない浮田和民の『史学原論』である。当該書は早稲田大学の講義ノートであり、清末には五、六種もの中国語訳があった。わずか数年の間に繰り返し翻訳されたことは、この本の影響の大きさを示している。当該書における重要な概念の一つが「道徳団体」である。浮田和民の『史学原論』は当時の東アジアにおいて出版された多数の教科書と同様に、多くの概念を混ぜ合わせたものであった。『史学原論』は、変動の時代に置かれた浮田和民の思想のもっとも顕著な特徴を端的に表現している。すなわち、外来思想文化の吸収においては、由来が異なっていて互いに矛盾すらしている資源が無自覚のうちに個人の思想の枠組みに統合されていたという特徴である。例えば、当該書ではランケとその論敵であるドロイゼンとがともに賞揚されている。しかしながら、基本的に当該書はヘーゲルの色彩が顕著であり、とりわけその「道徳団体」関連の議論、すなわち真に十全の人というのは団体の中から現れなければならないという議論が基調にあった。人が団体の中において得ている自由こそが真の自由であり、「国家」はもっとも素晴らしい境地であって、歴史発展の最高の目的であると捉えられている。

『史学原論』における「歴史とは進化なり」という部分は、もちろん当時の新理論を導入したものである。ところが、ヘーゲルには「発展」という概念はあったものの、進化の概念はまだなかった。当時の歴史学者にとって、ヘーゲルの歴史哲学はなお大いに参照できるところがあったので、浮田は「学術界において進化論が提起される以前に、ヘーゲルが『開発』という二字を歴史の特質と見出すことができたのもまた卓見といえよう」と指摘している。ここでいう「開発」とはすなわち発展を指していよう。

『史学原論』の第三章が講じるのは歴史上における価値の問題であり、卓越した英雄のことである。これは、イギリスの歴史家トーマス・バビントン・マコーリー（一八〇〇―一八五九）などの論に主に依拠しているものの、ヘーゲルの「偉大な歴史個体」という概念にも呼応している。第四章では歴史と国家との関係が議論されており、そこでは明らかにハーバード・スペンサー（一八二〇―一九〇三）の社会有機体説とヘーゲルの国家観とが結合されている。注意に値するのは、ヘーゲルの歴史哲学において、歴史の単元としての国家および「憲政」が、自由目的、「偉大な歴史個体」および民族が結合して生まれたものであるとされた点である。このような論述は、浮田和民の理論にはまったく存在していないようである（ドロイゼンの理論にも存在しない。なぜなら国家と民族はみな「道徳団体」の一種であるからである）。

浮田和民が最後の部分で論じる歴史研究法においてドロイゼンの「道徳団体」論が応用されている点は、彼らがすでにある種の実証という観点において、人類のコミュニティにおける内在的構成の原則を追究していたことを明示している。発展の駆動力としての外在的な進化理論は存在していたものの、精神及び自由自我が実現する哲学の視角は存在しなかった。この意味において、ヘーゲルの歴史哲学を「主観的」であると称したのには理由があったのである。『史学原論』に通底するもう一つの特徴は進化思想であり、浮田和民は進化思想とヘーゲルらの学説とを重ね合わせて自らの史学思想を作り上げた。しかし彼は、ヘーゲルの進化論は極めてすばらしい内容ではあるものの、主観に偏っており、客観をおざなりにしていると見なした。彼は特にドロイゼンの「道徳団体」に言及し、「〔ドロイゼン曰く〕人類は道徳的組合の中に於てのみ其の人類的品格を発達するものなり。人類を構成するは道徳的潜勢力なり。此勢力は彼の中に活動し、彼れ又た此勢力の中に生活す（註　道徳的組合とは家族、人民、国家、宗教等の団体を言ふ）。此の如く個人の中に於て建設構成の作用あり、又た其の作用に随つて発達あるが為に人類は道徳世界を創造するものなり。其の道徳的組合の止むことなき成長、発達なくば――即ち歴史なくば……」「ドロイセンの所謂道徳的組合組織する所の条件たる風習、慣例、法律、政令、教律等是なり」「而して人間の社会は倫理的社会なり。社会を組織する所の種々なる団体は道徳的団体にして道徳上の目的を有する者なり。曰く家族、曰く地方、曰く国家、曰く世界、是れ皆な道徳上の目的を有するものなり。社会の目的も亦実に此に存するものなれば歴史の目的も亦た之を道徳の範囲外に求むるを得ざるなり」と述べている[一二]。

浮田和民の『史学原論』が梁啓超に及ぼした影響は絶大であった。梁啓超の「新史学」では直接浮田に言及されているばかりでなく、梁啓超の史学思想においても直接的・間接的に彼から少なからぬ影響を受けていた。しかしながら、梁啓超は「道徳団体」には全く触れていない。なぜならば、近代中国の歴史学において「道徳団体」は「低音」であり、人々に歓迎されなかったからである。梁啓超がもっとも多く語ったのは、国民や国家が歴史において果たした役割であり、彼が「進化」を強調して「歴史とは事物の進化の痕跡を記録したものである」と説いたのは、もっぱら浮田和民の『史学原論』の影響を受けたものであった[一三]。浮田和民の『史学原論』は近代中国において五、六種にも及ぶ訳本があったが、梁啓超のみならず一人として「道徳団体」を論じていない。近代中国において新たな事物が伝播し、たちまち吸収されて新たな潮流となる中で、どのような要素が顕著となり、どのような要素が隠れてしまったのかを、ここからも看取できよう。近代の中国社会において、人々は宗法あるいは「道徳団体」といった時代遅れの観念を蔑んだ。梁啓超はその『中国歴史研究法』において、「社会勢力」や「歴史団体」という言葉を用いた。したがって、梁啓超は浮田和民の影響を大きく受けてはいたものの、彼が採用したのは特定の部分、すなわち「歴史とは事物の進化の痕跡を記録したものである」という部分であり、「歴史界」と「天然界」とを分ける部分であったのである。

王国維の「道徳団体」の概念も、浮田和民の『史学原論』から得たものであろう。王国維は若い頃、心理学や哲学、教育学、美学などの書籍を大量に翻訳した。『王国維全集』を繙けば、彼の翻訳活動が広範にわたっており、その西洋に対する理解は非常に深く、当時において先駆者であったことがわかる。しかし、彼はドロイゼンの原書を読んではいなかったようであり、清末に非常に流行した『史学原論』の中国語訳本から「道徳団体」という概念を知ったのだと思われる。王国維は清末中華民国期には注目されなかったこの概念を重視し、これを用いて殷周制度変革の真の意義を論じた。

四、矛盾の綱引き——王国維の学問観の変化

王国維の学問には時期によって変化が見られる。彼はかつて羅振玉（一八六六—一九四〇）の目の前で、初期の著作である『静安文集』を焼き捨てた。それが青年時代の未熟な言論であると彼は考えたからである。『静安文集』に収録された『国学叢刊』発刊に寄せた序において王は、「学問の意義が天下に知られなくなって久しい。今の学問に関する議論には、新旧の争い、中国と西洋の争い、有用の学と無用の学の争いなどがある。ここで私は天下に対して次のように告げる。学問に新旧の違いはなく、中国と西洋の違いもない。また無用と有用の違いもないと。凡そかような名目を立てる者は、みな学問をしていない輩なのである」「そもそも天下の事物は、科学から見るのと史学から見るのとでは立論がそれぞれ異なる。……史学から見れば、事理の真なるものと正しいものが研究に資するに足るのはもちろんのこと、今日の観念では正しくない学説や本物ではない制度・風俗であっても、必ずそれらが成立した背景と理由がある。原因は上古にあり、結果は将来に及ぶので、参考に資する材料は極めて細かいものであっても放棄できないのである」と述べている。また、「世の中の君子とは、有用の用を知っていながら、無用の用を知らない者をいうのである」とも述べている。(一四)これらからは、この段階における王国維の学問観を見て取れる。彼は学問と現実に

おける道徳や実用とを分け、学問の世界では「無用の用」が重視されると見なしていた。すなわち、彼が信じていたのは近代西洋の学術精神であり、追求していたのは純粋な知識と真理であった。

王国維の思想には次第に変化が起こった。辛亥革命後、王国維は張勲（一八五四—一九二三）の復辟を熱烈に支持し、また自身が清朝の忠臣であると自認した。当時、清朝の遺民は様々な団体を組織していた。例えば、鄭孝胥（一八六〇—一九三八）の日記に頻繁に現れる上海の「読経会」はその一例である。王国維も彼らと同様に、次第に古代の経学や史学研究に転向していった。

しかし、王国維のことをよく知る者は、彼が一九世紀以来の西洋の新学術の影響を深く受けていたこと、そしてこれらの新学術が研究の中に倫理への配慮を持ち込まぬよう主張していたことに同意したはずである。また、この時期の王国維の学問は一種の偶然性に拠るところがあった。このことが彼を新たに発見された材料に従って進む学者に変えてしまったため、彼の多くの研究の主題には深い意義を備えた体系が予め設定されていなかったと考えられる。彼は常に新たな材料を追求しており、また新たな材料を発見するや極めて深く広い意義を素早く見抜くことができた。例えば、王国維には書画に関する研究がある。王国維は幼少期より書画について父の薫陶を受けており、彼は羅振玉へ宛てた書簡の中でしばしば羅振玉を助けて絵画を鑑定していた。ある絵画に寄せた跋文の中で王国維は、近代と近代以前の紳士が異なること、すなわち近代以前の紳士は最終的には故郷に戻ろうとしたのに対して、近代以降の紳士の多くは都市にとどまり、故郷と連絡をしなくなったことに言及している。これはとてもよい視点であり、こうした閃きが彼の研究の中で輝いている。

彼のある友人がいったように、王国維は命題を立てることに優れていた。彼は先ず主題があって文章を書いたのではなく、先に材料があり、その後に対応する題目を立てた。しかし、ある書簡において、彼が道徳・意義と学問全体との関係について別の側面を堅持する主張を展開したように、(一五) 彼の学問と彼自身とはゆっくりと分裂し始めていた。

彼は毎日新たな史料と新たな業績との間を逍遙していた。かような状況はアルトゥル・ショーペンハウアー（一七八八―一八六〇）による描写を想起させる。すなわち、意志には目標があり、意志が目標を達成するとすぐにまた、対象を喪失した憂鬱状態へと戻ってしまうという状況に王国維も置かれていたのである。ショーペンハウアーのいう意志とは、目標を達成すると憂鬱へと戻ってしまい、続いて次の目標を達成するとまた失望へと帰してしまうものであり、ショーペンハウアーはこのような連鎖を悲観していた。しかしフリードリヒ・ニーチェ（一八四四―一九〇〇）はショーペンハウアーの影響を受けていたものの、彼とは決定的に異なっていた。ゲオルク・ジンメル（一八五八―一九一八）の著した『ショーペンハウアーとニーチェ』での議論に拠れば、ショーペンハウアーからニーチェに至るまでの間には進化論が登場しており、ニーチェはこの連鎖をさらに上へと向かう目標の階梯と捉えたので、それぞれの目標を達成する度にそれぞれの意義があり、最後には超人という高い理想の目標を達成しなくてはならないと考えた。

私見に拠れば、王国維は当初一九世紀以来に西洋からもたらされた新たな学術観の影響を受け、学術と政治、学術と道徳とは分けるべきであると見なしていた。しかし一方で、彼は辛亥革命以後、道徳や価値、意義といった問題に固執するようになったため、自分自身が「道出於二」（道が二つに分かれること）、すなわち対向走行する二編成の列車のように矛盾した人間になってしまったのである。王国維は私信において東洋の道徳と政治を絶えず強調したが、彼の学術実践はショーペンハウアーと同様に、新しい材料を見つけては重要な文章を完成させ、再び振り出しに戻るものであった。そして、それらの文章の間にはなんの関連性もないかのようであった。

王国維の早期の著作『静安文集』には、ショーペンハウアーとニーチェを論じた何篇かの文章が収録されている。彼は前者に偏っており、ニーチェのような最終目的論的な枠組みを用いなかった。彼はまた、梁啓超が「歴史とは進化の過程を記録したものであり」、歴史学者の任務は進化の方向を見つけ出し、歴史を目標に向かって推進させることであると信じたのとは異なっていた。王国維は極めて冷静で悲観的であったので、「愛すべきものは信ずべからず、信ずべきものは愛すべからざる」ことを見抜いていた。[一六] 彼の著作に進化論的あるいは目的論的な結論を見出すことはできない。もしあったのなら、比較的に容易に自らの学術生活を意味ある脈絡に位置づけることができたかもしれない。もちろん、人の意義とは何かを語るのはとても難しい。胡適を例とすれば、彼は「突進してくる汽車」に乗る新人であった。彼は、伝統文化や道徳、価値はみな改変されなければならず、そうしてこそこれらは現代社会において生存できると考えていた。彼にとって真理の追究こそがすべての意義であり、王国維のような懸念を持たなかった。対照的に王国維は内心において二つの道に引き裂かれていた。すなわち、一つは一九世紀以来の西洋学術による観点であり、事実と価値との間には区別がなければならず、道徳と価値とは切り離すことができると考えていた。したがって、王国維の文章において「道徳仁義」の類を見かけることは稀であり、大部分において客観的で厳格な研究態度が採られている。彼の学問態度は冷静で科学的であったので、郭沫若は王国維を評して、瓜皮帽〔おわん帽〕をかぶり辮髪を下げていたにもかかわらず、頭の中は最新の科学知識で満ちていると述べた。[一七] しかしながら、彼の思想におけるもう一編成の列車の影響は、辛亥革命に伴って益々強大になっていった。

五、「道徳団体」——史学と倫理の結合

第一次世界大戦後、東洋の政治哲学は、西洋世界において人々が互いに殺戮し合い、血の河が流れている状態を克服する処方箋であると少なからぬ人に見なされるようになった。このような契機によって中国の思想界は鼓舞された。王国維はいわゆる「東方文化派」に属してはいなかったものの、当時の彼の書簡からは、彼も「東洋の道徳及び政治」を提唱し始めていたことを看取できる。彼は次のように述べている。「光緒年間中葉には新学が次第に優勢となり、辛亥革命に至ると中国の政治や学術は、ほぼすべてが新学に統一された。……原西説〔西洋の学説〕が一世を風

靡したのは、西洋の国家が富強だからである。しかし第一次世界大戦以降、欧州列強の国情は衰え、道徳は堕落し、農業は衰退し、貨幣価値は下落し、物価は高騰し、労使闘争は日増しに激化し、危険思想も日増しに広がっている」「聖王は民に自治能力がないことを知っていたので、君主を立てて民を治めた。君主は単独では統治できないので、官を設けて補佐させた。また、君主や官吏が民を苦しめることを憂慮したため、法を制定してこれを防いだ。このようにして民を治めることもまた可能なのである。西洋人はこれを不足としたので、立憲制や共和制が出現した。しかし、試しに立憲制や共和制を採る国家において問うてみるとよい。その政治は果たして多数の国民の意思から出たものであるのか、それとも政党の少数の人々から出たものであるのか」と。また、第一次世界大戦後に「彼の地の有識者は東洋の学術を崇拝するようになった。ただ研究するのみならず、信奉している[一八]」「最近の時局は西洋人が数百年にわたって富強を追求したつけであり、今こそ我々の言葉が試されんとしている。世界の人民の将来を思うのならば、東洋の道徳や政治を採用しなければならない[一九]」と述べている。一九二〇年末に、彼は日本の友人である狩野直喜（一八六八―一九四七）に宛てた手紙の中でも「世界の新潮流は混沌とした局面が顕著となってきており、おそらく驚天動地の事態となるでしょう。しかし西洋の数百年に及ぶ功利の弊害は掃蕩できるものではないので、東洋の道徳や政治は天下において大いに行われるでしょう」と述べている[二〇]。

　王国維のこのような主張は次第に強烈になっていった。このような雰囲気のもとで著された「殷周制度論」における表現は、彼の早期の作品である『静安文集』との間に違いが生まれていた。「殷周制度論」は彼の価値や信仰と符合していたばかりでなく、客観的な学問の追究とも一致していた。すなわち、彼の信仰が寄せられているのみならず、客観的な学術研究も行われており、信仰と学術の二つが巧妙に結合しているのである。私がこの例を挙げたのは次のことを説明したいからである。新たな学術の規範のもと、上述のような矛盾する立場の自然な結合は決して多く見られたことではなく、実際、王国維の他の文章から「道徳団体」という語を見出すことはできない。しかし、まさに見出せないからこそ、学術と価値との間に挟まれた彼の苦悩を知ることができるのである。

王国維は「殷周制度論」において当時の政治状況について言及しつつ、「子に継承するという制度から、嫡庶の制度が生まれたのである。そもそも弟を捨てて子に伝えるのは争いを防止するためである」と引用している。[二一]当時は軍閥が競争し、権謀術数を用いて個々の利益を獲得せんとする時代であった。彼は書簡において現実に対する不満をしばしば表明した。その対象は大総統選挙や議員選挙、軍閥等に及んだ。このことは「殷周制度論」とも呼応しており、王国維は「分」〔身分〕や「定」〔安定〕といった価値観を繰り返し強調した。[二二]なぜならば、周代の宗法制度に照らして嫡男をはじめとする血縁の原理に一切が従えば、地盤の簒奪に拠っていた中華民国期の軍閥政治のような争奪や論争の余地はなくなり、一切が「分」に従って「定」まっている状態を実現でき、これこそがもっともよい政治であると考えたからである。当時の状態は、殷朝において、「諸子から任意の一人を選んでこれを立て、またその子も自分が立てたいと思う者を立てたことによって、争いがますます激化した。兄弟で相談し、長幼に従って序列を定めるのには及ばないのである。したがって子供に継承する方法が生まれ、また嫡子と庶子の区別もこれに随って出現した」。[二三]周公は「尚賢」〔指導者として賢人を尊ぶこと〕を知らないわけではなかったが、彼が天生の血縁に拠って政治の方法を定めた所以は、この原理に拠ってこそ紛争が起こらなくなると考えたからだと王国維は捉えた。王は次のようにいう。「思うに天下の大利とは定まることであり、天下の弊害とは争うことである。天に任せれば定まり、人に任せれば争う。天に拠って定めれば争いは生まれない。故に天子や諸侯は血縁で継承し、その原則とは子を立てることと嫡男を立てることであった。後世の継承はこれを原則とし、後世の人の任用も血縁から見た資格の有無に拠った。これらはみな天意に任せて人を参入させない原則であり、こうすることで争いがやんで安定した。古人は『官天下』の名が『家天下』より美しいこと、賢人を立てることの利が嫡男を立てることより勝っていること、よい人材を登用することが資格に拠って人を用いるより優れていることを知らなかったわけではないが、結局これらの方法を採用しなかったのは、おそらく名目を立てやすいことが争いを容易に生んでしまい、弊害が尽きず、民が休まる時がないことを恐れてのことであった」と。(二四)これらの議論では、一方で殷周を論じながら、もう一方で中華民国の現状を論じている。これは歴史と現実とを結びつけたものであり、殷周間における制度の変遷を論じつつ、中華民国初年におけるやむことのない軍閥間の闘争をいかにして解決するのかを議論したものでもあった。

「殷周制度論」は殷周の制度比較から着想を得ており、ここでは、周公が基礎を定めた宗法制度が嫡庶の分を根本とし、そこから宗法政治へと展開したと捉えられた。これは一種の道徳政治であり、全国を一つの「道徳団体」に組織しようとするものであった。この点について彼は次のように論じている。「嫡庶の制度に基づき、宗法と服術の二つが生まれた。殷の人には嫡庶の制度がなかったので、宗法を備えることができなかった」(二五)「古のいわゆる国家とは政治の枢機であるばかりでなく、道徳の枢機でもあった。天子や諸侯、卿大夫、士らにそれぞれその制度や典礼を奉じさせ、親、尊、賢などの基準を通して、上においては男女の分を明らかにし、下においては民の風俗を教化した。これを『治』といい、これに反することを『乱』という」(二六)「したがって、周の制度や典礼とはみな道徳のために設けられていたのであり、それらはもっぱら大夫や士以上の身分を対象としており、民のために設けられたわけではなかった」と。(二七)王国維に拠れば、政治と道徳とは合一であり、周代初期に国家の典章制度を定めたのは「道徳団体」の実践であったのである。

しかし、先にも述べたように、「殷周制度論」は歴史と道徳とを結合した論述がなされた極めて稀な例である。学術と道徳との関係について王国維が採った見方は決して近代史学の主流ではなかった。柳詒徴はその見解に気がついていた。彼は近代における文化保守主義の代表的人物であるが、実は日本での留学経験もあり、その思想は新旧の間にあった。彼の最大の特徴は、新史学の影響を受けていたのみならず、旧史（伝統史学）への目配りも兼ね備えていた点にある。その著書『国史要義』には王国維の「道徳団体」論に言及した部分がある。そこで王国維の「殷周制度論」は「『天下を併せて一つの道徳団体を形成する』精髄を述べたものである。周の制度のみが隆盛したのは、これより先に必ずよりどころがあったからである。周が滅亡してもその精髄は後世でも依然としてよりどころとして残った。……とこしえに共同の核心は、ただこの道徳団体であるというのである」と解釈されている。王国維による思考の重点の一つが「道徳団体」であることを柳詒徴は素早く看取したが、彼は王国維の見方に同意したわけではなかった。柳は、周公の定めた制度には「これに先立つよりどころがある」と考え、これらすべてが歴史的淵源を遠く遡ることを強調した。また彼は、梁啓超が史料とは帳簿のようなものであり、それ自身は価値も意義も持たないと考えたことを批判した。柳は、「歴代の史書とは帳簿ではなく、道徳団体が原則と合致しているか否かを述べたものである。地方志や族譜、伝記もまた帳簿ではない。団体を構成する一部分が法則と合致しているか否かを述べたものである」としている。〔二八〕王国維の「道徳団体」論が周代限りの歴史的契機であったのに対し、柳は「道徳団体」論によって中国史全体を道徳的意義を有する過程として捉えた。柳にとって歴史は「道徳団体」という基準からの距離に拠って定位できるのであり、史料は帳簿群の積み重ねにすぎないという評価が示すような意義のない過程ではなかった。

以上の柳詒徴の主張は次の諸事情を説明している。第一は、柳詒徴の『国史要義』の最終章である「史化」からは、彼が実際には「道徳団体」論の影響を受けていたことを見て取れる点である。両者の共通点は、先秦以来の中国史の全体が様々な道徳や礼法によって「化」(感化)されていく過程であり、したがって国家は道徳や礼法に基づいて成立したのだと考えた点にある。しかしながら、柳は王国維と異なる見解も有していた。一つは、柳の歴史観は次の特質を有していた点である。すなわち、中国古代文明の淵源は極めて古くまで遡るものであることに加え、大昔より高い精神性や道徳水準を有していたと見なしていた。経書や三代の文献に記載された様々な道徳的理想世界は、その起源をさらに古く遡ることができるのであり、たとえ証左となる直接の史料がないからといって源のない水と見なしたり、後世の捏造だとしたりすることはできないと考えた。両者の差異の鍵は、王国維が殷周交替を一大断絶と捉え、周初に様々な創造がなされたと考えたのに対し、柳はそう捉えなかった点にある。王国維が示す周代より定められたいわゆる「道徳団体」に関する諸制度は、柳の見解では実際にはさらなる淵源があった。したがって柳は、礼法などが周代以降の大創作であり、それを契機に国家全体が「道徳団体」となったとする王の説には同意しなかった。もう一つは、「化」という概念こそが「道徳団体」や柳がいうところの「人文的転換」の真髄を伝えているという見解である。換言すれば、「礼」や「化」という概念こそが中国の歴史全体に通底する核心だというのである。彼に拠れば、中国の「史」に関する記述はすべて、「道徳団体」の原則に合致するか否かに基づいて選択・記述されたのであった。第二は、未来の状況についても道徳的意義のある基準や価値判断が存在しており、中国二千年来の著作はみな同一の基準に基づいて評価されてきたために意義があると強調したことである。

結論

以上の議論からは、中国近代の歴史学に二つの路線があったことがわかった。一つの路線は胡適や傅斯年が歩んだ道であり、史料の客観性を強調し、史学と道徳・倫理とを截然と分かつ方法であった。もう一つの路線は歴史と道徳を結合せんとする方法であった。周知の通り、歴史と道徳とは関係があるのか否かという問題は、長い間「低音」であった。王国維を代表とする一派は、歴史と道徳とを改めて結合させなければならないと考えた。しかしながら、彼自身の作品において常にこの点を達成できなかったばかりか、一九世紀以来の実証史学と道徳、倫理、意義との間の関係は、今日に至ってもすっきりとした解決法は見つかっていない。真理の追究にこそすべての意義があると胡適や傅斯年が見なしたように、多くの人にとってこの点は問題にならない。しかしながら、王国維は「対向走行している二編成の列車」であり、彼そのものが矛盾を内包していた。一九世紀以来の新たな学問の観点に立ちながら、東洋の政治や道徳に対する非常に強烈な想いも抱いていた。換言すれば、「無用の学こそが大いに有益である」と述べたように客観的知識を熱烈に追求しながら、文学や歴史の研究には道徳観を含んでいなければならないと考えていた。

王国維の「論政学疏稿」〔「政学を論じる疏稿」〕という一文に、「臣が窃かに思うに、三代から近世に至るまで、道〔道理〕の源は一つであった。西洋諸国との通商以降、西洋の学問や政治に関する書籍が中国に輸入されると、修身斉家治国平天下の道の源は二つに分かれた」と述べられている部分は、彼が直面した苦境をもっとも端的に示している。「道の源は二つに分かれた」というのは、一つは中国がもともと持っていたものであり、もう一つは西洋から新たにやってきたものを指す。彼は、科学、冷静、客観の態度で完全に問題毎に分析を進め、背後にある「仁義礼智」といった道徳的含意は問わなかったものの、他方では「東方の道徳政治」に対して極めて強いこだわりを持ち続けていた。彼の友人で清朝の遺臣である張爾田は王国維に宛てた書簡において、「最近様々な刊行物を読んだところ、なんと貴兄が考古学の大家として崇められていることを知りました。平素小石の歴史を研究している輩とつるんでもおそらく憂悶の嘆きを得るのみでしょう。周公や孔子以前になんの文化があっただろうか、山のように積み上げられた小石があるばかりであると小生は常に申してきました。これらの小石を研究すればするほど、当時の人間は原人に近づいていき、さらに推し進めていけば禽獣になってしまいます」と述べている。王国維は金石文や考古学研究によって学界の大家としての名誉を享受していたが、「なんと貴兄が考古学の大家として崇められている」と表現されている部分は、明らかに王国維を風刺したものであった。王国維自身もこのような状況を認めていたようであった。張爾田の書簡からは、王国維の学術研究と価値の問題とがそれぞれ独立して存在していたことを読み取ることができる。

この点に関して、王国維は「論政学疏稿」において、「近百年の西洋に至って、自然科学や歴史科学の進歩は誠に深淵且つ精緻なものとなった。しかし少数の専門家がものの道理を研究し、事実を考証し、思想を錬磨するのに用いられ、時間を潰せばそれでよいとされているにすぎない。自然科学の応用はその弊害に堪えず、西洋人による激しい併呑や西洋における労資闘争はみな科学が助長している。歴史学や地理学のごとき害のない諸学問は富める人の華美な服装や大家の骨董品のようなものであり、飾って鑑賞することができるが、それらで腹を満たすことはできない」と述べている。これは彼の人生後期の語りであるが、ここではなんともっとも得意とした歴史地理や考古学などの諸学問を「役に立たない華美な服装」と見なしている。彼が従事していた研究と信仰内容との間には矛盾があり、歴史と意義は彼の内部において終始調和のとれない状態に置かれていた。この問題は到底即決できるものではなく多くの人を悩ませたのであるが、王国維においてとりわけ強烈に表れていた。

本講で取り上げた事例からは近代中国における歴史学の発展動向の一端を理解できる。すなわち「道徳団体」のような意趣が端的に示す道徳や倫理は、清末中華民国期以降の歴史学において次第に主流の地位を失ったばかりか、排除の対象にすらなってしまった潮流についてである。ここでは近代歴史学が歩んだ二つの方向を大摑みにすることができる。ドロイゼンがランケやヘンリー・バックルに反対したように、科学的歴史学、すなわち史料の客観性を過度に強調する客観主義に反対した方向が存在していた。彼は、歴史学とは過去の事実を純粋に追究する一種の「教養」の学問であるばかりでなく、同時に現実と結合する必要があると考えていた。近代中国における新たな歴史学においてドロイゼンの主張の影響はほとんど見られなかったように、倫理と歴史との関係、価値と歴史との関係の問題は関心の重点ではなかった。また、浮田和民の著作にはランケとドロイゼンという異なる方向が包括されていた。その中国語版は清末に極めて流行したにもかかわらず、中国での影響は前者に偏っており、後者に関する議論は少なかった。梁啓超の「新史学」など浮田の著作の影響を受けた文献においてもまた、「道徳団体」論の形跡は見られない。こうした状況から、この時代の中国における歴史学の大勢を看取できる。

質疑応答

問：今日において私たちは、梁啓超の態度と王国維の態度のいずれを採ればよいでしょうか。

答：両者の結合を目指すべきです。

問：それは、今日私たちが伝統と向き合う時と同様であること、つまり伝統の枠組みを克服しなければならないけれど、内在するものを吸収しなければならないということでしょうか。

答：私個人が学術研究において採っている態度は真理の追究に尽きます。しかし学問と意義、学問と道徳といった問題は別のレベルにおいてそれぞれ関心を寄せなければなりません。王国維の矛盾は、多くの人が持ちうる矛盾であると考えます。したがって彼が関心を寄せた問題は詳細に検討するに値します。この点について私は小文を書いたことがあります。銭穆は『師友雑憶』において次のようなエピソードに言及しています。抗日戦争期に昆明の西南聯合大学において彼が講義をした時はいつも教室に人が溢れていたため、彼は机の上を歩いて教卓まで行かねばならなかったと。どうしてこうした状況になったのでしょうか。なぜなら『国史大綱』の序論において彼は、歴史と現実は互いに呼応・関連させなければならないと説いたからです。このことは当時の人々の思考に合致していました。しかしながら、近代の新たな学術が最大の進歩をもたらしたことを私たちは認めざるをえません。もちろん、あらゆる人が王国維のような矛盾を抱えていたわけではありません。新派の多くの人物は「真理の追究こそがすべての意義の源である」と考えていました。また胡適は、古代の語音を一つでも発見することこそが最大の意義であり、至上の満足であると述べています。したがって、彼には王国維のような矛盾は存在しえませんでした。ともあれ一九世紀以来の学問が直面した二つの方向は依然として注意に値する問題です。

問：今回の講義にこのような題目を選ばれたのは、現在の現実に対して意識的に何らかの働きかけをするためですか。

答：いいえ、対象は私自身です。なぜならこの問題は私個人の悩みでもあるからです。内外の学問に対する私の見解は明快です。私はやはり王国維の考え、つまり中国の学問と西洋の学問は共に進む必要があり、世界の様々な学問や研究を吸収してこそ中国の学問は進歩が可能となるという主張を支持します。今日の学問もまた同様であると思います。純粋な中国の学問、あるいは純粋な西洋の学問というものを多くの人が想定しますが、両者を併せることによってそれぞれが独自の発展を遂げることが可能になるのです。王国維が優れた業績を残せたのは、彼が異なる種類の学問に対して同時に目配りすることができたからなのです。

問：科学から受ける印象は、それが客観的であり、真理を追究しているということです。しかし、科学が追究する「真」〔真理〕と「真実」にある「真」とは同じではないように感じられます。科学は現在ではある種の宗教のようになっており、科学を信じないと社会に表明すれば、「異教徒」のように見なされてしまいます。

答：当然のことながら、科学者の権威は一九世紀前後に確立されたものです。医者もそうです。中国古代のカルテを見てみると、多くの場合、一、二名の医者を呼んで詳細に検討し、時には患者の意見も聞いた上で、総合的な判断を下していました。しかし現在では事情は異なります。医者と患者の関係は変化しており、医者の権威はとても高くなっています。しかし、東西を問わず古代においては医者の地位はそれほど高くありませんでした。医者の権威が確立されたのは一九世紀以降です。私個人はこうした事情を語るに足る資格はありません。西洋においては科学が発展した結果、専門家が出現し、彼らは既存の文化の中から特定の体系を突出させました。そして、それらは大きな権威を有するようになり現在に至っています。このような状況は近代中国にも影響しました。

問：先生が先ほど言及なさったように、柳詒徴は古代の制度にはさらに古い淵源があると考えました。私の読んだ胡蘭成（一九〇六―一九八一）の文章においても、ある事柄が大昔に由来することが熱心に論じられています。

答：考古学が勃興する以前における近代の太古に対する見方には二つの派閥がありました。一派は古代を非常に短く捉え、別の一派は非常に長く考えました。康有為は前者であり、また彼は進化論を信じていました。したがって彼は、極めて短い時間に六経にあるような周到で完備された文物が生み出されることは不可能であるため、六経にある「史実」は捏造されたものであると考えました。対して、劉師培が古代史の長さを二五〇万年と想定したように、別の一派は古代史を極めて長いものと主張しました。したがって、どちらの派閥を信仰するかが歴史や政治の観点に大きな違いをもたらしました。あなたが言及した胡蘭成は後者に属していたのかもしれません。しかし私が思うに、康有為の説はあまりにも短すぎると思います。彼は『聖書』の大洪水の故事の影響を受けすぎていたためだと考えられます。康有為はキリスト教会の影響を相当受けておりました。このことは、例えばキリスト教会を孔教会の設立モデルにしたことに端的に表れています。対して劉師培は占術書にある史料を大量に使用しており、彼らが説く古代史の時間は非常に長いものでした。

問：表面的には非常に簡単に見えても私にとっては大きな悩みとなっている問題について伺います。現代においてはしばしば多くの人が、歴史を学ぶことにどのような意義があるのかと質問します。私たちは過去に発生したことを知らずにいることはできるでしょうか。先生は歴史研究の意義はどこにあるとお考えですか。

答：その問題は近年における私の講演での主題の一つです。現在歴史学はゆっくりと衰退する道をたどっているので、しばしばこの題目での講演を依頼されます。歴史を学ぶことには当然大きな意義があります。冷戦期にアメリカで「封じ込め政策」を提出したジョージ・フロスト・ケンナン（一九〇四―二〇〇五）は、かつて次のようなことを語ったことがあります。すなわち、歴史を学ぶことは将棋を指す人が棋譜を覚えるようなものであり、より多くの棋譜を覚えれば、将棋を指すときに脳内には多くの参考情報が満ちていることになります。このことは必ずしも将棋を指す際のあらゆる一手がすべて正しいことを保証はしませんが、大きな助けになることは間違いありませんと。歴史上においても歴史書から影響を受けた事例は枚挙に暇がありません。嘉慶帝は乾隆帝の崩御に乗じて和珅を処分する前に、唐の徳宗の伝記を読んでいたことも好個の事例です。

問：王国維における矛盾や彼の歴史観念が一つの「低音」であるとおっしゃいましたが、こうした現象があの時代に起こった原因はなんでしょうか。マックス・ウェーバーの『政治と学術』では、「脱呪術化」以降の世界は神々が争う場となり、学術も政治も個人の生命を保つ手段とはなりえないと述べられています。講演の中で、傅斯年や胡適は真理の追究に意義があると述べたと先生はおっしゃいました。しかしながらそれは学術面のことをいっているのであって、結婚生活などの方面においては決してそうではなかったのではないかと考えられます。王国維の「道徳団体」とは「安心立命」〔生活が安定し心のよりどころがあること〕という層における意義の追求であったように思われますが、いかがでしょうか。

答：もちろん、「道徳団体」は王国維における「安心立命」の目標でした。大量にある彼の著作の中でこの語彙がしばしば使われているであろうと私は期待していました。そうであればその後の彼の生き様と一致したでしょう。しかし、見つかりませんでした。これは彼の学問と信念とが合致していなかったことを示しています。初期の王国維にはこのような矛盾は存在せず、当時の彼は明らかに新派の人物でした。歴史においてもっとも解釈し難いのが、彼と同様の境遇にあった者と王国維とでなぜ違いが生まれたのかということです。彼の環境や境遇など様々な要素が彼を矛盾した人物へと変えてしまいました。この矛盾こそが彼の苦境でありました。彼は簡牘や金石文などを深く研究したものの、それらに道徳の意味を広く見出すことはできず、したがって「道徳団体」という考えを定位することは叶いませんでした。

実のところ歴史と意義との問題については、西洋にいくつかの重要な著作があります。カール・レーヴィット（一八九七―一九七三）の *Meaning in History*〔『歴史の意味』佐藤明雄訳、未来社、一九八九年〕では十数名の西洋の歴史学者が論じられており、彼らはそれぞれ歴史と意義とを調和させる方法を持っていました。私はこの著作を復習する時間がなかったのですが、いくつかの概念が人々の歴史認識の枠組みから外れてしまうと、それらはゆっくりとやっかいなものになっていったことが示されていたと憶えています。いくつか例示してみましょう。第一はキリスト教の歴史観です。キリスト教の歴史観では歴史全体は固定した配置があり、大小様々な事柄は直接的間接的にその配置に位置づけられました。第二は進化論です。梁啓超の進化論における歴史学者の役割は非常に明快で積極的なものです。歴史学者の任務は進化の過程を示し、それを推進することでした。第三は目的論です。どのような形式の目的論であれ、あらゆるものを目的までの位置によって評価できました。第四は法則的歴史観です。歴史研究の意義は人類の法則を発見することにあると考えるのがこの枠組みです。

レーヴィットの議論に照らせば、意義を付与できる方法は多くありましたが、かような方法は王国維には見られませんでした。彼自身が行ったのは厳密で客観的・実証的な学問でしたが、彼はこの社会がどこへ向かわなければならないのかを論じていなかったようです。彼はまた「愛すべきものは信ずべからず、信ずべきものは愛すべからず」と述べています。すなわち、信ずべきものはみな些末な史実であるが、それらは愛すべきではなく、愛すべきは俯瞰的な哲学であるが、それらは信ずるべきではないというのです。王国維の人生そのものが悲観的な色調でしたが、それには様々な原因がありました。そのうちの一つが、マックス・ウェーバーが述べたように、魔法が解けた後に神々は復活し、価値と価値の間にレベルの違いはなく、価値の高低を判断する神や教会、教義などなくなったという考え方です。中国の歴史も道徳の褒貶から脱却すると同様の問題に直面しました。世界の呪詛が解かれた後、価値の問題は科学の光によって駆逐されてしまいました。人は自らが編んだ意味の網目に存在するものですが、今やその網がなくなってしまったのです。すなわち、あらゆる神話や教義が科学の光に照射された結果、影も形もなくなってしまった時、人の意義というのはどこから得られるのでしょうか。ある人にとっては、真理の追究こそが至高にして完全無欠の意義があるでしょう。しかしある人にとってはそうではありません。この問題は解釈のしようがなく、個人の気質の違いに拠っています。私はただこの問題の複雑さを解説できるだけなのです。

【註】

（一）傅斯年「歴史語言研究工作之旨趣」傅孟真先生遺著編輯委員会編、陳槃ほか校訂増補『傅斯年全集』（台北、聯経出版事業公司、一九八〇年）第四冊、一二六六頁。

（二）王国維「殷周制度論」謝維揚・房鑫亮主編『王国維全集』（杭州、浙江教育出版社、広州、広東教育出版社、二〇〇九年）第八巻、三〇二頁。

（三）王国維「殷周制度論」『王国維全集』第八巻、三〇二頁。

（四）王国維「殷周制度論」『王国維全集』第八巻、三〇三―三〇四頁。

（五）徳羅伊森著、胡昌智訳『歴史知識理論』（北京、北京大学出版社、二〇〇六年）九頁。胡昌智による翻訳は二つの版本がある。先に台北の聯経出版事業公司より出版され、後に北京大学出版社より出版された。本書では後者に拠る。

（六）読者諸賢は信じないかもしれないが、ドロイゼンを研究するために私は彼に関する著作を求めたが、英文では一冊を得られたのみであり、『歴史知識理論』に触れておらず、彼と小ドイツ主義との関係を議論するのみであった。

（七）査爾斯・泰勒著、徐文瑞訳『黒格爾与現代社会』（台北、聯経出版事業公司、一九九九年）八三、一三七、一三八頁。

（八）『歴史知識理論』二〇、八六頁。

（九）『歴史知識理論』八頁。

（一〇）『歴史知識理論』一二頁。

（一一）『歴史知識理論』三七頁。

（一二）浮田和民講述、李浩生ほか訳、鄔国義編校『史学通論』『史学通論（四種合刊）』（上海、華東師範大学出版社、二〇〇七年）一〇三、一〇五、一一三頁。原著である浮田和民講述『史学原論』（東京専門学校、一八九八年）では、それぞれ一三二―一三三、一三八、一六〇―一六一頁にあたる。

（一三）梁啓超が浮田の『史学通論』から踏襲したのは、第一に、歴史とは進化のことをいい、進化に属する学問はこれを歴史学ということ、第二に、「天然に属するもの」と「歴史に属するもの」との区別、第三に、集団の進化は一人の進化ではないこと、第四は、歴史的状況と非歴史的状況、歴史上の人種と非歴史上の人種の区別であった。鄔国義「梁啓超新史学思想探源——代序言」『史学通論（四種合刊）』一—四九頁。

（一四）王国維「国学叢刊序」『王国維全集』第一四巻、一二九、一三〇、一三二頁。

（一五）王国維は死に臨んで、大官山の古物に関する書簡を一通認めた。そこでは、「学術は固より人類による最高の事業の一つであり、然るに道徳・法律と互いにつながっていなければ、単独で存在する意義は全くない」と述べている。袁英光ほか編『王国維年譜長編』（天津、天津人民出版社、一九九六年）四三二頁。

（一六）王国維「『静安文集続編』自序二」姚淦銘・王燕編『王国維文集』（北京、中国文史出版社、一九九七年）第三巻、四七三頁。

（一七）「自序」郭沫若『中国古代社会研究』（上海、上海書店、一九八九年）三頁。

（一八）王国維「論政学疏稿」『王国維全集』第一四巻、二一二、二一三、二一四頁。

（一九）王国維「致羅振玉」『王国維全集』第一五巻、四八六頁。

（二〇）王国維「致狩野直喜」『王国維全集』第一五巻、八三九頁。

（二一）王国維「殷周制度論」『王国維全集』第八巻、三〇五頁。

（二二）周一平の指摘に拠れば、王国維がこの文において周公が摂政した後の「反攻」を顕彰したのは、実はこの文を通して、当時軍閥の段祺瑞、馮国璋、徐世昌らが口々に政権を清朝に戻すといいながら約束を実行できず、「大居正」〔公正な人物〕が清朝に政権を返してこそ中国の大一統が実現できることを風刺したためであった。周一平・沈茶英『中西文化交匯与王国維学術成就』（上海、学林出版社、一九九九年）三七六—三七八頁。

（二三）王国維「殷周制度論」『王国維全集』第八巻、三〇五頁。

（二四）王国維「殷周制度論」『王国維全集』第八巻、三〇六頁。

（二五）王国維「殷周制度論」『王国維全集』第八巻、三〇六頁。

（二六）王国維「殷周制度論」『王国維全集』第八巻、三一七頁。

（二七）王国維「殷周制度論」『王国維全集』第八巻、三一八頁。
（二八）柳詒徴『国史要義』（上海、華東師範大学出版社、二〇〇〇年）三四一頁。

第四講　「風」——なおざりにされた史学概念

本講で論じる人物は、近代中国の思想史研究においてほとんど取り上げられてこなかった劉咸炘という知識人である。私が以前彼の著作を繰り返し読んだ時、当初関心を払っていたのは章学誠に対する彼の見解であったが、その思考があまりにも微細であったので手を焼いた。以下で議論したいのは彼の著作に現れる「風」という概念である。「風」は、近代中国において新たな歴史学の洗礼を受けた結果、長期にわたってなおざりにされた史学概念である。

一、劉咸炘の生涯と思想の淵源

劉咸炘は四川省双流県の人である。彼の祖父劉沅（一七六八—一八五五）は挙人で、劉門教の創始者であった。劉沅は嘉慶年間に槐軒書院を創設した。槐軒書院は同治年間に張之洞（一八三七—一九〇九）が創設した尊経書院と並び称されたが、片方は官立でもう片方は私立であり、提唱された学問も異なっていた。劉咸炘の『推十書』に収録された長短二百篇あまりに及ぶ文章はその短い生涯において書かれたものである。彼の弟子によって編纂された著作年譜からは、彼が毎年数種の著書を書き上げんとしていたことがわかる。残念なことに、三六歳の年にたまたま巡歴の機会を得たが、彼はそこで風邪をひき、帰宅してまもなく逝去してしまった。

劉咸炘の学問には二方面からの影響があった。一つは、章学誠『文史通義』からの影響である。『文史通義』の吸収、発展、批判の面において、中国近代の学者の中でもっと影響を受けた人物がおそらく劉咸炘であったと私は考える。中華民国期以来の章学誠研究は実は注目に値するテーマであり、極めて多様な見解が提出されている。例えば梁啓超は、章学誠が述べた「六経はみな史なり」とは「六経はみな史料なり」という意味だと述べている。

もう一つは龔自珍からの大きな影響であり、このことは劉咸炘の学習や思想の歴程を遡ってみるとよくわかる。これをまさに、梁啓超が『清代学術概論』において、「清末の思想解放については、龔自珍は、たしかにあずかって功績があった。光緒年間のいわゆる新学者たちは、たいていだれしも龔自珍を崇拝する時期を一度は通過したものである。はじめて『定庵文集』を読んだときは、あたかも電気にふれたようであった」と述べているがごときである。(一) ここでは「新学者」について述べられているが、劉咸炘のような文化保守主義者もまた影響を免れえなかった。龔自珍の「釈風」(「風の解釈」)という文章においては、冒頭で「風」や「虫」の概念が論じられている。私たちの体内には多くの「虫」が細菌のように存在しており、「風」はそれに感応して疾病などを引き起こすという。この大構想全体はさしあたって論じないが、いくつかの論点は注目に値する。龔自珍のいう「風」とは「千態万状にして形がないもの」である。(二) この言葉は劉咸炘の史学観念の特徴を端的に説明していると思われる。歴史とはあたかも「風」のようなものであり、歴史学とは「風」を観察する学問であると彼は考えた。ここからも龔自珍の短い文章から劉咸炘が受けた影響の大きさを見て取れよう。龔自珍には、歴史学とは「大出入」(視点の大きな切り替え)をすることであると言及した文章がある。それに拠れば、歴史研究には「入」と「出」の力が必要だという。「入」とは細部についてはっきりと観察できる力のことを指し、「出」とは大勢の変遷全体を見通す力のことを指す。(三) 劉咸炘が「事実の始まりから終わりまでを観察することが入である。形勢の変遷を観察することが出である」と述べた部分は、龔自珍の見方と酷似している。もし常に「入」のみであれば、ある時代の大勢の変化を看取できないので両者がなければならず、そして「入」から「出」へ、すなわち先ず事実の顛末を理解してから大勢の変化、それも数十年、数百年の変遷を考える必要があるという。

後になって私は、実際には一九四九年以前においては蒙文通や唐迪風（一八八六—一九三一）、陳寅恪、銭穆などの学者が劉咸炘を崇拝していたこと、しかし彼の議論は当時の中国の歴史学界においては周縁に追いやられていたため、ほとんど注目されていなかっただけにすぎなかったことにようやく気がついた。

人の注意力には限界がある。それは、第一講で引用したハーバート・サイモンの言葉にあるように、人の理性には前提や情緒、選択があるのと同様である。したがって、私たちが陳寅恪や銭穆など中華民国期の人物に関する論評を読む際、しばしば注意力の限界によって「視ながら見えず」、注意が向くようになった時に至って私たちはようやく「視て見える」のである。中華民国期の学者が劉咸炘のような人物に言及した部分はあまり注意されてこなかった。もちろん当事者が彼にほとんど言及しなかったという事実もある。劉咸炘の様々な著作を見ると、彼がもっとも満足した著作は往々にして議論が微細で深遠にすぎ、問題関心も私たちとの間に距離があることがわかる。歴史叙述の様式や文章の体裁に対する彼の分析は詳細さや深さを突き詰めんとしたものであり、彼と同一の「境地」にいない私にとって、理解するのは極めて難しい。対照的に、私は彼の雑文が比較的好きである。ともあれ、彼の著作を読む際に気がつくのは、彼が繰り返し「風」について議論している点である。私は当初、多くの文章のタイトルに「風」という字が用いられていることを発見し、そこから「風」が劉咸炘の史学観点のうち重要な一つであることを次第に認識するようになった。

二、「風」とは何か

「風」に関する劉咸炘の議論を見る前に、「風」とは何か、「風」というテーマがなぜ私の興味をかきたてたのかについて先ず触れておきたい。

中国人は「風」が含まれた言葉を用いるのが好きである。例えば、『詩経』にある「観風」という概念は重要な出発点である。しかし、「風」はどのように英語に翻訳すべきなのであろうか。「風」は、wind、fashion、public opinionなどと訳されるが、これでは包括する範囲は狭いようである。ヘーゲルのいう「時代精神」が連想されるが、これも正確な訳ではないであろう。「風」は中国の古典文献においてしばしば論及されてきた。『易経』で述べられる「雲は龍に従い、風は虎に従う」や、中国人がしばしば用いる「風気を開く」「風俗の厚薄」といった表現のように、「風」という字を用いることはとりわけ喜ばれた。しかしながら、「風」の適切な意味は定義が難しい。古人は「察勢観風」〔勢を察して風を観る〕といったが、中国の伝統において「風」は神秘に満ちた概念である。

私たちはどのようにして体系的に「風」という概念を考察すればよいのであろうか。一八四九年に外国人宣教師フィロ（Philo）は、「風」という字を考察した一五頁にも及ぶ長文を中国において執筆し、宣教師向けの雑誌である*Chinese Repository*（『中国叢報』）において発表した。(四) 中国文化の伝統において「風」という字はもっとも常用されているものの、もっとも翻訳が難しく、そして語義も極めて多岐にわたることをフィロは敏感に察知していた。彼は様々な英語表現によってその意味を翻訳しようと試みた。

フィロの一文に拠れば、「風」には、spirit of God、wind、passion、excitement、life-dispensing、quickening、custom、moral conduct〔「洋洋乎故大国之風也」〔盛大な様子には大国のごとき風格がある〕〕、illustrious fame、high praises、sounding name〔「張英風於海甸、馳妙誉於浙右」〔勇姿を沿海地域に現し、浙江西部に高名を馳せる〕〕、fashion〔「以風生万物」〔風潮が万物を産む〕〕、good example〔「舜之為君也、其政好生而悪殺、……是以四海承風」〔舜は人君として政治を為す際には、生命を尊んで殺戮を憎んだ。……そこで、天下はこれを模範として継承した〕〕、deportment〔「扇以廉風、孚以誠徳」〔廉潔の風操を扇ぎ、誠実な徳性をもって他人に向き合う〕〕、the forms of decorum、etiquette〔「維先至鄒魯、家世重儒風」〔制度の維持については、先ず鄒と魯の両地を見るとよい。両地の名族は代々儒学の気風を重んじてきた〕〕、method〔「能以技能立名者甚多、皆有高世絶人之風」（技術や才能によって名を為した者は多い。彼らはみな、人々に抜きん出る手段を有している））、reformation（「風、化也」（風は変化を代表している））、instruction（「四海之内、咸仰朕徳、時乃風」（天下において百姓はみな我が徳を慕い、指導の原則とした））、influence（「君子之音、乃所以為治安之風也」（君子の言行は往往にして社会の長い平安に影響を与える））、spiritual image（「陵有国士之風」（社稷国家には国士の気風があった））などの意味があった。

文末においては、これらの「風」の意味が以下の五つに分類されている。

一、Breath; sprit; passion; air; gale; wind
二、Manners; deportment; etiquette
三、Fame; example; fashion
四、Instruction; institutes; influences
五、Disposition; spirit

劉咸炘は「風」という概念について厳格には定義しなかったが、大雑把にいえば、上述の五種類の意味を持つ「風」と、彼による「風」の含意とは大体一致している。「風」は当然ながら新たな史学概念ではない。(五)『詩経』には「風詩」（風に関する詩）が大量にあり、古籍にもしばしば史学の任務の一つに「察勢観風」があると言及されている。しかし清末以来、新史学の洗礼のもと「察勢観風」の観念はあまり流行らなくなり、「風」は不確かさの代名詞となった。

しかしながら歴史上において、様々な風潮がにわかに起こり、そしてたちまち衰えてしまうのを人々は経験してきた。それらは当初、好事家あるいは書斎にこもっていた読書人の何人かによって発動されたにすぎなかった。しかし、風潮が頂点に達した時には、たとえ多くの人々が不合理に感じていたり、心中では受け入れられないと感じたりしていたとしても、その勢いにあえて背いたり、公に批判したりしようとはしなかった。ある学風が流行した時、人々は内心ではそれに懐疑を抱いていたとしても、依然としてみなと共に必死に前進した。胡適の言葉を借りれば「智ある者であってもまた逃れられない」のである。（六）

「風」の変化は、極めて複雑で豊かな課題であり、今後、様々な学問を総合して深く検討されなければならない。特定の時期の特定の社会においては、無数の「風」の力が働いている。その中には台風もあり、微風もある。微風の中にはある日台風へと発達し、一切を席巻するものもあるかもしれない。例えば、多くの観察者は四〇年前の台湾社会において仏教は何ら積極的な役割を果たしていないことを指摘したが、この二〇年来、仏教は極めて大きな勢力を形成している。別の例を挙げれば、三、四〇年前においては台湾の文化エリートは文史研究者であり、後に科学者となり、現在ではバイオテクノロジーの研究者やITエリートを指す。また、アメリカの歴史学界における流行が、時には思想史であり、時には社会経済史であり、時には新文化史であり、現在では医療史であるがごときである。新文化史が盛行していた時、アメリカの多くの歴史学科は、今後の空きポストには文化史の人材を補充したいと高らかに宣言していた。

歴史の興亡においてしばしば見られるのが、最初は往々にして少数の人が提唱したにすぎなかった動きがゆっくりと勢力を増強し、その動きが人々の内心に潜む望みや恐れに触れた時、一本のマッチが火薬庫に火を点けたかのように爆発的に広がる現象である。この間には必ずしも一対一の対応関係があるわけではなく、時には偶然が一定の役割を果たした。当然、個人の行動、性格、イメージ、人柄が時代と適合していたのかなども極めて決定的な要素である。人々が一旦強大な凝集力を有する団体や組織を形成すると（暴力で抑え込むような組織もあるであろう）、それらの団体はゆっくりと社会を変える強大な勢力を形成する力となった。この過程における少数の指導層と社会との関係は、蛇口と水道網との関係に比定できよう。

ある「風」を呼び起こす仕組みは様々である。例えば、価格はある「風」を作動させるかもしれない。ある指標やランク付けの仕組みはある「風」を呼ぶかもしれない。規範を示すための実験、広大な現実的利益と符合する主張、群衆の強い畏怖感、模倣や教唆などもみな「風」を作りうるのである。[七]

現実生活の世界においては、毎日誰かが空っぽの思想を掘り返して「風」——その「風」が思想に関するものか、流行なのか、政治的なのか、軍事的なのかを問わない——を起こそうとしてきたが、みなうまくいかなかった。たとえ指導案を繰り返し読んだとしても、常に首尾よく新たな「風」潮を起こせるとは保証できない。ここからも「風」を起こすことがいかに困難な課題であるかがわかるであろう。

「風」は起こし難いばかりでなく、その範囲も摑みにくく、誠に「万態にして常態なく、様々な形があって無形」なのである。この点について、私はかつて『楞厳経』と宋代思想の事例を挙げたことがある。ある人が北宋期における『楞厳経』の影響力の大きさを説いた。これに対して胡適は、『楞厳経』のみの影響だとどうしていえるのか、この時代全体を覆った禅宗の「空気」が士人に与えた影響だったといわなければならないと述べた。この「空気」あるいは「風」は行間から一字一字正確に拾い上げるのは難しいが、人々は確かに「空気」の影響を受けていた。もし単に文献内にある証拠をたどって理解しようとするなら、読み取れるのは一部分にすぎず、なお多くの不明の部分が残されていることに気づかない。清代の陳澧（一八一〇—一八八二）の例を挙げる。彼の著作においては、「学風」（学問の気風）が「政風」（政治の風気）を変えうること、「政風」が「学風」に影響しうることが繰り返し強調されている。

とどのつまり「風」とはなんであろうか。たとえ「風」を感じ取れたとしても、描写したり分析したりすることは難しいかもしれない。しかし、劉咸炘は歴史学の重要な任務は「風」を観ることにあると考えた。このことは梁啓超が論じたような、歴史とは事物や社会が進化する軌跡を記録することだとする見方や、「歴史学とはすなわち史料学である」とする見方とも異なっていた。彼は、歴史学のもっとも重要な仕事は「風勢」（風潮）を見ること、すなわち各時代におけるいくつもの「風勢」の起伏を識ることであると考えた。彼による文章の表題には、「流風篇」「流風余論」「明末三風略考」などのようにしばしば「風」の字が用いられた。またこれらの文章で常に言及された名詞には「風気」「学風」「時風」〔ある時期の雰囲気〕「通風」〔風気に通ずること〕「風勢」「虚風」〔潮流とは逆に吹く風〕などがある。

三、史体と「風」

劉咸炘には次のような名言がある。あらゆる事象には「風」があり、政治や人材などあらゆるものは「風」の局面の中にあるという言葉である。彼の史学はこの一世紀に流行してきた史学理論とは異なっていた。近代中国において多くの史学理論が海外から導入されたものであったのに対して、劉咸炘は基本的に旧史の理想に基づいて史学を再生せんとした。すなわち、新史学からの挑戦のもと、新たな要素を取り入れることで新たな発想を提示しようとしたのである。したがって、歴史学に関する彼の著作において重要な論点は史体〔歴史の叙述様式〕に対する批判から始まっている。

学界においてはよく知られているように、章学誠の『文史通義』『校讎通義』の核心部分は、史体や文体の形成や変化に対する分析と批判である。近代西洋における歴史学者に、「体」〔体裁〕についてかくも詳細に分析、批判した者はいなかったであろう。劉咸炘は従来の資源と新たな要素を融合させ、新しい歴史学からの挑戦のもとで新たな史体を生み出した。章学誠の名言「方智円神」とは、歴史学を「記注」と「撰述」とに大別する考え方であった。「方」すなわち「記述」とは客観的な学問であり、記録や整理、史料の考証を含むのに対し、「円」とは「撰述」を指した。章学誠の見解では、清代考証学とは「方をするに智をもってす」ることであった。劉咸炘はこの見解の影響を深く受け、もし歴史の形勢を知らんとするならば、清朝の学者のように注釈や史料考証、そして史料に対して逐一極めて深い見解のある劄記を書くことのみに満足してはならず、あらゆる記述や史料を総合して「一家言」を示さなければならないと考えた。したがって、「円にして神」という方法によってある時代の趨勢の変化を述べようとした。史料を収集して分析する客観的方法は歴史学の半分にすぎず、残りの半分は主観的な分析、すなわち「風」のありようを描写・撰述することであった。

　劉咸炘の著述活動における重要な仕事の一つが史体の分析であった。彼は、ある時代の趨勢を表現できる彙伝体〔伝記を集めた叙述様式〕の衰退に関心を寄せるのと同時に、史書にある「風勢」に関する記載の減少に重大な注意を払った。彼の認識に拠れば、『史記』において何人かの人物が一つの列伝の中に収められ、一人一人個別に伝を立てていないことこそが「風」を表現しており、これら一群の人々がある種の「風」を表現していた。そして『史記』や『漢書』のような彙伝体はゆっくりと衰退し、後の史書は「一人につき一つの伝」を原則とした。また伝記の書き方も次第に『碑伝集』のごとくあまりにも定型化した叙述になってしまった。史体における変化以外にも、歴史哲学や政治哲学も歴史学が本来有していた趨勢を観る機能の衰退に深い影響を与えたと彼は見なした。

　史体の衰退はいくつかの段階を経たと劉咸炘は考えた。第一段階は『漢書』と『後漢書』の後であり、この時期に風俗に関心を払う体裁がゆっくりと消失した。班固（三二―九二）の『漢書』にある多くの列伝は、政治的圧力のもとに知識人が矯激になっていた状況を依然としてよく表しているのに対して、『資治通鑑』においてはそうした記述は見られなくなったと彼はいっている。劉咸炘に拠れば、「唐代以来、私家による伝記の多くは役所の儀礼や制度、士大夫の言行に留意するにとどまり、文化や風俗に言及するものは稀である。けだし歴史認識が日増しに狭くなっているからである」という。[八] また、「然るに〔史書編纂の体裁の〕秩序化の風潮は、唐代の館局設置に至って成立した」と述べられているように、[九] 唐代以降、歴史学は次第に厳格になり、修史〔史書編纂〕も専門家による学問から官による学問へと変化してしまった。したがって、これらから世の「風潮」の変化を見出す術はなかった。また劉咸炘は、劉知幾（六六一―七二一）が「古代に通暁した卓見や歴史叙述における円神変化という方法」を持っていないと批判した[一〇]。劉咸炘はしばしば劉知幾を批判したが、それは劉知幾が編年史を提唱したため、年代間の因果関係や風潮の変化を見出すことができなかったからであった。劉咸炘は、唐代以降の歴史学が編年体をあまりにも好んだため、『史記』や『漢書』のような伝記を集合させた史体に注意を払わなかったことも、歴史学が時代の風潮を次第に摑むことができなくなった要因だと見なした。

宋代はもう一つの転換期であった。宋代の歴史学に対する劉咸炘の批判は多方面にわたっている。第一は、宋代の歴史学はあまりにも毀誉褒貶に偏重しており、人物や出来事を個別に褒貶するのを好み、風潮全体に対する評価がなかった点である。第二は、宋代の歴史家は朝廷の政治に過度な関心を寄せ、民間の風俗をなおざりにしていた点である。第三は、宋代以降の歴史学は「万人が一篇に」なったこと、すなわち、あらゆる人の相貌がみな一様になっていた点である。劉咸炘は章学誠の「釈通」〔「通概念の解釈」〕という一文に言及し、ここでいう「通」とは「風」であると主張した。そして、「時風についていえば、今日には宋史を編集すべきである。なぜだろうか。歴史の知識は風を観て勢を察することにある。風勢は種々様々であるので、その記述は総括貫通を追求し、繁雑なものから簡易なものまでを包括することによって、最高の原則に到達する。ここから民風が一張一弛の反復にすぎず、一切の世事はここから生まれていることがわかる」と述べている[一一]。ここでいう「一張一弛」という語こそが、「民風」〔社会の気風〕の変化を論じる際のもっとも高い原則であった。また「流風」という文章において劉咸炘は、「最高の原則」を用いて各時代の思想を論じることを主張した。彼に拠れば、それぞれの時代ごとにある「時風」〔時代の潮流〕や「政風」とは、こうしたいくつかの簡単な範疇の組み合わせで表現できるものであった。しかし、ある時代の「民風」の変化は単に「張」や「弛」のみでは表現されるものではなく、実情は遙かに複雑であったと私は考えている。この点以外では私は劉咸炘の見方に同意する。すなわち、史体が日増しに狭隘になるに伴い、歴史学もまた「風潮を観る」役割を担うことが次第にできなくなってしまったのである。

　劉咸炘は、「史」は定型的な体裁を採るべきではなく、描写する「風」に即して新たな史体を創造しなければならないと考えた。そして「風」を捉えることのできる史体とは、「上下」と「左右」とを共に視野に収められる様式だと述べた。いわゆる「上下」とは、一つの王朝時代にとどまらず、三〇〇—五〇〇年の歴史を通して観ることを指した。したがって、「縦」の観点や「時風」を重んじる必要があった。また同時に彼は「左右」、すなわち「横」の観点、「土風」〔土地の風土〕、ある地方の「風」も論じている。「横風」を重視し、「土風」を講じたので、彼の著作では地方志の役割が特に強調されている。この点について彼は、「方志には自ずから地方自治の精神があり、国史とは異なる」「従来『方志』は単に『国史』を横に分析するための一部分であり、したがって、一地方の歴史は断代史とは異なり、自ずから特徴を表すことはないと見なされてきた。そうであるならば、作者はどのように『方志』を用いて通時的に観察しようとしたのであろうか。この点について、私は以下で土俗という視点を通して検討する」と述べている[一二]。すなわち彼は、地方志の役割を単に国史編纂のための素材を提供するのみならず、「横に分析する歴史」や、地方志に見られる「土風」、すなわち地域の「風」を見て取れる点にあると認識したのである。

　それでは、何が私たちの「縦」に対する理解を妨げてきたのであろうか。劉咸炘は断代史が「上下」という縦軸の理解の可能性を狭めていると説いた。そして、何が私たちの「横」に対する理解を妨げているのであろうか。彼に拠れば、例えば列伝の間に壁が築かれてしまったことが横の理解を妨げてしまった。

「歴代の史書において志や伝の事項が変化しているのを観れば、歴史認識が次第に偏狭になり、修史の法則が次第になくなっていることがわかる」と劉咸炘が述べているように[一三]、「事目」〔事項〕が往々にして史書の内容を決定すると彼は考えた。中国史上における各種の史書における「史目」〔歴史事項の分類〕があまりにも狭隘で道徳化しており、また変化があまりにも小さいと彼は見なした。したがって、伝記を書く際には往々にして先ずその人物が孝や義を重んじたか否か、賢い官僚であったか否かなど、特定の「史目」にはめ込まれた。このようにあらかじめ「史目」を設定することで、その人物が歩んだ複雑な経歴を記載することができなくなった。このことはアメリカの思想家ケネス・バーク（一八九七—一九九三）の議論を想起させる。すなわち、私たちがあらゆるものを観る際には"in terms of"〔観点〕が必要であり、事象そのものは通常自分が何者であるのかを提示できないため、常に人々はある範疇を用いてモノや事象を理解し、表現するのだと彼は主張している。私の見るところでは、「史目」は一種の方便——文章を書いたり、様々な表現を伝えたりするための方便である。方便のもう一つの面は束縛であり、歴史家は不変の枠組みを用いて複雑多岐な世間を表現することになったのである。もし私が劉咸炘の意図を読み違えていないならば、高度な道徳的含意のある「史目」が存在していたので、歴史上の史官〔史実の記録を司った官〕はあらゆる史実を先ず既存の枠組みの中に押し込めたのであり、彼らが存在していた時代にどのような変化があるのかを嗅ぎ取った上で、変化に合致した分類を創造したのではなかった。したがって、このような「史」は現実に存在した「風」を察知できなくなり、また事象をふるい分ける「史目」という枠組みもまた、事実上古代の道徳や教化の重要な一部分となった。人々はそれによって陶冶され、自然に自らが理想とする行為に向かう際の根拠となった。私はかつて明清期の郷鎮志は地域社会における様々な実態を反映したものであると思っていたが、実際には決してそうではない。なぜなら、上述の「史目」と、国の歴史、省の通志、府州県志とは往々にして大同小異だからである。したがって、歴史はあらゆるところに存在する枠組みを形成し、一方で道徳や教化の役割を果たしながら、もう一方では事象の潮流や変化をあまり表現できなかったのである。

ここである事例を挙げたい。明末には『世説新語』を模倣した大量の書籍が出現した。その最たるものでは『世説新語』における文人に対する分類が徹底して模倣されており、魏晋の名士が明代に再び出現したかのように感じさせるほどであった。この点こそが、劉咸炘がなぜ多くの時間を割いて「事目」と「史体」との関係を省察したのかを説明しているであろう。「事目」は一定であり、それにより事象を観察するための球面鏡を設置できたのである。章学誠はある文章において次のように語った。彼が人々のために伝記を書かなければならない時、それぞれに共通していえることはすべて省略し、共通していない部分のみを書こうと努めたと。これは劉と同様の道理であったと思われる。さらに劉咸炘の思考を推し進めれば次のことが指摘できる。中国史上においては「事目」と「史体」とが固定化へ向かったことにより、人々は歴史の多様な状況を知る術を失い、また様々な時代や状況を貫通する事象を認識することもできなくなり、ただ個々の格子の中に閉じ込められた状態で状況を推し量るしかなくなったため、風潮を観察することができなくなってしまった。

また劉咸炘は、「生民」〔民衆〕と「風俗」を知ることができる点に歴史の意義があり、生民と風俗を知ることができるか否かは「史体」の善し悪しと関係すると考えた。「だが、班固と范曄以降になると歴史認識は次第に失われ、史書を作る者も朝廷政治を重んじて民俗を軽んじ、個別の事実を詳らかにして虚風を省略した」と述べられているように、(一四)『漢書』や『後漢書』に記される「土俗民風」〔生民の風俗〕は、後の史書には見られなくなったというのである。また「伝とは下々の風俗を記したもので、志とはお上の制度を載せたものである。北魏の時代に仏教と道教が尊ばれたのはお上の制度に拠る」と言及している部分は、(一五)次のことを私たちに示している。「風」はある時は下から来るものであり、ある時は上から下へと来るものであり、また時には上下それぞれが働きかけて形成されるものである。例えば、北魏の時代に仏教と道教が尊ばれた風潮は上流階級が起こしたものであった。

「生民の風俗」を知ることのできる歴史を叙述するために、劉咸炘は分類式・定形式の歴史学に反対した。彼の見解では、宋代以降の史体は道徳や道義の束縛を過度に受けてきており、また宋代以降の史書は政治を重視して生民の風俗を軽んじてきたので、この点においても中国の歴史学は衰退の過程を歩んでいた。宋代の『通鑑綱目』以降、歴史批判の観点がもっぱら道徳的立場に基づいていたことが、人々の目を生民の風俗から遠ざけてしまったという。このことは、「宋末以降の人は〔政治における〕『撃断』〔決断〕を歴史学と見なし、文化や風俗は気にも留めず、制度を列挙して考察をほとんど加えなかった。彼らの歴史を見てみると君子・小人の目録にすぎない。したがって、歴史を述べているようでも多くは人を論じるにとどまっていた」と述べている点にも示されている。[一六] そして彼は、宋濂（一三一〇―一三八一）の『浦陽人物記』と徐顕の『稗史集伝』とを比較し、前者は後者に及ばないと評した。なぜならば、前者は一切の史実を道徳の枠組みに押し込めてしまう「類をもって人を集める」叙述様式を採っていたからである。続けて劉咸炘は「ここからは、史家がただ朝廷の煩雑な儀礼にのみ詳しくなり民間の風俗をなおざりにしたことや、志が公文書に限定され、伝が行状や墓誌に限定されている状況がわかる。民間の風俗は固より公文書や行状などに記載されているものではない。ここに総合的認識はなく、ただ史料を並べ、注を附してあるだけである。その見識の狭さはむべなるかな」と述べている。[一七] 史書において志と伝とを区別したことは、両者において生民の生活に関する言及を遺漏してしまう事態を招いており、このことによって歴史家もまた「総合的認識」を獲得し難くなってしまったというのである。

　劉咸炘は、歴史家は「総合的認識」を持たなければならないと強調した。歴史叙述は個別に設けられた「格子」を超えて広く理解することによって、ようやく「風」を捉えることができるというのである。この点については後述する。また、「雑考や群書の中に垣間見られるものを捉えてこれらを総合する」と述べられているように、[一八] 彼は雑書〔科挙の学と直接関係のない書物〕が風潮を捉える際に重要であることも強調していた。例えば、明末における気風の理解において、『万暦野獲編』の役割は『明史』を遥かにしのいでいるといっている。また、銭謙益（一五八二―一六六四）の『列朝詩集小伝』には「明代の気風が大体備わって」おり、ここから明代の遊士や隠者が有した気風を捉えれば、その成果は『明史』を大いに超えるだろうと彼は考えた。

四、宇宙は「網」のごとし

実のところ、劉咸炘は「風」について体系的には論述しなかったことに加え、用いた言葉も相当簡略であり、また断片的で漠然としていた。以上で述べてきた説明も私が試みた初歩的な整理に基づいている。ここで「風」という史学概念に関する私の論点を纏めておくと、次の五点となる。一、「風」という概念は、風俗そのものや、政治や社会、世間などの諸事に対してあまねく及ぼされる風俗の影響を指す以外に、さらに重要なのは、「あらゆるところに風が存在する」ことを示唆している点である。あらゆることに「風」があり、政治や人材などは「風」の中に存在しない時はない。二、「風」という概念は、「縦」、「横」、「時風」、「土風」の相互作用である。三、「風」概念の導入は、史目という分類を打破し、時間軸や地域を超えて「総合」の理解を行うためである。四、「事実」を理解することに加え、「虚風」を摑む必要があることである。五、仏典から借用した「宇宙は網のごとし」という史学概念との関係である（後述）。

劉咸炘にはわずか二四頁しかない『治史緒論』というパンフレットがある。ここで彼は、歴史学には「事実の考証」「是非の論断」「史書の体裁や意義を明らかにすること」「歴史的事跡が示す情勢を観察すること」という四つの要件があることを示した。前二者は様々な歴史学者によって共有されていたが、後二者は劉咸炘が特に提唱したものであった。私たちは一般的に、「風」とは歴史における「風俗」の役割を重視することであると考える。「風俗」はむろん重要な一部分であると劉咸炘もいったが、彼がさらに強調したのは「あらゆるところに風が存在する」ことである。以下では、彼の「民風」に関する討論を分析していこう。

「事実の記録においては風俗を伝えることをもっとも重視する。しばしば瑣事を通して大成を知ることができる」と述べられているように、（一九）劉咸炘は風俗や瑣事の重要性に繰り返し言及していた。彼は趙翼（一七二七—一八一四）

の『廿二史劄記』を高く評価していた。例えば、『廿二史劄記』を通して正史に頻出する事についてよく把握できる事例として、「南朝では多く寒人を用いて機要を掌らせた」という記述を挙げている。しかし彼は、『廿二史劄記』が正史に依拠しすぎていること、一度きりしか登場しない事は重要ではないと見なしている問題があることを同時に批判していた。

先に言及したように、劉咸炘は、司馬遷や班固以降の歴史学には重要な趨勢があると捉えていた。すなわち、歴史学の見識が日増しに格式張り、朝廷政治に重きを置くようになる一方で、「民風」にはあまり注意を払わなくなった趨勢である。例えば、「社会の気風について学者はほとんど注意を払わず、論述も遂に絶えて続けられなくなった」［一〇］「班固の著作以降、『遊俠』や『貨殖伝』が絶えてしまい、……司馬彪以降、逓増したのは輿服、朝会、儀衛の項目であることからも、歴史家はただ朝廷の虚礼に詳しくなり、民間の風俗をなおざりにしてきたことが知られる」［一一］とあるように、遊俠こそが古代中国における民間の気風の特徴であると見なしていた。

劉咸炘は、「秦漢以来風俗を語らなくなり、政事を談じるようになった」という呂祖謙（伯恭、一一三七―一一八一）の言葉を引き合いに出し［一二］、呂氏が風俗と政務との関係に多少なりとも注意を払っていたことは評価すべきだと述べている。しかしながら、周秦交代に対する呂祖謙の見解は、先王の法が急速に廃れたことを嘆き悲しんだにすぎず、風俗の変化・継承に対する見解において創造性はほとんどなかった。かような彼の欠点は宋代の儒者に広く見られたものであると劉咸炘は見なしていたので、「宋儒の歴史認識は大体かくのごとし。正大でないとはいえないし、浅薄であるともいえないが」と述べている［一三］。すなわち、政務を理解するには風俗を理解しなければならず、このことは一切について当てはまるというのである。劉咸炘の考えでは、呂氏はすでに方向転換をしていたとはいえ従来の見解から脱しきれておらず、彼の歴史に関する著作も宋代史学の狭隘化という趨勢を反映したものであった。

劉咸炘が強調したのは、「民間の習俗もまた、政務に多大な影響を及ぼすものである」ので［一四］、歴史叙述はただ単に政治のみにとらわれてはならず、民俗にも目配りをする必要があること、政治は単に官制を論じるだけでは足りないということであった。好個の事例として挙げられるのが、明代の「正統帝（英宗）・成化帝（憲宗）以降から万暦帝（神宗）に至るまでの時期は、実に風習がもっとも頻繁に変わった時であった」ことを踏まえ、(一五) 彼が「明末三風略考」を著したことである。これに拠れば、明末の世相を構成したのは隠者、遊俠、郷紳の傲慢さの三要素であり、「三者は互いに影響をもたらしたが、みな士大夫の放恣に起因した」ことが、(一六) 明末の様々な趨勢を形作ったのであった。この点は明末の文集を仔細に読めばわかるであろう。

　続いて劉咸炘のもう一つの重要な概念について話そう。それは、あらゆる出来事に「風」があり、それぞれの「風」は孤立したものではなく、他の「風」との間に複雑な相互関連を有したという見方である。彼のいう「風」には二つの特徴があった。一つは先に述べた「風俗」であり、もう一つは「無不有風」（至るところに風がある）という特徴である。後者についていえば、政治、社会、経済、文化、そしてある時代に流行した装飾、交友関係にさえ「風」があり、それらは互いに絡み合っていた。

　劉咸炘の認識に拠れば、一つの時代を構成するもっとも重要な要素は政務、風俗、人材の三つであり、政務は上において行われ、風俗は下において形成され、人材はその間にあって枢軸となっていた。そして、三者は絶え間なく互いに作用し合い、不可分となって旋風を作り出していた。「風」は一切を決定し、政務や人材、その他の多くの事物もみな「風」の中にあった。(一七)

　「風」はある時には些細な事にすぎないが、ある時には「大風」となる。微風であれ大風であれ、捉えようとするならば前後左右、すなわち時間や関係を超えなければならず、「類」（分類）、「拘」（区別）、「分」（階層）を打破するには、総括して貫通する視点が必要である。「小さな風の影響は、例えば装飾品の変化のような一つの事柄にとどまる。大きな風の影響は、民を治める策略の緩急や士気の剛柔など多岐にわたる」と述べられているように、(一八) 微風と大風との間の相互作用は宇宙という網のようなものであると捉えられた（後に詳述する）。すなわち、「ある人の交遊関係からは、ある時期の風俗を見て取ることができ、数人の行いからは大勢の人の道義を明らかにできる」（二九）「名前もまた風俗の一つである」という言葉にも表現されている。（三〇）ある時代の書物の特徴もまたその時代の風気を代表している。（三一）例えば、『世説新語』には六朝における清談の風習が反映されており、『唐摭言』には唐代の科挙や門閥の気風が表れているように、ある書物の特色はそれが著された時代の「風」を表現したものである。また宋代の「祠禄恩賞」（給与の特別手当や恩賞）、明代の「郷宦」（退職後に郷里に居住した官僚）なども、それぞれの時代において様々な「風」を起こした重要な条件であった。

「風」に関する劉咸炘の論述は決して体系的ではなかったが、彼の文章の端々において様々な「風」に言及されていることはすでに強調した通りである。例えば、「漢晋名誉考」「北朝末には応報の説が盛行し、関連する書も多かったが、南朝にこれを見出すのは難しい」「北魏時代には、人々の多くは神将から名をとった」「唐代において節義が重んじられなかったのは、南北朝からの踏襲である」「唐代に門下生と試験官が互いに碑文を作るのを好んだこともまた、当時の風勢の一端である」「唐人の奢侈の原因は一つにとどまらない。権勢や利益、奢侈が互いに複合したことが、唐代における風俗が不安定であった背景である」「五代において男性の多くは彦を名につけた（……名前も風俗の一つである。例えば、前漢時代には二漢字からなる名はなく、元末の平民の多くは数字を名前に使った）」「宋初は不正役人を厳格に懲罰した（唐・五代の風潮に対する反動）」「金初において父子は兄弟と同様の意味であった（部族の風習である）」「（明における）郷宦が民を虐げた害（各地を荒らし回る賊はここから起こった）」「（明）中葉における才子が傲慢に気ままに振る舞う風習（明末には隠者や遊士がこれに続いた。宋代と同様である）」などのごときである。（三二）以上のように、彼は各時代の風気に関する断片的な記載を整理したが、これらを正史に見出すのは容易ではない。しかしながら、もし総合的に歴史を捉えるという観点から、これらの記載の一切を「時風」と「土俗」とが交錯した現象であると捉えるならば、たとえ正史に一回しか出現しないことであっても、多大な影響を及ぼしていたかもしれないことを看取できるのである。

劉咸炘は「風」を解釈する際、「縦」「横」という概念を用いることを特に好んだ。「縦」とは「時代の空気」、すなわち人類の活動を通時的に観察した際に見出される変化のことを指す。「横」とは「土風」〔地域の風習〕、すなわち地域毎の環境や文化などの要素を指す。いかなる時代の「風」も基本的には両者から成り立っていたというのである。「時風」と「土風」に対する劉の重視は蒙文通の考えと似通っていたので、彼らは互いを高く評価していた。『治史緒論』において劉は、歴史学を「史実」「時風」「土風」「史旨」「読史」の五要領に分け、「『時風』とは、宇宙は絶え間なく動いており、動く時には変化があり、事柄も時間を経た後に成ることをいう。『土風』を簡潔に示せば、縦を時間と見なすのに対して、地域を横と見なし、両者が互いに因果関係にあることを指す。歴史の痕跡のうち時風から解釈できないものは、土風から読解しなければならない」と論じている。(三三) ここでは、「時風」と「土風」がいかに相互に交錯しながら影響を与えるのかが繰り返し説明されている。もう一例を挙げよう。「斉魯二風論」において論じられているのは、春秋時代の斉魯二国における「風」である。劉に拠れば、秦代以前においては各国の風俗には大きな違いがあったので「横」の差異が重要であり、郡県制を施行して以降、「横」の要素は比較的軽くなり、「縦」がもたらす影響が替わって比較的大きくなった。

「史」とは、一大「総合」の見解であって、「縦」と「横」という二種の相互作用によって創り出された趨勢を統合した認識のことである。(三四) この点について劉は、「史とは総合を旨とする。横の総合とは関係であり、『易経』にいう感のことである。縦の総合とは変遷であり、『易経』にいう時がこれである。宇宙に動かない時はなく、動けば変化が起こり、事柄は必ず経過があって後に成立するのである」と述べている通りである。(三五) さらに深く「縦」と「横」とを明らかにするために、劉は様々な言葉を尽くした。「横の総合」とは、『易経』のいわゆる「感」を指すのであると言及していたことは先に述べた。「縦の総合」とは『易経』にいう「時」のことであるとした。また彼の考えでは、「縦」は歴史学、「横」は社会学であり、理想の歴史叙述とは歴史学と社会学とを兼ね備えたものであった。明らかに彼は清末になって中国に紹介された社会学に相当な関心を払っており、しばしば社会学と歴史学とを関連させて論じていた。彼の認識では「史学」とは、四部の学の一つであり、あるいは様々な西洋の学問の一つのみにはとどまらない社会科学を含む人に関する学問の全体であった。

歴史に対する劉咸炘の理解をもっとも如実に示しているのが、仏典から借用した「宇宙は網のごとし」という言葉であろう。様々な出来事の間には至るところに複雑に絡み合った相互作用があることを、彼はこの言葉を用いて次のように説明している。(三六)

史が包括しないものがない所以は、宇宙の事柄で互いに関係しないものはなく、ばらばらにして分析できないからである。これは『易経』でいうところの感である。史は固より人事を中心とする。しかし人生や宇宙において、実際のところ万物は互いに感応する。人は心を通じて万物に感応し、万物もまた人の心に感応する。このことは人と人との離合、事と事との交わりにもっとも顕著である。仏陀が「宇宙は網のごとし」と説いたのは誠に確かな喩えである。群書で明らかにされているのは様々な部分であり、史が明らかにするのは各部分の関係である。群書は詳しく分析するのに対し、史は総合して貫通する。総合とは史学の原理である。詳細な分析がなければ、総合して貫通することはできないし、分析したものを集めるだけでは総合して貫通することにはならない。思うに総合して貫通するとは自ずから渾然一体となることであり、部分は離れて独立することはできず、徒に分析を削除して簡潔にすることでもない。関係を総合することがすなわち史識である。風勢を観察することはここから発生した。専門書は事実の確定にとどまっており、大きな風勢を明らかにできない。総合・貫通して渾然一体となることが撰述である。専門書の多くは註を記載するにとどまり、撰述ではない。たとえ撰述が含まれていても一部分にすぎない。この三点を理解できれば、史のよりどころを見て取れるのである。

ここで引用した一段では次のような主張がなされている。第一は、歴史上の出来事とは宇宙における出来事であり、宇宙で起きた出来事にみな互いに関係しないことはなく、別々に分析できないという主張である。事物の間の因果関係とは「感」〔感応〕であり、間断なく「交差」するものであり、簡単な作用によるものではないため、現代歴史学の個別に「分析」するという処理方法では対処できないとする。第二は、「史」と「群書」との違いは、「群書」が体現しているのは個別の問題であるのに対して、「史」とは大きな総合であるという点にあるという主張である。「史」とはすべての事柄を包括する学問であり、劉咸炘のいうところの「人事学」〔人類世界におけるすべての現象に関する学問〕であるので、それぞれの時代の全体を理解すべきであり、そうしてこそ「渾然一体」を理解できるというのである。第三は、「渾然一体」を構成する部分は、ばらばらに独立はできないという主張である。

劉咸炘は、「様々な関係を総合して考えること」こそが歴史認識であり、「風勢」を観察するにはここから「入る」必要があると考えた。もし清代の考証学徒のように単に無数の事実を積み上げるばかりで、「出で」て「虚風」を明らかにできないのであれば不十分であった。劉氏はまた章学誠の「記注」と「撰述」の違いへと立ち戻り、無数の「事実」を理解するのは「記注」にすぎず、「風勢」を把握できてこそ「撰述」となることを強調している。「互いに変化を及ぼし合う史というものが必ずある」ので、[三七]「史」とは個別の出来事を一つ一つ分けて考えるのではなく、あらゆる事象の前後関係を総合するものであると彼は考えた。したがって彼のいう「史」とは一種の総合的なものの見方であり、その目的は「出来事の関係を総合的に追究すること」にあった。[三八]換言すれば、「ひとたび風が吹けば隅々まで行き渡り」、自ずから「渾然一体」となるのであった。そして、総合的に理解して「風勢」を摑むために重要なのは、「実」に加えて、「虚」の部分を理解することであると主張した。「後の史には総合の動きがなく、また虚の趨勢をなおざりにしている。子部や集部の文献によって補わなければならない」と述べているように、(三九)後世の歴史学が史実の確定を過度に重視し、「虚」の部分の理解や総合することの意義をなおざりにしたと劉咸炘は見なしていた。繰り返し述べてきたように、劉咸炘に対する章学誠の影響は極めて大きかったので、劉は四部の学問を議論することを好み、また四部の範疇に即して新たな観念を論じた。ここでいう子と集とは主観の学問であり、引用文にある「子部や集部の文献によって補わなければならない」とは、主観的な「虚」という角度から客観的に「実」の学問を補助せねばならず、こうしてこそ史への認識が得られ、「流転する風」を見て取ることができるという意味である。

劉咸炘はかつて、道家の歴史観が彼の発想にもっとも合っていると言及したことがある。しかしながら、彼の『道家史観説』というパンフレットでは、そのような趣旨は述べられていない。ここにおいて劉氏が言及しているのは、歴史家のもっとも重要な仕事の一つは「変化を観ること」であり、対して道家の方法とは「変化を御すること」であるので、歴史家は道家の術をも用いなければならないということである。(四〇)それ以外に、私が思うに道家には史「跡」〔歴史の軌跡〕をなおざりにしても大勢に順応するという特質があるが、これは劉氏のいう「風」と関係している。すなわち、「歴史の境地に入るには虚心でその始終を観察しなければならない。これはすなわち道家が要点を摑んで虚を採ることで、事物の変化を御する術である。したがって、道家の類の人々は史官から派生したというのである」と述べられている通りである。(四一)

劉咸炘はまた、歴史学は「人中心主義」を採るべきではなく、「事中心主義」を採るべきであると述べている。というのも「史」においてもっとも重要なのは人を語ることではなく事柄を語ることであり、ある「風」を補足するには、「いつそれが兆し、いつそれが形となったのか、何によって生じ、何によってとどまったのか、何者がこれを起

こし、何者がそれを変えたのか」に注意しなければならないというのである。(四二)

本節の最後に、「風」という歴史観が劉咸炘の史料観にも影響を及ぼしていたことについて特に触れておきたい。彼の「風」に対する見方は、その史料の選択において正史における史料の選択とは異なる基準をもたらした。このことは、「稗史や雑記を貴しとする理由は、当時の士人の習慣や民の風俗をよく記していることにある。……したがって、唐宋元明の実態を知らんとするならば、雑記を参考にせず正史のみに拠ることは絶対にできない」(四三)と述べている点にも示されている。また彼は新史学が重視していた石刻史料について、「一時期の風俗を知るのに役立つが、……国史の理解においては裨益するところは多くない」と主張した。(四四)これに対して彼が評価したのは『東京夢華録』『夢粱録』『都城紀勝』『武林旧事』といった書籍であり、「掲載される街中の雑多な風俗は極めて猥雑なものであるが、いずれも世の中を論じる史料でないものがあろうか。何ら見識なくこれらが読まれることを憂うのみである」と述べている。(四五)同様の主張は、「かつて、『明史』を読むのは『野獲編』を読むにしかずと述べた」という言及にも見られるが、それは「ある時期の風を一貫して理解しようとするならば、必ず様々な書籍から広く探し求める必要がある」と考えていたからだという。(四六)

五、「風」と近代新史学

本講の冒頭でも述べたように、劉咸炘は西洋の歴史学についてもいくらか理解していたばかりでなく、「上は歴史認識の由来を論じ、下は風勢の端緒を大まかに列挙している。……チャールズ・ビクター・ラングロワ（一八六三—一九二九）とシャルル・セニョボス（一八五四—一九四二）の編纂した *Introduction aux Études Historiques*〔『歴史学入門』〕もまた詳細周到にして参考にすべきである」とさえ述べているように、(四七)西洋の歴史学を完全には排斥してはいなかった。事柄の変化を述べることは西洋の歴史学において普遍的であったので、彼は西洋の歴史学は中国の「風を観ること」に近いと見なした。しかし、西洋人は（英雄史観のように）一面のみに固執することを好んだので、彼にとって依然として理想的ではなかった。また、歴史の長所は事柄を主とすることにあるものの、単に事柄を並べるだけであれば、それは「紀事本末」にすぎず、「至るところに風があること」や「宇宙という網」が織りなす相互作用を見て取ることはできないと彼は考えた。劉咸炘は旧史の中に新たな道を切り開こうとしたのであり、それは西洋に由来する道ではなかった。

自らが提唱する「史学」とは「人事の学」であると劉咸炘はしばしば述べていた。この点について彼は、「我が学問の対象を一言で述べれば史である。この学問は事の道理を明らかにすることを目的とし、事の道理を歴史において観察する。これは紀伝や編年を指すばかりでなく、経もまた含まれる。子部における理の議論は史から出ており、周秦時代の諸子もまた史学に異ならない。横の広がりでいえば社会科学であり、縦の連続でいえば歴史学である。総合的に見れば人事の学であるといえる」と述べている。(四八) いわゆる「人事の学」とは、あらゆる学問を総合して一つにした学問、すなわち歴史学のことであった。歴史学こそが様々な学問を包括できるとする発想は、章学誠の「六経はみな史なり」という主張と一定の関係があった。

劉咸炘は当時流行していた疑古派に対して大きな不満を有しており、「漢代以降、著述にはみな名前があり、後の人はこれに習い、ここから一切の古書を推測した。このようにして論争が続々と起こり、真書を疑って偽書と見なす者も現れた。この誤りの原因を探ると、古人が文辞を勝手に改めなかったことを理解していないからなのである」と述べている。(四九) この点においても、章学誠の『文史通義』にある「古人は文辞を私せず」という観点を継承していたことを見て取れる。

実は、劉咸炘も梁啓超の新史学からも影響を受けていた。例えば、「民史」（民衆の歴史）を重んじ、下層民衆の史料を重視していた。しかし彼はこれに飽き足らず、旧史の「風勢を観察する」にいう「風」の概念を用いて新史学のうち価値を有する部分を概括しようとした。彼は史料学派、科学学派、法則学派を排斥し、史を客観的な学問と見なすことに反対した。なぜなら「人」に関する学問は物質の科学とはなりえないと彼は考えたからである。彼は進化の法則に則った歴史学に反対し、史には主観が入り、「虚」の部分を加えてこそしっかりと理解できると主張した。

しかしながら、劉咸炘と当時の保守派の歴史学者とを同一視することはできない。当時の保守派の歴史学者には彼のように特に突出した歴史観念があるわけではなかった。また劉咸炘の認識では宋代より歴史学者は「風」をなおざりにするようになっていたのに対して、蒙文通や陳寅恪は宋代の史学がもっとも発達していたと見なした。この点も、当時の多くの文化保守主義的傾向を有した歴史学者と彼との相違点の一つである。

劉咸炘の生涯はわずか三六年であったので、多くの変化を経験するには短すぎた。しかしながら、一九二八年に、なんと「語文平議」という白話文学を論じた文章を執筆した。このことは北伐と関連していると思われる。事実、辛亥革命が中国近代思想にもたらした影響は極めて大きく、北伐の影響もまた非常に大きいものであったが、一般の人々は北伐が新思想にもたらした影響を軽視していた。

総じて、劉咸炘は新思潮に対して不満を抱いていた。彼は胡適が西洋の学問を提唱し、中国の聖哲をなおざりにしたことに不満であった。このことは、「書簡がいうには、『今日の東西の学者が共通して見ているのは、中国の精華ではなく、残りかすである』」という一段からも読み取れる。(五〇) すなわち、近年の新思想家は近代の西洋と符合するものを求めるあまり、往々にして中国の歴史において主要ではない部分を持ち出して対応させ、それらが中国歴史文化の主要部分であると宣言しているというのである。

以上の論述からも明らかなように、彼は、「史」の任務とは「風勢を観る」ことであり、進化の軌跡を記録することではないと改めて定義した。彼は、史の性質や任務を談じた上で、史とはあらゆる人文学科を包括したものであると主張した。また、古い史体を批判し、「至るところに風がある」という見方を提唱し、「士風」と「時風」の重要性を主張した。そしてこの観点を「明末三風略考」をはじめとする文章において展開したことは注意に値する。

近年来私は、劉氏の手になる様々な文章から「風」に対する解釈を拾い集め、この観念が彼の様々な著作に通底していることを認識した。しかし、彼の議論は十分な深みに至っていないとずっと感じてきた。彼は各時代に特有の風を鋭敏に捉えたが、政治を論じる段になると、「剛柔緩急」などいくつかの範疇を繰り返すにすぎなかった。これらは明らかに簡単にすぎる。

「風」は豊富な論点を含む課題であり、現代の学術観念や語彙を用いて「風」が複雑に変遷した様を明らかにすることは現代の私たちの任務であると私は考える。ある時代を形成した風の転機とは何であったのだろうか。例えば、ゲオルク・ジンメル（一八五八—一九一八）の『闘争の社会学』〔堀喜望・居安正訳、法律文化社、一九六六年〕において述べられているように、毎年新たなファッションが登場すると、人々はそれを模倣するのと同時にそれと異なることを追求する。この競争によって、ちょっと見たところ同じではないものをゆっくりと一様にしてしまう。模倣と競争がこの要因の一つであると思う。別の観点から見れば、ある時代の価値観の中でよいとされたものを人々は追いかける。私たちの歴史研究において、多くの論考が「風」の生起と消滅を理解せんとしてきた。「風」の観念自体もまた私たちが社会を理解するための視角の一つであり、この観念を獲得してこそ、様々な事件を孤立したものと誤解する陥穽に陥らなくとも済む。

もちろん、「風」は私たちが歴史を理解するための唯一の道ではないし、これによって他の史学観点に取って代えようとすべきではないが、これをなおざりにしてもならない。「風」の思考は、歴史の理解に多くの新たな可能性をもたらす。例えば、「風」が作用する形は無限にあることを知れば、単線的な因果関係のみで歴史を理解することはできなくなる。「風」は吹くものなので、必ずしもある範囲の中だけで影響するとは限らない。Aという範囲の中で起こった新たな出来事が、もともと関係のないB、C、Dという領域に影響をもたらし、それぞれの内部関係を変える役割を果たすかもしれない。またある時代の価値を変えた「風」の発端は歴史学によって分析されるかもしれないが、その分析は哲学思想の発展にまで及ぶ。ある時には「風」は様々な局面の間で間断なく続いており、「一瞬」の相互（reciprocal）作用ではない。このように考えていくと、私たちがしばしば使用している多くの概念も再検討が必要となる。例えば、「上部構造」と「下部構造」という枠組みを用いて社会経済と思想との関係を分析してきたが、実際には制度と思想、思想と社会経済とは間断なく相互作用する関係であり、風が吹き乱れるように、永遠に切れ目なく互いを規定している。「風」の思考の核心は啐啄同時にある。換言すれば、「風」は何かによって形作られているばかりでなく、その何かを形作ってもおり、この相互運動は無限であってとどまることはない。カール・マルクス（一八一八―一八八三）の言葉を借りれば、人々は「彼ら自身のドラマの作者兼演者」（『哲学の貧困』〔的場昭弘訳、作品社、二〇二〇年〕）なのである。また、私たちは一般的にいって、先駆者がどのように後進に影響したのか、あるいは先駆者が後進のために定めた法規や規範、基準などについては比較的注意するが、後進もまた先駆者に新たな基準を定めたのかもしれないことを見過ごしている。[五一]ただ、「往還」や渦巻式の回転もまた様々な認識方式のうちの一、二種にすぎないのである。これらの例を挙げたのは、近代の学術が単線的進化の発展という観念の影響を至るところで受けた後、その他の可能性をなおざりにしてしまった状況を示すためである。

　風が吹きかすめていくということは、必ずしも物質が直接に接触することではなく、単線的な因果関係でもない。それは、ある時には模範を示すものであり、ある時には「風が吹くと桶屋が儲かる」的な影響をもたらす。[五二]ある時には「化する」〔感化する〕力があり、ある時には「薫習」する〔習に染まる〕ものである。またある時には一種の「空気」であり、この「空気」のもとでは「智者といえども逃げおおせない」。

　五四運動はそのような例の一つである。五四運動の影響は空の強風が各処を吹きさらい、それぞれの孔穴へと深く入っていったようであった。呉之椿（一八九四―一九七一）の「五四運動在中国近代史上的意義」（「中国近代史における五四運動の意義」）という一文は、経験者による身近な観察から、「五四」という強風が吹き荒れた後、直接関連するにせよ、しないにせよ、様々な領域においてもたらされた影響について比較的直截に記録している。以下では関連する一段を引用しよう。(五三)

中国の革新運動には、「五四」以降、明らかに新たな趨勢が出現した。すなわち、成功の成分が増加し、失敗の成分が減少したのである。事業の点においては、中国近代史上の大建設は「五四」以降に成功しなかったものはないかのようである。もし、このような関係を完全に偶然から出ていると見なすならば、あまりにも牽強にすぎよう。「五四」以降の中国においてもっとも顕著な成果は、軍閥の粛正や統一の完成、及びこれらの成果によっていくつかの方面で貫徹できた交通網整備やアヘンの禁止などの事業である。その他の行政の整理や法律の改革などは広く行き渡っておらず、実効はわずかに一時あったのみであるが、影響は遠大であった。例えば主計制度のように中国においては初めて現れた制度も含まれていた。また、学校の充実や研究事業の提唱なども、この時期に極めて重視された施策である。これら諸々が予期する目標はなお遠く、実施の効果も極めて小さい。ただ楽観すべき根拠は、国人の新事業に対する観念が、「五四」以前と比較すると根本的に異なっていることである。以前は長らく貫徹できなかった事業を、現在では成し遂げている。およそ創設した新事業のうちの八、九割は概ね予定通り達成を見ている。以前の敗北主義はほとんど一掃されており、新事業を支配する精神は、はつらつと向上する成功の精神である。国人の事業に対する態度もまた、基本から考えるということを次第に理解するようになり、これは以前のもっぱら目先の功利を求めていた態度とは天と地ほどの差がある。新旧の間にとどまり、どっちつかずの状態で懐疑するかつての情緒は、「五四」に至って以降、二度と存在しなくなった。

ここで列挙される項目は、一見した限りでは五四運動と全く関係がないが、みな五四運動という大風が吹き去った後に面目を一新しており、ここからも「ある時代の気風」の力の大なることを見て取れるのである。

私は学術人生において、少なからぬ精力を傾けて近代中国の新派思想家を研究してきた。しかし数年前に、「中国近代思想文化史研究的若干思考」〔「中国近代思想文化史研究に関する若干の思考」〕という一文において、中国近代思想に対する私たちの理解があまりにも限定されていることに言及した。(五四) すなわち、主流の論述によって周縁へと追いやられた議論、すっかり面目を失ってしまった思想や意識、当時の保守主義派の努力などに対する理解が不足しているのである。これも私が今回の講演においてこれらを主題とした理由の一つである。ただ、彼らは実際には常に変化しており、新派との応酬の中で絶え間なく歩みを変えていた。彼らの大多数は、以前とは完全に異なる方式を通して伝統を論述したのである。管見に拠れば、史学を「風」と捉える劉咸炘の発想は好個の事例である。「察勢観風」は古代に淵源があるものの、彼の時代の多くの薫習や彼自身の考えと結合し、最後には特色のある史学観点へと変化した。

結論

「風」を主題とする本講を含む四つの講義は、様々な角度から人文の多様性を説明することを意図していた。人文精神に対する私の理解は、人には自己修養を高める能力があるという点に凝縮される。一六世紀の西洋においてヒューマニズムが高まる中で非常に重視されたのが、人には自己修養の力があり、その力は明日には現在よりさらによくなっているとする見方であった。これは儒家思想においては目新しい見方ではなかったが、一六世紀西洋の文化環境においては特別な役割を果たした。二〇世紀における人文の解釈は、時代思想の推移に伴って多くの変化があったと思う。特に、フェルディナン・ド・ソシュール（一八五七―一九一三）以降、あらゆるものは相互参照的であると捉えられている。かような解釈は、主体から広がったものは何一つなく、意義はみな相対的・言及的なものであり、もともとそうであったわけではないと見なしている印象を受ける。しかし私見では、人文とは人という主体と人の尊厳のことであり、いかなる事もこの二つの基準に符合しなければならないと考える。もちろんこれは古めかしい考え方であるが、人の尊厳と主体性は依然として重要な問題である。どうすれば人の尊厳と主体性とを充実させられるのであろうか。このための資源は多様であり、「見渡す限りの不毛の地」ではないはずである。人文の多様性は私たちに豊かな可能性をもたらしてきたからである。ジャンバッティスタ・ヴィーコ（一六六八―一七四四）が長い時間に多大な努力を費やして古代ギリシャ時代の人々の状況を理解せんとした仕事が、近代西洋における人文思想の中身を豊かにしたことが好個の事例である。

質疑応答

司会：大自然の中で、風がもっとも説明の難しい現象でしょう。先ほど王先生が議論されたのは、いわゆる「万形無形」「万状無状」のような、しばしば「風を捉えて影を摑む」と言及される現象であり、「風」の出所を追跡するのは極めて困難なことです。周作人には「偉大的補風」という、とても有名な一文があります。王先生は本日の一時間半にわたる講義の中で、かくも多くの仔細で豊かな材料をはっきりと列挙した上で、総合的な観点から「風」を議論なさいました。そして歴史学の人文としての性質に議論を派生させ、近代以来主流となった進化論や法則性を追究するといった一連の観点を再考しました。

問：王先生の言及した「察勢観風」という言葉にある「勢」と「風」は、どのような関係だとお考えでしょうか。

答：その質問はとても面白い。大部分においては、劉咸炘が述べたのは「風」でありました。彼は、「勢」を比較的はっきりしているものと、「風」を比較的ぼんやりしているものと考えていました。彼には「事勢顕而風気隠事」〔勢顕れて風気隠れる〕という言葉があります。すなわち、「勢」は比較的はっきりしており、比較的容易に見て取れるものであるのに対して、「風」はあまりはっきりしません。私の印象では両者は普通併用するもので、劉咸炘は一貫して「風勢を察する」と述べていました。彼は「勢」と「風」には違いがあると見なしていましたが、私はそれ以上についてはわかりません。

問：いくつかご教示いただきたい問題があります。一つは、先生が先ほど言及なさった、儒家倫理が枠のある史体へと変わってしまったという状況は、一種の「大風」であったのではないでしょうか。もう一つご教示いただきたいのは劉咸炘のいう「察勢観風」の方法についてです。彼はこの方法によって、自らが身を置いた時代や、アジア全体で発生した数多くの出来事を観察しようとしたのでしょうか。

答：おっしゃった論点はどれも非常に興味深い。中国歴代の様々な史書の篇名を見てみれば、中国の「道徳」と「歴史」との間には密接な関連があり、「類をもって人を求め」たこと、つまり「類」の内容が非常に大きな割合で人の行為に影響を与えたことを大方は見て取れると思います。これはあたかも陸上競技大会において、速く走れる人、遠く跳べる人、高く跳べる人という三種類の人がいればよく、大会に参加して栄誉を得ようとする人は、この三種を練習しなくてはならないことと同じです。中国の史書における「事目」とは評価の基準に等しく、私たちがどこに進めばよいのかを教えてくれます。したがって、それは歴史を記述しているのみならず、人々の生活世界に影響を与える枠組みでもあったのです。これらの「目」は選抜の枠組みのようなものであり、あるものを選抜したならば、枠組みが標準とする理想に近付くのです。中国史上における「史目」「事目」は明らかに一つの大きな「風」を代表していました。もし近代の「新史学」の衝撃がなければ、この「大風」は依然として変わらなかったでしょう。梁啓超は「史目」「事目」を批判し、以前の史書は「帝王や将軍・宰相の家譜であり」、「道徳・教化の歴史」であると述べています。

質問にあった劉咸炘がどのように同時代の観察をしたかについては、何ら書き残されていません。彼も当然新たな要素を吸収したでしょうが、彼の主要な資源は伝統に根ざしておりました。ある小文で彼に言及したことがあるのですが、そこでは彼の在地性をやや高く評価しすぎてしまいました。その後、改めて彼の著作を詳細に読んでみたところ、彼も新たな資源に相当注意していたことがわかりました。彼は様々な評論を書きましたが、体系的な内省を著してはいません。私はこの点が近代中国の保守主義の力量が不足していた原因の一つであると思います。近代中国の保守主義は、自己を主体とする体系的な反省を依然として形成していなかったのです。近代のいわゆる「保守主義」の一部は相当複雑であった点に私は言及したことがあります。例えば、梁漱溟の『東西文化及其哲学』（『東西文化及びその哲学』）に見られるように、彼におけるもっとも基層の枠組みは実は陳独秀のもの、すなわち西洋は物質的、科学的であり、中国は非物質的で精神的であるとする見方です。しかし実情が必ずそうであるとは誰がいったでしょうか。銭穆がいうには、中国人の思想態度及び道徳精神は、実は現代西洋の種々の科学精神と比較的近いものです。したがって、西洋と中国とを区別することは正しくないと彼は捉えました。

もう一つの問題は「執拗低音」とは「小風」なのか「大風」なのかという点です。私は、それは平時には「小風」であるものの、「大風」に変わりうると思います。第一講で言及したように、私個人は、一つの時代には様々な思潮や資源の競争が存在すると考えます。したがって、もし私が劉咸炘であったなら、「大風」と「小風」との間は交互に影響し合う関係であり（彼の言を借りれば、『易経』における「感」にあたります）、同時に互いに競争する関係であると答えたでしょう。これは一種の「連染」（巻き添え）の作用です。この種の「巻き添え」は、現代の文化人類学におけるいわゆる「文化変容」（acculturation）、あるいは「○○化」のことではありません。ひとたび衝撃を受けるやいくつかの重要ではないものが出てきます。両者の間は「風」の関係であり、胡適が述べた「空気」のように、いかなる接触も空気の間にある「感」なのです。したがって、劉咸炘の理論を用いて彼に替わって説明するのならば、両者は競争しており、これは当時の新たなメインストリームの議論でした。しかし、周縁にある「執拗低音」が中心の議論になる時があるかもしれません。当然それは必ず異なる形で現れることになります。事実、劉咸炘は著作の最後においていくつかの表を列挙していますが、これは時代とは三つの層にあるものが交互に影響し合った結果であると彼が見なしていたことの表れです。もう一つの事例があります。彼は『廿二史劄記』にある多くの類目を記録し、その下に小さな夾注〔本文に挟んだ注釈〕を加えています。彼は、あらゆる事にみな風があると伝えたかったのですが、完成した形で展開しませんでした。したがって、ただこのような推測ができるのみです。

【註】

（一）梁啓超『清代学術概論』（上海、上海古籍出版社、一九九八年）七五頁。日本語訳は、梁啓超（小野和子訳注）『清代学術概論――中国のルネッサンス』（平凡社、一九七四年）二四二頁。

（二）龔自珍著、王佩諍編校『龔自珍全集』（上海、上海古籍出版社、一九九九年）一二八頁。

（三）劉咸炘著、黄曙輝編校『劉咸炘学術論集・文学講義編』（桂林、広西師範大学出版社、二〇〇七年）二三三頁。龔自珍「尊史」『龔自珍全集』八〇頁。

（四）Philo, "Illustrations of the Word Fung" *Chinese Repository*、張西平主編、顧鈞・楊慧玲整理『中国叢報』（桂林、広西師範大学出版社、二〇〇八年）第一八冊、四七六―四九〇頁。

（五）無作為に一冊を手に取って頁を捲ってみると、「雨化風薫」「除菁還需偃草風」「獄静風清草自生」「庶民懐恵似春風」「欲挽頽風帰撲素」「先修庠序有儒風」など枚挙に暇がない。祁寯藻撰『歴代循吏紀事』二巻（台北、聯経出版事業公司、一九七六年）。

（六）諸橋轍次（一八八三―一九八二）と胡適との初めての筆談では、正に思想や学術における「風」がもたらした状況が議論された。諸橋は、「しかし外来思想の輸入の件については、宋代の自由に討論する精神を啓発するに足るものであったであろうか。そこにはなお、疑わしき点がある。邵雍と周敦頤の学問は、禅学の影響もなきにしもあらずではあるものの、その主要な原因はむしろ『易経』の学問から得たようである。宋儒が読んでいたのは、『楞厳経』の一部にすぎない。一部の仏典の影響がどうしてここまで深く広く及んだのであろうか。ご教示を願う」と述べた。これに対して、胡適は「邵雍と周敦頤による『易経』の研究にはまた道家からの影響もあった。宋代にはすでに禅学の空気に包まれていた。智者といえどもその影響からは逃れられなかった。『楞厳経』のみの力ではなく、この時代の『空気』の力なのである」と答えている。「胡適和諸橋轍次的筆談（一九二〇年）」李慶編註『東瀛遺墨――近代中日文化交流稀見史料輯注』（上海、上海人民出版社、一九九九年）一五四頁。

（七）「風」の拡散を助ける媒体とは、農業社会においては風説、口伝、講述、小説、歌の本、書籍や雑誌であり、今日では新聞、テレビ、インターネット、Facebookなどもある。これらはみな分析に値する。

（八）『劉咸炘学術論集・史学編』（下）五八二頁。

（九）『劉咸炘学術論集・史学編』（下）四六八頁。

（一〇）『劉咸炘学術論集・史学編』（下）四六八頁。

（一一）『劉咸炘学術論集・史学編』（下）五九四頁。

（一二）『劉咸炘学術論集・文学講義編』一八九―一九〇頁。

（一三）『劉咸炘学術論集・史学編』（下）四〇九頁。

（一四）『劉咸炘学術論集・史学編』（下）五六七頁。

（一五）『劉咸炘学術論集・史学編』（下）三九六頁。

（一六）『劉咸炘学術論集・史学編』（下）五八七頁。

（一七）『劉咸炘学術論集・史学編』（下）四〇九頁。

（一八）『劉咸炘学術論集・史学編』（下）四四九頁。

（一九）『劉咸炘学術論集・史学編』（下）五六八頁。

（二〇）『劉咸炘学術論集・文学講義編』三一四頁。
（二一）『劉咸炘学術論集・史学編』（下）四〇九頁。
（二二）『劉咸炘学術論集・史学編』（下）五一二頁。
（二三）『劉咸炘学術論集・史学編』（下）五一三頁。
（二四）『劉咸炘学術論集・文学講義編』二四二頁。
（二五）『劉咸炘学術論集・文学講義編』二八八頁。
（二六）『劉咸炘学術論集・文学講義編』二八八頁。
（二七）『劉咸炘学術論集・文学講義編』二二二頁。
（二八）『劉咸炘学術論集・文学講義編』二二九頁。
（二九）『劉咸炘学術論集・史学編』（下）五五九頁。
（三〇）『劉咸炘学術論集・文学講義編』二四〇頁。
（三一）『劉咸炘学術論集・史学編』（下）五六七頁。
（三二）以上は、『劉咸炘学術論集・文学講義編』二三九―二四二頁。
（三三）これは『続修四庫全書提要』において班書閣（一八九七―一九七三）が劉咸炘の『治史緒論』に寄せた提要の言葉である。『劉咸炘学術論集・文学講義編』三七八頁。
（三四）劉咸炘はまた次のように述べている。「歴史学研究においては、縦横という二つの観点を持ち、且つ土風を究めるべきであり、また横の分析をした歴史が別にあるべきだと考える。この点については『治史緒論』において詳細に論じた。『流風篇』という一文において土風について論述したことがあるが、簡略にすぎたので著作には収めなかった。より大きな構想のために、群書を編輯して『土風発凡』という一文を記す。中身を三部に分け、一つは古書において人と土地との関係に関する言葉を概論する。……一つは古今の風俗について述べる」と。劉咸炘「人文横観略述」『推十書』（成都、成都古籍書店、一九九六年）第一冊、二四七頁。
（三五）『劉咸炘学術論集・文学講義編』二二八頁。
（三六）『劉咸炘学術論集・文学講義編』二二七頁。

（三七）『劉咸炘学術論集・文学講義編』三五六頁。
（三八）劉咸炘『治史緒論』『劉咸炘学術論集・文学講義編』二三四頁。
（三九）『劉咸炘学術論集・文学講義編』二三七頁。
（四〇）劉咸炘『中書・認経論　附「道家史概説」』『推十書』第一冊、三三一頁。
（四一）『治史緒論』『劉咸炘学術論集・文学講義編』二二四頁。
（四二）『治史緒論』『劉咸炘学術論集・文学講義編』二二二頁。
（四三）『劉咸炘学術論集・文学講義編』二八八頁。
（四四）『劉咸炘学術論集・史学編』（下）五二六頁。
（四五）『劉咸炘学術論集・史学編』（下）五六九頁。
（四六）『劉咸炘学術論集・史学編』（下）五八四頁。
（四七）『劉咸炘学術論集・文学講義編』二九九頁。
（四八）『劉咸炘学術論集・文学講義編』三五六頁。
（四九）『劉咸炘学術論集・文学講義編』三一八頁。
（五〇）劉咸炘「与蒙文通書」『推十書』第三冊、二二〇八頁。
（五一）例えば、ある研究所において数人の若手研究者が国際的発信において基準を上げると、それが研究所の新たな基準となることによって、その基準を満たせない先駆者に退場を迫るかもしれないのである。
（五二）牟宗三は『才性与玄理』（台北、台湾学生書局、一九七五年）において仏教と玄学との微妙な関係についてこのように説明している。
（五三）呉之椿「五四運動在中国近代史上的意義」楊琥編『歴史記憶与歴史解釈——民国時期名人談五四（一九一九—一九四九）』（福州、福建教育出版社、二〇一一年）四一二頁。
（五四）王汎森「中国近代思想文化史研究的若干思考」『新史学』第一四巻第四期、二〇〇三年、一七七—一九四頁。

附論一　伝統の非伝統性——章炳麟思想の諸側面

中国の近代思想とは中国と西洋という対向走行する二編成の列車であり、多くの人々は、まさにこの二編成の列車が向かい合って進み、交錯する地点に身を置いていた。この地点で思想は複雑に入り乱れ、巨大な変化が生まれた。章炳麟はその中でもっとも深みのある議論をした思想家の一人である。

一、「済民」と「扶弱」の要素を再建する

章炳麟は国学の大師であり、その最大の功績は中国古代の歴史や文化全体に対して広く深い解釈をした点にある。また章炳麟は学問のある革命家であり、革命の観点から多くの事物を解釈した。例えば、種族や反専制に関する強烈な観点は、彼の思想によく見られる主軸のうちの二つである。

多くの人々は、章炳麟を「国粋派」と見なし、また彼の文章が古色蒼然たるのを見て彼が西学に反対していたと考えているが、これは極めて大きな誤りである。彼が受けた西学の影響は私たちの想像を超えており、例えばハーバード・スペンサー（一八二〇―一九〇三）の学説が彼に与えた影響は相当大きかった。「倶分進化論」という一文において進化思想を批判したように、彼は多くの著作において複雑で巧妙な観点を繰り返し提示して「進化」思想を議論した。その一方で、いくつかの文章においては積極的に進化論の観点から歴史や人種を捉え、「変化して人へと至り、ついにとどまって変わらなくなったのか。人が互いに競うのは器〔道具〕があるからである」(一)「かの上世のごときは、

未開の国と相似している」[二]などと述べている。進化の観念は、人類が原始の古代から近代へと進化したという思考を彼にもたらし、その古代世界に対する見方を一変させ、「朴陋」〔質朴で飾り気がない〕という性質から中国古代文明を解釈する土台と見なすに至ったと私は考える。これは清代の儒学者には全く見られない見方であり、少なくともここまで明晰な見識はなかった。ドアのノブを開けるのにある時には百年にも及ぶ時間が必要であるが、一旦ノブがひねられて扉が開かれるや巨大な変化がもたらされる。章炳麟は、進化論的観点を出発点として、古代の言語、文字、歴史、風俗、制度などの事物を考察する際にそれまでとは異なる独自の視角を有するに至った。

　続いて、「国粋」の問題について見てみよう。清末には新たな語彙が大量に湧き出てきたが、そのうちの一群には「無史」「無国」など「無」で始まるものがあり、その含意は当時の歴史や国家は真正の歴史や国家ではないと見なす点にあった。もう一群は「国粋」「国学」「国故」など「国」で始まる語彙である。「語彙社会学」の角度から見れば、これらの語彙の一群は、その時代についての重要な情報を伝えている。「無史」や「無国」を言明したのは「新史」や「新国」を打ち立てんとするがためであった。「国粋」「国学」「国故」を提起したのは、熟知する枠組みに根差しつつも、現状よりも一段高い認識から伝統を認識すること、すなわち伝統でありながらも実際にはみなが熟知する学問の内容よりも高い段階にある学問を見出そうとしたからである。こうした語彙や概念が大量に出現して流行したことは、この時代の大きな変動を代表していた。そして、思想界の風景が新たに描き直され、学術の伝統が新たに形作られていたことを意味していた。また、このような再構築の過程は常に二面性を帯びていた。一面では、主体性を保持することを渇望しており、「私は誰であるのか」という問題に答えたいと切に願っていた。もう一面では、先例をことごとく覆し、新たな時局や新たな思想の資源などの刺激のもとで改めていわゆる「国学」を創造しようとした。

　銭穆は『国学概論』の「弁言」において、「国学という名称は、古くより継承したものでないばかりか、将来もおそらく残らないであろう、特定の時代の名詞である」と述べている。[三]この観察は面白い。「国学」や「国粋」といった語彙はみな清末の士人が日本から借用してきたものであったので、それらの流行は新しい傾向や二面性・多面性を表しており、「保守派」であれ「急進派」であれ、それらの性質を十分に描写できなかった。人々は、「国」の根本にある性質が様々な衝撃の中で非常に不安定となって保持できないことに驚き、目を覚ました。したがって、一方で「国」を前提として伝統を思考・構築し、もう一方で四方八方からの衝撃や脅威の内容の中に伝統を再構築する要素を見出した。

当時の「国学」「国粋」「国故」論者を観察すると、ある特徴を見て取ることができる。すなわち、彼らは至るところにおいて伝統の選択や選別を行い、ある部分を「国粋」と称し、残りの部分を「残りかす」と見なして、大規模な「拒絶」と「挿入」の作業を行ったことである。このような明暗両面の改造の規模は、中国史上においても多く見られたものではない。私たちはしばしば、自らがもっとも伝統に対して忠実であると主張する。様々な「国学」「国粋」あるいは「国故」運動の中に、このような区分が持つ様々な特質を見ることができる。一つは、様々な資源を動員して中国と西洋における思想の伝統が完全に異なることを証明しようとした動きである。このことを証明するために、伝統の一部分を曲解して自己と西洋との差異を突出させることさえあった。もう一つは、様々な資源を動員して中国と西洋という二つの文化が同じであること、しかも彼らが考えた肯定的な面、喜ぶべきもの、近代西洋文明から発展した進歩の部分と中国のものとが同じであることを説明しようとした動きである。したがって、ある者は「国粋は欧化を妨げない」というスローガンを叫び、ある者は「粋化」すなわち「国粋」と「欧化」とを合一させると宣伝した。(四) しかしながら、これらはみな「国」という名義のもとで進められたので、人々は矛盾が激しくなる過程をなおざりにするようになった。

「国粋」や「国学」という概念は中国の伝統文化の特質を選択問題のように変えてしまった。ある者は「尚武」が中国の「国粋」であると主張し、ある者は李贄（一五二七―一六〇二）の思想が「国学」であると考えた。ある者は、四書五経を堅守することが「国学」であると考えた。また、「国学とは、必ず一国の思想学術を集めたものである」として、「国学」の名は儒家や孔子などのどの学派の学問よりも高いと見なす者もいた。ある者は、「国学」の特色を政治の介入から離れた学問であることに見出したので、中国史上における儒家と政治との関係について深く反省することを主張する者もいた。総じて、「国学」観念が提起されたことによって、中国固有の学術はまさに爆発せんとする火山になったのである。

章炳麟は、まさにこれらの「国粋」「国故」運動における猛将であり、「国粋派」の中でも伝統的学術をもっとも深く理解し、卓見を有していた学者の一人である。したがって、ただ何編かのスローガン式の文章を書いたにすぎない者と彼とでは地位が全く異なる。章炳麟は清代古文経学の殿軍《しんがり》であった。激動の時代において彼が矢面にたって改造したのは一種の奇異な光芒を帯びた清朝考証学であり、彼は極めて深い学識によって伝統に応答し、伝統を再構築した。

例えば、章炳麟は「君学」と「民学」という二大伝統を厳格に分け、彼や彼の同志たちが「民」の角度から伝統全体を見ていることを強調した。したがって、章炳麟は「国学」は「儒学」とは等しくないことを強調し、彼の提唱する「国粋」ないし「国学」とは、君権時代において志を遂げられなかった経学者の学問、「財産や俸禄に心を奪われた」官僚や士大夫と相対する保守退嬰者の学問、歴代の実権派と協力しなかった学問、反君権の学問、歴代の専制政治及びその思想文化的基礎を批判する学説であった。章炳麟は、「下」の、「平民」の、「個人」の、「本質」の、「在野」の文化伝統を発掘し、政治の外に独立する学問、文学、思想、政治制度の伝統を認めようと努めた（例えば、その「五朝法律索隠」における重要な論点は、王朝の法律が平民を保護する原則を発揚できるという点にあった）。章炳麟にとって真の国学とは古代の歴史文化のもっとも同情心に富む部分であり、それらは人情に通じ、抽象的で大仰な道徳に反対する部分からなっていた。

章炳麟は個人の間の平等を非常に重視したので、「済民」の角度から伝統を再考することを強調した。このような思想は当時にあって少なくなかった。例えば、宋恕が『六齋卑議』の「救苦」などの章において提出した論題や、章炳麟が顔元（一六三五—一七〇四）の言を借りて示した「貧民を正統と定める」というスローガンは、程度の差こそあれ当時のこうした思潮を反映している。「済民」は彼らの文章でよく見られた主題であった。彼らは貧民を解放して個々人に平等をもたらし（仏教学はもちろん平等思想における重要な思想上の資源の一つであった）、いかなる制度、法律、天理、公理、法則、また偉大な理想であっても個人を圧迫する口実や道具として用いないと唱えた。劉師培が若い頃「済民社」を組織して『済民報』を発行したことに見られるように、「済民」という名称を強調していたこともこの時代における上述の問題関心が強く反映されている。

このような考え方を「扶弱主義」〔弱き者を扶助する主義〕と私は呼称する。清末における「扶弱主義」の出現には現実的な背景があった。清代後期の全国的な戦争、災害、苛税、郷土からの離散といった問題は、弱者の境遇に対する関心を人々に呼び起こした。もう一方には理論面での刺激があった。清末に伝わった進化思想は反対の方向から「弱者」を考える思潮を引き起こした。この点に関しては、「時間感、歴史観、思想与社会——進化思想在近代中国」〔「時間感、歴史観、思想と社会——近代中国における進化思想」〕という拙文において、進化論が「優勝劣敗」「強権とはすなわち公理である」といった思惟をもたらしたため、多くの人々が強きを助けて弱きをくじくことが自明の理であり、「天演」〔進化〕に合致していると見なすようになったと言及した。(五)この手の例は枚挙に暇がないので、ここでは一例のみ取り上げる。一九〇九年に保定の軍事学校に在籍していた童保喧という学生は、家からの手紙を受け取り、そこには彼の伯父が故郷において「貧しい人を欺き、弱者を虐めた」事情に言及されていた。彼は『天演論』の影響を受けていたのでそのことを日記に書き留め、それが「天演」の事情に合致しているので仕方のないことだと述べている。『童保喧日記』には次のようにある。(六)

家からの手紙には燃叔父の瑣事が言及されていた。貧しく弱い者が虐げられたようであるが、話題が天演に及んでようやく突然悟った。人は自立しなければ天演の世界に容れられず、他人が私を欺き虐げるならば、私は必ず報復の方法を考える。自立がなければ競って進む理由はないことは、天演によって発見されたことである。そもそも貧しい者を欺き、弱い者を虐げるのは、ただ他人がそうであるばかりでなく、私もまた例外ではないのである。他人がそうであるばかりでなく、私もそうなのであるとは、大は国家や種族から、小は昆虫・草木に至るまで、該当しないものはない。私が貧しいので人に欺かれ、私が弱いので人に虐げられるのである。この欺きや虐待は私のみに関係するのでなく、またその咎を他人に帰すこともできない。天演が造りだしているのである。

童保喧のように「貧しい者を欺き、弱い者を虐げる」ことが「天演」の公理であると公然と宣言した者はきっと少なくなかったであろう。このような極端な思想が、弱者の角度から思考することを一群の学者に励起した。

彼らは中国思想の伝統の中に自らの言論を支えるに足る資源を求める傾向にあったが、同時に西洋の社会主義や無政府主義を大量に導入して、「弱者」のための学理の支持を求め、強権こそが公理だとする主流思想に対抗した。他方で彼らは、二千年来の儒家思想の所々に庶民に対する搾取や圧迫が潜在していることを発見し、中国の思想文化において君権や有力者層を護持する思想や学説が潜んでいることや、有力者層を強化するために士人が提出した思想の含意の一部に対して総合的な批判を行った。章炳麟はこうした思考の筋道をたどった代表的人物である。

二、「文明」否定という思想の特質

西洋の学問と中国の学問の対立、古文学派と今文学派との対立、立憲派と革命派との対立のように、近代中国においては一定の間隔で分化や分裂のサイクルが起こった。梁啓超と章炳麟などの人々の間には、「文明」派と反文明派との対峙を見て取ることができる。

章炳麟における思想の軌跡からは、彼が初期に奮闘した主要な対象が清代の今文経学や康有為などであり、後には梁啓超に代表される「文明」派であったことを大摑みに理解できる。ここでいう「文明」とは、「公理」「公例」「公法」「進化」といった概念および政治における代議制や立憲制などの議論を指し、これらは清末の新派人士がもっとも常用した概念である。当時の人々は、多くの事柄について、何が「文明」であり、何が「文明」でないのか、何が「公理」と合っており、何が「公理」と合っていないのかをはっきりと分別した。

この強力な新思想の勢力は、近代西洋の「文明」を世界に普遍のものであり、唯一の道ないし階梯と見なした。この見方はいくらかの強制性や道徳上の義務性すら帯びていた。

「文明」は新知識人が努める目標であった。彼らが代表したのは西洋における最新の潮流であり、彼らは在地の多元的な文化の含意を掃蕩、排除した。また彼らは、当時の中国にとって「文明」は手に入ればすぐ効く仙薬であると考えた。「文明」「公理」「公法」「公例」に関する史料は枚挙に暇がないので、ここで私は広範に引用することはせず、熊月之主編の『晩清新学書目提要』に収集された、清末以来もっとも流行した図書目録にある材料を例として考察する。これらの図書目録には当時の進歩人士が「文明」を主とする一群の概念や事物に対する理解や評価が含まれている。例えば政治の面については、当該書に納められた『増版東西学書録』という書物の「叙例」に「政治に対する言論は公法や公理の書を枢紐とする」とあるがごときである。(七)すなわち政治においては、西洋の「公法」や「公理」が自然規範の性質を帯びており、算術と同様に正確で普遍的な法則とされていた。また、「公法、公理の書は立国の根本である」とも述べられている。（八）

科学面においては「公理」の規範性はさらに強く、「力学の公理」「電気学の公理」「化学の公理」「農事の公理」「商学の公理」など類似した表現は至るところで見られた。（九）例えば、徐維則が『天演論』の提要において述べている「保種」〔中華民族の保存〕、「保群」〔中国社会の保持〕、「自強進化」といった概念は真に論破されない人類の「公理」であった。（一〇）ある者は、各国の発展には共通の「公例」があると考えた。例えば、『世界史要』の提要では、「なんということであろうか。文化の消長と国勢の強弱とは互いに因果関係にあり、世界が変遷しても公例の外側に出ることはできない」と述べられている。（一一）当時にあって「公理に造詣が深い者」は一種の新たな身分であり、この身分を有する者は次第に新たな知識エリートとなっていった。

要するに、いわゆる「文明」とは、イギリスやフランスなどの国の現代文明を尺度として、一切を評価する概念であった。世界万国はみな「文明」によって評定され、近代に植民地を拡張した西洋帝国主義を代表するこの階梯をよじ登って行かねばならなかった。そのようにできる者は「文明的」であり、できなければ「非文明的」であり、ある時には道徳上での要求でさえあった。これは清末以降においてもっとも巨大な駆動力であった。この巨大な歴史的な力に対して章炳麟が異議を提出したことは、特別な注意を払うに値する。

章炳麟はいわゆる「偽文明」を激烈に批判し、「自然の法則」や「公理」はみな「四惑」〔四種の悩み〕に属するものと考えた。この点における彼の言論は見るべきものがある。「四惑論」という一文においては次のように述べている。「公理とは人々が共通して認識する場をいう」「これゆえに天理の名は公理におよばない。また、天理の発案が人によるものであることがわかる」「現在の公理を述べる者は、男女や飲食については放任して遮ることはない」「もし世界を根本と見なして個人の自主を踏みにじるのであれば、個人を束縛するという点において天理を強調する人と異なるところはない。その者は、社会と互いに扶助しないことは公理に違う、隠遁することは公理に違う、自殺することは公理に違うという。彼のいうところの公は、みなが認識するところの公とは異なり、自分の学説が主張するところを公と見なしているだけなのである」。また人は「世界のために生まれてきたのではなく、また社会のために生まれてきたのでもない。国家のために生まれてきたのではなく、他人のために生まれてきたのでもない」「これはいわゆる斉物〔道と一体化して不動の境地に至ること〕であり、公理の観点とは異なる」「人が『無記』〔善とも悪とも記すことができない性質〕であることを責め、これを公理というのは人々を甚だしく束縛する」「現在公理を掲げる者は、本来普通の人情の範囲を越えてはならないのに、汲々として様々な公理に依拠して自らを縛り付け、他人を束縛している。どうして彼らはそのような無上の権力を得たのであろうか」「あなたは世界の奴隷ではないのであるから、どうして公理によって押さえつけることができようか」「公理を論ずる者は、社会に長らくある力を用いて個人を抑制する。この束縛はとどまる時がない」「公理をいう者は、社会によって個人を抑えようとし、宙合〔宇宙や天地の間〕に逃げることはできない」と。

進化に話が及んだ時、章炳麟は、「いわゆる進化というのは、もともと根識〔人の本性〕の妄覚が作りだしたものであり、実際に『進』があるわけではない」「進化とは外因が牽引して作り上げたものであり、人心が向かうところは悉くここということではない。幸福の増進とは一部の人々が盲従しているのみであり、これに反対している人々もいる」「進化がある者でももともとの出発点がある。そして最初にいた地点とはただ獣性にすぎないのである。最初にいた地点に基づけば、日々進化して已まないとしても それは獣性を拡張したにすぎない」と述べている（二二）。

章炳麟は帝国主義に対して強烈な異議を唱え、代議制や立憲制など当時もっとも流行していた政治思想さえ鼻先であざ笑った。彼を代表する一派はいくつかの語彙を共通して用い〔例えば劉師培もまた「偽文明」を痛烈に指弾した〕、そして無政府主義はしばしば彼らが「文明派」の論述に対抗するためのもっとも手近にある武器となった。

「国家思想」とそれに対する批判も二つの路線の分岐点であった。清末以来の中国思想界の主旋律は、近代西洋の「国家主義」あるいは「帝国主義」の導入であった。張仏泉（一九〇八―一九九四）の「梁啓超国家観念之形成」（「梁啓超における国家観念の形成」）という一文は、梁啓超の「国家主義」が近代中国においてもたらした重要な影響について相当深い議論を行ったものであり、[一三]ここからは梁啓超の解釈や発揚を経て、「国家思想」が中国の人々の心に深く浸透したことを見て取れる。そこでは一方で「朝廷」を知るのみで「国家」を知らない旧思想を取り除き、近代的「国民」を培養することが目標とされていた。他方で、西洋の「民族帝国主義」を羨望し、中国が「歴史に残る」民族にならんとするならば、国家間の残酷な競争に参加する能力を持たなければならないと考えられた。

　章炳麟や劉師培らの言論の端々に、このような国家思想に対する全面的な抵抗を見て取ることができる。劉師培はかつて「第一の邪説はすなわち国家である」と述べた。[一四]章炳麟は、「自性」（本性）や「個体」に回帰することを主張し、「国家」から西洋の帝国主義に至るまで、いかなる組織や団体に対しても激烈な批判的態度を採った。このことは、「国家の本性とは想像されたものであり、実在するものではない」「国家の事業はもっとも卑賤なものであり、もっとも神聖なものではない」などの言説からも読み取れる。[一五]また彼は、どのような団体や組織であれ、どのような「社会」であれ、みな虚構にすぎず、「人々の力を集めて作られたものは、一つとして大切にすべきものなどないと考える」ので、[一六]至るところで自性があるものとないものとを区別した。その目的は、個体によって構成され、十分に個体を尊重する社会を作り上げることにあった。このような理想は時には「五無」、すなわち「無政府」「無聚落」「無人類」「無衆生」「無世界」という言葉で表され、時には無政府主義的なイメージによって表現された。

　上述のように梁啓超は多くの文章において、西洋文明が近代的な進化の「公理」を代表していると主張し、進歩的な意義も帯びた多くの新たな理念や価値を西洋の帝国主義と同一視した。このことは多くの人の不満を引き起こした。魯迅（一八八一―一九三六）が述べた、「公理と正義はみな『聖人君子』によって持ち去られてしまったので、私はもう無一物である」という言葉は、（一七）一群の「聖人君子」に対して発せられたものである。しかし、これは違う文脈に推し広げて解釈することも可能である。すなわち、もし「公理」でさえ西洋の所有に帰してしまうのであれば、私たちは「無一物」となってしまうということである。章炳麟は各民族の歴史伝統を重視することを主張し、「文明」は醜悪な言葉であり、「公理」は幻のものであると見なした。また、もし中国が自ら「野」〔野蛮〕に安んじたとしても、西洋の帝国主義者は中国が非「文明」であるから自分たちに中国を改変する道徳的義務があると見なす理由はないと考えた。章炳麟は「絜矩」〔道徳規範〕という言葉を解釈して、それが「己の欲せざるところ、人に施すことなかれ」を意味するばかりでなく、同時に「己の欲するところ、人に施すことなかれ」を意味すると説いた。ここには西洋の帝国主義者が壟断した「公理」や「文明」に対する深い抗議が表されている。

　この点に関しては、当時の思想界には依然としていくつかの微弱な叫び声もあったと私は考えている。例えば、ある者は「性質」を強調していた。すなわち、各民族、各国家にはみなそれぞれ「性質」があるので、必ずしも一つの普遍的な西洋に従う必要はないというのである。『晩清新学書目提要』にはこのような主張があることに私は気がついた。例えば、『欧美政教紀原』の提要には「著者の趣旨は、地球上の各国にはそれぞれ性質があり、政治や宗教は同じものを強いてはならないという点にある。フランスの政教はイギリスにおいては適用できないのであるから、欧米の政教をどうして東亜において実行することができようか」と述べられている。また、『日本国会紀原』には「思うに変法は必ず国民の性質に合わせなければならない。ただ上っ面を模倣するだけならばどうして益を得られようか」とあり、『普魯士地方自治行政説』には「プロイセンはゲルマン列国の一つであるので、行われている自治や行政の法もしばしば審査を通した決定を経ており、国民の性質に合致している」とある。（一八）

　当時、いわゆる「公法」も野蛮性を帯びていること、（一九）いわゆる「文明」が常に侵略性を帯びていることが発見されていた。例えば、『世界史要』に「顧みるに、欧米諸国は文明を自らの誇りとして、地球に君臨せんとする野心や他人を殲滅せんとする意志があり、世界には比肩する国家は一つもないと見なしている」と述べられているがごときである。(二〇) ただ、このような発見は結局のところ極めて少数であった。

先に言及した章炳麟たちは、「新学」や「新理」〔新たな道理〕を世界に遍く通用する普遍性を有し、排他性を持つ真理と見なすことに反対した。しかしながら、彼はまさに二編成の列車が対向走行する時期を経験していたが故に、西洋的な真理に対抗する過程における彼の思惟は、「新学」や「新理」の枠組みに無自覚なまま依拠していた。このことは、彼の思考が完全には西学から脱しきれない原因となっていた。

章炳麟は旧思想には飽き足らず、新思想にも反対していた。日本の思想史家の河田悌一がかつて「否定思想家」という言葉で章炳麟を形容したのは誠にいいえて妙であろう。彼はまさに一連の「否定」によってその思想の中核を構築した。彼は将来に対し、決して単一の簡単な答えを示さなかった。このような態度は当時の人々に対して一定の影響を及ぼしたようである。魯迅の『野草』に収録された幾首かの詩は、このような境地の写実のようである。例えば、「天に深い淵を見た」という描写は、(二一) あらゆる人が無限の希望に満ちていると見なした趨勢や潮流にありながらも、ある深い不適合性を見たことを反映している。

章炳麟本人はこのような複雑な思想のあり方にあまり困惑することはなかったが、彼の弟子たちは内在する矛盾や不確定さにしばしば深く圧迫された。新文化運動前後になると、章炳麟の弟子は分裂して様々な主張をするようになり、ある者は極めて急進的になり、ある者は非常に保守的となった。このような状況は、おそらく章炳麟の思想体系の複雑さと不可分であろう。

三、伝統の非伝統性から一切を再評価する

章炳麟は、もっとも活発に思索していた時期に、まったく留保することなしに西学を吸収することに反対したばかりでなく、伝統を新たな枠組みから描き出した。当時、彼はある重要な資源を提示し、中国と西洋の学問を包括できる、より大きくて深く覆蓋性の高い思想体系を構想していた。彼の構想の土台にあった体系とは仏教学とインド哲学であった。より広くて強く、より犀利な体系を擁してこそ、積極的な意義において清末以来強勢を誇る西学と萎縮して振るわない中国伝統の学問との関係について有効な解決策をもたらしうると考えたのである。章炳麟にとって仏教学は単に危機からの挽回をもたらすのみならず、それ自体が新たな境地であった。その『斉物論釈』などの著作においては、この世にありながら、外界の一切と自己とを俗世から超越させる境地が展開されている。彼にとって仏教学とインド哲学は、哲学思想の層においてのみならず、同時に政治や社会の層においても資源を提供するものであった。西洋の哲学思想、あるいは議会政治の理想に対して彼が採った批判的な態度の根拠としてしばしば見られたのが仏教学やインド哲学であった。

ここではアラスデア・マッキンタイア（一九二九—）の「認識論的危機」（epistemological crisis）という概念を借用しよう。この概念には次の特徴がある。第一に、従来の普遍的な原則が今や通じなくなってしまい、未来を推測する術がなくなってしまったと考えることである。第二に、伝統内部は決して一枚岩ではないので（incoherence）、従来認可されていた基準や理解、理性がみな疑われていることである。(三二)古い文化が危機に直面する時、「伝統」そのものが目前の状況を解釈するに足らないばかりか、以前の基準も適用できなくなったので、人々は伝統が用いてきた言葉が時代に適合しないと考えがちである。私個人は、章炳麟の思想の発展もかような危機を反映していたと考える。私は『中国哲学百科全書』に寄せた章炳麟の略伝において、章炳麟が後に仏教学を基準として中国史上の各時代における

思想の境地を改めて論じたことに関連して、次の諸点に言及したことがある。(二三)すなわち彼は、広く仏教学を応用して先秦の諸子百家より宋明理学に至る思想を解釈し、仏教学こそが先秦以来のあらゆる思想を理解・説明する一揃いの概念や言語を提供できるのであり、それはあたかも大日如来の手のひらのようであると捉えた。また、中国思想が同様のことを成し遂げえなくなったことは、すなわち中国の思想や言語に危機が訪れており、それらによって中国古代の精髄を説明し、より深く思考することができなくなっていたことを意味すると考えた。例えば、呉承仕（一八八四—一九三九）に宛てた手紙において、「ついに『荘子・内篇』「人間世篇」にある『耳目内通』〔耳目の感覚が伝えるものをそのまま心に受け入れ、心の知恵の働きを外に出すこと〕『虚室生白』〔心を静かに保って空虚にすれば、真実が浮かび上がってくること〕の説が、仏典にいう三輪清浄〔施しをした人、享受した人、その品物のそれぞれが清らかでなければならないとの意〕、神変教誡〔衆生教化のために現れた形や動き〕であることを理解した」「王陽明のいう良知とは、おそらく蔵識〔人間存在の根本にある識である阿頼耶識〕と相似している。要するに、自証分〔自己を認識する作用〕と類似しているが、『唯識三十頌』に『恒に転ずること暴流のごとし』とあるのを見ると、そこに不生不滅の真如を見出せず、道に到達したとはいえない」「程頤、陸九淵、楊簡、陳白沙、王陽明などの儒者の理解度にはそれぞれ深浅があるが、みな用いるべきである。ただ、周敦頤、張載、邵雍、朱熹らは悪魔の見解に近く、拒絶しなければならない」と述べられている。(二四)しかしながら、後年になると仏教学とインド哲学の影響は色あせてしまい、伝統の変遷や文化、中国固有の政法美俗〔法政や美俗〕などに関心の重点が移った。ただ彼は、終始単純な回帰という態度は採らず、「自国」〔自分の国家〕や「自心」〔自分の心〕こそが国家や民族の思想や文化におけるあらゆる問題を解決する根本であると主張していた。(二五)

＊　＊　＊　＊

「近代中国における反伝統思想の興起」という主題は、私が本書を纏めるにあたってもっとも関心を払っていた課題である。なぜならば、「脱伝統化」は中国史全体における「一大事の因縁」であるからである。しかし、その影響の大きさを計ることは極めて困難である。章炳麟が自覚していたか否かを問わず、彼はこの運動の波乱を大きくする役割を果したので、私は『章太炎的思想（一八六八—一九一九）及其儒学伝統的衝擊』〔『章太炎の思想（一八六八—一九一九）及びその儒学伝統への衝撃』〕（台北、時報文化出版事業有限公司、一九八五年）において少なからぬ紙幅を割き、この国学大師がなぜ「脱伝統化」に重大な役割を果たしたのかを説明した。

当該書を書き終えてまもなく、「伝統の非伝統性」という言葉がしばしば私の脳内をよぎるようになった。人々がどのように伝統を使うのかは、時代や地方によって一様ではありえない。思想や政治、権力が社会の中で気体のように絶え間なく周流しているにもかかわらず、私たちは単線的因果観の影響に限定され、全空間的で複雑であり、絶えず存在する相互の弁証、相互の対話、相互の影響を往々にしてなおざりにしてきた。

多くの場合、事物の変化はまるで風の中に放たれた一粒の塩に四方八方からの風が働くがごときである。作用には当然のことながら主従の区別があるが、常に四方八方から風の「熏習」を受け、続いて四方八方に影響するのである。これらの働きは「一瞬」の螺旋のごとき前進ではありえず、絶え間なく対流、弁証、相互作用、周流と循環する状態において、「伝統」もまた風にさらされる一粒の塩のようであり、その様相は絶え間なく変化した。とりわけ激動の時代においては、時代の脈絡の変化に伴い、伝統の意義もまた不断に変化した。

ここに至って、「風」の概念から歴史を論じた劉咸炘の論法が、巡り巡って章炳麟思想の軌跡を改めて思考するために新たな理解をもたらしてくれる。このこともまた、私が第四講において特に紙幅を割いて「風」を論じた理由である。

【註】

（一）章太炎「原炎」『訄書』（台北、世界書局、一九七一年）五九頁。
（二）章太炎「訂文」『訄書』八〇頁。
（三）銭穆『国学概論』『銭賓先生全集』（台北、聯経出版事業公司、一九九四年）甲編第一冊、三頁。
（四）宋恕が「粋化学堂」を提唱したのは、両者を結合した学堂を求めたからであった。
（五）王汎森「時代感、歴史観、思想与社会――進化思想在近代中国」陳永発主編『明清帝国及其近現代転型』（台北、允晨文化実業公司、二〇一一年）三六九―三九三頁。
（六）寧海県政協教文衛体和文史資料委員会編『童保喧日記』（寧波、寧波出版社、二〇〇六年）七頁。
（七）徐維則『増版東西学書録』熊月之主編『晩清新学書目提要』（上海、上海書店出版社、二〇〇七年）四頁。
（八）徐維則『増版東西学書録』熊月之主編『晩清新学書目提要』六頁。
（九）詳細は、徐維則『増版東西学書録』にある『力学入門』『電学入門』『化学入門』『農書初級』『富国策』の提要を参照のこと。徐維則『増版東西学書録』熊月之主編『晩清新学書目提要』五六、八一―八三、一〇三、一〇四、一〇六頁。
（一〇）徐維則『増版東西学書録』熊月之主編『晩清新学書目提要』一三九頁。
（一一）沈兆褘『新学書目提要』熊月之主編『晩清新学書目提要』四五四頁。
（一二）章太炎「四惑論」章太炎著、上海人民出版社編『章太炎全集』（上海、上海人民出版社、一九八六年）第四冊、四四九―四五〇頁。
（一三）張仏泉「梁啓超国家観念之形成」『政治学報』第一期、一九七一年、一―六六頁。
（一四）劉師培「戒学政法歌」万仕国輯校『劉申叔遺書補遺』（揚州、広陵書社、二〇〇八年）下冊、八五三頁。
（一五）章太炎「国家論」『章太炎全集』第四冊、四五七頁。
（一六）章太炎「国家論」『章太炎全集』第四冊、四六二頁。
（一七）魯迅「『公理之所在』」『而已集』『魯迅全集』（台北、唐山出版社、一九八九年）第五冊、九四頁。
（一八）顧燮光『訳書経眼録』熊月之主編『晩清新学書目提要』二五六頁、二五八、二五九頁。
（一九）徐維則は『万国公法』の提要において、「この書の多くはローマ時代及び近年の凡例に基づいており、悉く公理を詳細にできなかったことに加え、採用した資料も完備されていない。明晰な学者が、各国が近年行った判例を考察し、公理に合致しているものも逐一編輯して註を附し、一冊とすることを期待する」と述べている。熊月之主編『晩清新学書目提要』三九頁。

（一一〇）沈兆禕『新学書目提要』熊月之主編『晩清新学書目提要』四五五頁。

（一一一）魯迅「墓碣文」『野草』『魯迅全集』第三冊、五三頁。

（一一二）Alasdair Chalmers MacIntyre, *The Tasks of Philosophy* (Cambridge: Cambridge University Press,2006), pp.3-23.

（一一三）Antonio S. Cua ed., "Zhang Binglin (Chang Ping-lin)", in *Encyclopedia of Chinese Philosophy* (London: Routlege Press, 2003), pp.854-857.

（一一四）馬勇編『章太炎書信集』（石家荘、河北人民出版社、二〇〇三年）二九六、三〇七、三〇九頁。

（一一五）この類の話は、その後の章炳麟思想の趣旨を示している。例えば「論教育的根本要従自国自心発出来」という一文のタイトルに、かような趣旨が現れている。また道徳問題に及んだ時、「中国の道徳説は三代・漢代から現在に至るまで、常にゆっくりと変化してきており、決して純粋に古代と同じではない。偶然に満足の行かないところがあっても、自分の考えによって改めるべきであり、他国の方法に照らして改める必要はない」と述べている。「経的大意」章念馳編訂『章太炎演講集』（上海、上海人民出版社、二〇一一年）七四—七五頁。

附論二　時代への関心と歴史解釈

マックス・ウェーバー（一八六四―一九二〇）がいうには、人とは意味を追求する動物であり、またある人がいうには、人とは自らが編んだ意味の網目にぶら下がっている動物である。「意味」は人にとってかくのごとき重要性を有している。学者も例外ではなく、多くの科学者は様々な方法で自分の仕事に一種の意味を見出している。アルバート・アインシュタイン（一八七九―一九五五）は、自身の学術は真理を追究するためであると述べたが、これは一つの「意味」である。キュリー夫人（一八六七―一九三四）は自らの仕事は社会に幸福をもたらすことであると考えていたので、ラジウム発見後も特許を申請しなかった。これもまた一つの「意味」である。二つの「意味」には異なるところがあるが、ともに「意味」であることに変わりはない。

多くの歴史学者もまた「意味」の問題に直面することを免れえない。「意味」は千差万別であるが、「意味」を追求する動機はおそらく完全に避けることのできない問題である。一旦「意味」に関わると、歴史に関する著作を歴史家本人の問題関心や身を置く時代と完全に隔絶することは不可能である。

一九七三年に余英時氏は香港の新亜書院にて「史学、史家与時代」（「史学、史家と時代」）と題する有名な講演を行い、長い有効性を持つ論点を示した。この講演において余氏は歴史家と歴史学、時代との関係について、ランケ学派およびその影響を受けた各国の歴史家を例として論じた。ここでは、彼らが少なくとも理想においては歴史の真相を完全に客観的に復元すること（what really had happened）が可能だと考えていたことが示された。また彼らが歴史家とその時代について言及した時、基本的に守りの態度を採り、程度の差こそあれ両者は食うか食われるかのシーソーゲームであり、宋明理学において議論されている天理と人欲との関係のように、あちらが一尺進めばこちらが一尺退き、こちらが一尺進めばあちらが一尺退くようなものであると認識していたと余氏は述べた。余氏は、たとえこのようであっても、彼らの歴史学には図らずも時代への関心が反映されていると指摘している。

また余氏に拠れば、ジュゼッペ・マッツィーニ（一八〇五―一八七二）は、歴史学の作品を読む時、最初の二〇頁を捲れば作者個人の観点を知ることができると語ったという。ランケ本人も含めて完全に客観的な者などおらず、ランケによるフランス大革命の研究を読めば、彼の保守派としての心情が反映されていることがわかる。ランケはゲルマン人であったので、ゲルマン民族の歴史の発展に特に関心を払っていた。以上の逸話からも、できる限り客観的に歴史を復元せんと願っていた歴史家ですら、それを完全にはなしえなかったことを知ることができる。イギリスにおいてはE・H・カーが、歴史とは過去と現在との絶え間ない対話であると主張し（一）、またアメリカにおいてはチャールズ・ビアード（一八七四―一九四八）らが歴史学の客観性に挑戦したこともまた顕著な事例である。余氏は講演の中で中国史の事例を列挙し、王国維の「殷周制度論」や郭沫若の『十批判書』などの名著が、いかに歴史学者の現実に対する問題関心から強い影響を受けたのかを指摘した（二）。

一、歴史家はいかに実践するか

現在、一九七三年に余氏が講演を行ってからすでに三〇年あまりがたっており、当時の歴史学界の主要理論は現在と異なる。三〇年あまり前の歴史学は客観性が主流であったが、三〇年後はポストモダニズムが隆盛し、多くの極端な見方が現れた。例えばミシェル・フーコーが、「私が書く歴史はみな目の前の歴史であり、私の歴史に関する著作は爆竹のようなものであり、現在における役割を果たすと消えてしまうのである」「あらゆる歴史文献の読解は誤読である」と述べたように、(三) 歴史の中に本当の意義を見つけ出すことは難しい。このような理解では、作者はいないか、あるいはすでに死亡しており、作者は存在しているかのようであるが実は存在していないのである。このような史学思想のもとで、歴史家と著作、時代との関係は過去とは異なっている。現在では時代だけが残り、歴史学や作者は存在しない。

しかしながら、ポストモダニズムの洗礼を経て、「史学」「史家」「時代」という三者の問題には新たな視角がもたらされたようである。ポストモダニズムによる時代と作品の分析は、歴史家による叙述の過程や、歴史家と時代の役割、あらゆる隠れて察知されていない様々なことを容赦なく暴き出し、徹底的に問い質した。したがって、「史学」「史家」「時代」の三角関係を分析する時、ポストモダニズムによる「物語」（narrative）や「筋書き作成の過程」（emplotment）の分析は、歴史家の創作過程において、権力上の策略のため、あるいは時代や現実に対応するために行われた様々な作業を、より鋭敏な視角から理解するのに有益なのである。

私はここではポストモダン時代の歴史学の問題を論じたいわけではないので、話題をもとに戻したい。過去に歴史学や歴史家、時代の関係が討論された際、歴史家と時代が代表したのは主観的な、絶えず変化する不確定要素であり、客観的な歴史を構築する際にこれらの要素は非常に有害であるとされた。かような状況は確かにしばしば発生した。とりわけ、過去半世紀に及ぶ中国共産党による「論をもって史に代える」式の歴史研究を数多く読んだ後には、「史は事に随って変わる」「史は術に随って変わる」という論法に対して警戒心がさらに駆き立てられる。しかし、ここでいいたいのは、私たちは当然のことながら歴史を鑑にするべきであり、歴史の理解が、私たちが時代や世相の変化を理解し、問題を対処する際の助けになるということである。人口に膾炙する歴史学の作品をいくつか注意深く読んでみると、時代や歴史家の経歴が独特の視点をもたらし、今まで目を向けていたとしても見えなかった現象を知るのに役立ち、以前には認識できなかった入り組んだ意味を持つ歴史の相貌を明らかにしていることに気がつくであろう。

したがって、私がここで特に強調したいのは、「史家」「時代」「史学」の関係は、常に食うか食われるかの争奪戦ではないという点である。以下では例を挙げて二点を説明したい。第一は、時代状況に対する歴史家の主観的な問題関心や生活経験が、いかに異なる位相の史実を把握する助けになるのかということである。第二は、過去と現代との対話は必ずしも歴史学の客観性を損なわず、主観的な生活経験は客観の構築を損なうことがまったくないばかりか、有用である可能性さえあることである。こうすることで、もともとなおざりにしたり、眼を向けども見えなかったりした一面を懐中電灯で照らしだすことに歴史家が役立つこともあろう。ハンス・ゲオルク・ガダマー（一九〇〇―二〇〇二）の言葉を借用すれば、これは「地平の融合」（fusion of horizons）である。このような状況において、歴史家の主観的な思想と意志は客観的な歴史の構築との融合へと向かう。主観と客観とは合わさって一つになるので、人々は時代に対して発したい情報を伝えるために手中の歴史を歪曲する必要はなくなる。

ここで強調しなければならないのは、過度な現在意識（present-minded）が歴史に対する客観性を損なってしまうことや、ガダマーの「地平の融合」あるいはハインリヒ・リッケルト（一八六三―一九三六）の理論を過度に強調すると極端な歴史相対主義をもたらしうることを十分に踏まえていることである。ここで述べたいのは、できるかぎり客観的な史実を打ち立てんとする前提のもとでの分別を備えた実践である。換言すれば、このような歴史実践は「両義」的、すなわち主観的でありながら同時に客観的であるといえるかもしれない。

陳寅恪はかつて、「詩にもし二つの意味がないのであれば、よい詩とはいえない」と述べた。(四) これに対する私の理解は次のようなものである。よい詩には「両義」がある。一つは詩そのものの意義であり、もう一つは作者が身を置く時代への関心である。歴史研究も常に「両義」が存在することを免れえない。一つは研究対象である史実であり、もう一つは作者の人生経験や時代への関心である。ここでいう「両義」とは、両者が同時に存在していること、あるいは相互に依存していることである。

歴史家の「両義」性は様々な歴史学の実践の中に現れる。先ず述べなければならないのが「時代の眼」(period's eye)(五)と主題の選択である。無限に入り乱れた「過去」の中で、なぜある主題を選択して研究し、「歴史」を書くのか。この「選択」そのものも非常に複雑な意義を持つ行為である（ニクラス・ルーマン（一九二七―一九九八）は「選択」に対して相当深い分析を行っている）。

「選択」の結果、もう一面の歴史は極力忘れられる。この面はかならずしも時代と関係があるわけではないが、しばしば時代の影を伴っていることもまた否定できない。「選」と「不選」を判断するとき、主観の判断と客観の歴史とはある種の同一性を成す。ある特定の段階に、古今の歴史の相似性は異常に明確になり、歴史を論述することと現代を論述することとは往々にして同一視される。例えば、姚従吾（一八九四―一九七〇）は日本軍が華北を占領した期間に耶律楚材（一一九〇―一二四四）に関する研究を進め、「モンゴルが内地に侵入してきた際、耶律楚材が漢文化に対して行った様々な救済活動」を明らかにした。しかし、彼が傅斯年に宛てた手紙においては、日本の侵略者を鼓舞しているかのように人々が連想することを恐れ、当面はこの研究を発表する予定はないと述べていた(六)。

日本に抵抗するか否かを議論していた時、蔣廷黻（一八九六―一九六五）は「琦善与鴉片戦争」〔「琦善とアヘン戦争」〕を書き、アヘン戦争の時に琦善（一七九〇―一八五四）らが和議派であると攻撃されたことは必ずしも誤りではないが、主戦派の意見も必ずしも採用できるものではなかったとした。蔣廷黻の文章は史実に忠実に書かれているものの、一旦この主題を選択すると主観的な価値判断と客観的な歴史とは同一となった。この文章が発表されるや極めて大きな論争が起こり、人々はすぐに琦善と蔣介石（一八八七―一九七五）とを同類の人物と見なすようになり、蔣廷黻の主観と彼の研究とが同一視されてしまった。過去に大多数の人々は国を誤らせた奸臣として琦善を見なし、彼とアヘン戦争との関係について厳密な歴史学研究を行うことを潔しとはしなかった。蔣廷黻のこの研究を経て、人々が賛成しようがしまいが、少なくとも琦善の部分についての歴史は明らかになった。私がこの例を挙げるのは、時代への関心や歴史家個人の価値判断は重視されなかった歴史の暗い片隅を照らすのに役立つかもしれないこと、そしてそれらが時代の産物であるばかりか、歴史家の作品であり、また同時に歴史学の対象でもあるという三者が折り重なったものであるといいたいからである。このような「入れ子状態」はシーソーゲーム式の関係ではなく、一種の「両義」現象なのである。

以下では、本題からそれて別の話をしよう。大体二〇〇六年か二〇〇七年初頭の頃であったと思うが、私は香港のある古物商から、陳寅恪の遺稿コレクションが売りに出されている旨の電子メールを受け取った。彼らは方々で尋ねた後、中央研究院歴史語言研究所が関心を示すであろうと期待したので、目録の一部を電子メールに添付してきた。ざっと見てみたところ、大部分は陳寅恪氏による既発表の文章の草稿かあるいは助手が代理で書き写した抄本、語学学習のノート、中山大学歴史学系の学会の通知状などであり、史料的価値は想像したよりも高くなかった。加えて彼らが示した価格があまりにも高かったため、結局購入を見送った。

ただ、この偶然の出来事を契機に、私は歴史語言研究所傅斯年図書館において、陳寅恪が『史語所集刊』に発表した文章の原稿を探し出した。先ず眼に飛び込んできたのは「読崔鶯鶯伝」〔「崔鶯鶯伝を読む」〕という文章である。この短文は私がかつて熟読した『元白詩箋証稿』に収録されていたものの、この時初めてその原稿を精読したのであった。[七]もっとも眼を奪われたのは、道徳や習俗が強烈に変動した時代において才能を有しながらも礼法を守らなかった人が、いかに巧妙に新旧二つの道徳規準を利用して我田引水を繰り返したのかを論じた部分である。陳寅恪は元稹（七七九—八三一）と崔鶯鶯との関係を論じて、次のように述べている。[八]

歴史書を縦覧すると、およそ士大夫階級の変遷や盛衰は、往々にして道徳基準および社会風習と関連していたことがわかる。新旧が交替する際、しばしば入り乱れて錯綜した状態が出現した。すなわち、新たな道徳基準と旧い道徳基準とが、新たな社会風習と旧い社会風習とが併存して使われたのである。人々はそれぞれ自分の基準を正しいと見なし、相手の非を謗る。……このような道徳基準や社会風習の錯綜した転換期において、変遷・盛衰する士大夫階級の人には賢と不肖との、巧と拙との違いがあり、賢い者や拙い者は常に苦痛を感じ、ついには消滅してしまった。不肖の者や巧みな者は、歓楽を多く享受し、往々にして富貴や栄華に至り、身分は安定し、名声を成し遂げた。その原因は何であろうか。変化する環境に対応するために、二つ以上の異なる基準と習俗をうまく利用できたか否かなのである。

この一段はよく引用されてきた。二種類以上の道徳・習俗の基準を使い分けて利を得る現象が、陳寅恪が経験した清末中華民国期において実際に起こっていたことは周知であろう。特に、「賢い者や拙い者は常に苦痛を感じ、ついには消滅してしまった。不肖の者や巧みな者は、歓楽を多く享受し、往々にして富貴や栄華に至り、身分は安定し、名声を成し遂げた」状況について、彼は当時の日常生活においてあまりにも多くの事例を見ていたであろう。したがって、彼はこのような現象をとりわけ深く理解しており、このことは彼が元稹の行動様式を分析する土台となった。これこそがまさに陳寅恪が「時代の眼」をうまく用いたことの収穫、すなわち歴史学研究そのものに意義があるのと同時に、それが歴史家の身を置いた時代への問題関心と併存していたということなのである。

陳寅恪と王国維は、二種以上の基準の中でたちまわって利を得る者がいる現象に対して共に敏感で蔑視していた。誰の発言であったか忘れてしまったが、王国維が終始瓜皮帽をかぶり清の遺民を称していたのは、かならずしも清朝を情熱的に奉じていたからではなく、主に辛亥革命の前後で行為が一致せず、思想や信条を絶えず変えることで私利を得んとした人々を見下していたからであったという。おそらくこのような敏感さが、「殷周制度論」において殷と周の両朝の交代期における曲がりくねった微かな史実に関する神がかった記述をもたらしたのであろう。

陳寅恪が常に「人を知り、世を論じる」ことを学問と見なしたことは、「両義」のもう一つの表現である。例えば、抗日戦争の日本軍占領下の香港において、彼は『建炎以来繋年要録』を読んでいた。なぜならば現実の境遇によって、宋代の首都が陥落した実態に対する理解がさらに深まったからである。私は、これはまさに顕微鏡のもとで切片を見る際、焦点が適切に調整され、眼前の一切が突然明らかになったような状況だと思う。また、彼が「論再生縁」（「再生縁を論ず」）において「一年来史書を読み、人を知り、事を論ずることの意味についていささか得るところがあった」と述べたことは、（九）逆にいえば、「一年来、世の変化を経て、歴史書の中にあるこの世の微かなことがらについて得るところがあった」ということかもしれない。この両者は往復循環して互いに影響し合い、分割することはできない。

管見に拠れば、「人を知り、事を論ずることの意味」はありきたりの常套句ではなく要点であり、この認識が陳寅恪の少なからぬ歴史著作に、「時代」「史学」「史家」の三者が折り重なったプリズムとしての特質を帯びさせている。陳寅恪は「論再生縁」において、同情の立場から過去の人々が読んでもわからなかった曲折を読み解いている。特に「陳端生の心中には我が国が当時金科玉条として奉じていた君父夫の三綱があり、これらの描写を通じて三綱を破壊せんとしていたのである」と述べている部分に端的に表れている。（一〇）もし近代の女性解放思潮の時代に生まれ、女性解放の実態を目の当たりにしたのでなければ、おそらくかような見解を述べるのは容易ではなかったであろう。

続いて陳寅恪の「論韓愈」（「韓愈を論ず」）という一文を論じ、彼に関する部分の結びとしたい。私は最近になってようやく『呉宓日記続編』を精読する機会を得た。これは夙に読みたいと思っていた史料であるが、二〇〇六年になってようやく出版された。（一一）呉宓（一八九四―一九七八）が一九六一年に四川省から遠路はるばる広州の陳寅恪に会いにいったくだりは人口に膾炙した美談であったので、私は『呉宓日記続編』にこの時期の陳寅恪の思想の状況について必ずや詳細な記述があるであろうと推測していた。果たして推測に違わず、一九六一年八月三〇日から九月一日に交わされた二人の会話において、陳寅恪は中国共産党のリーダーが向ソ一辺倒を宣言していたことに対して極めて大きな不満を示していた。彼は、当時の中国はアメリカやソ連を除く第三勢力（インドネシアなどの諸国）のリーダーとなるべきであると考えており、他方でいかなる民族も独立性と自主性を保持するべきであり、いかなる国に対しても一辺倒となる道理は決してないと認識していた。[一二]『呉宓日記続編』の中で、当時陳寅恪が書いていた「論韓愈」において韓愈（七六八―八二四）の歴史的地位を称揚し、「韓愈が仏教を排斥したのは、実は中国固有の社会制度を守るために採った策であり、実際に排斥したのはインド仏教の『出家』生活のみであった」ことに彼が言及したのは、向ソ一辺倒に対して感じるところがあったからである。[一三]「論韓愈」はよく知られた文章であり、『呉宓日記続編』の助けを得て、私はようやくこの短文には時代への特殊な関心が込められていることを悟った。また同時に彼がこの文章を認めた時、時代環境から刺激を受け、韓愈が中国文化を固守した点における功績を特に突出させて論述したと推測した。これもまた一種の「両義」性である。

続いて陳垣（一八八〇―一九七一）の『通鑑胡注表微』を例として考えてみたい。陳垣は、長らく陳寅恪とともに「史学二陳」と並び称されてきた著名な学者である。一九五〇年の初頭、陳垣は古い友人に宛てた書簡において自らの史学思想におけるいくつかの変化を述べている。[一四]

> 柳条湖事件以前、学生のために嘉定の銭大昕（一七二八―一八〇四）の学を講じていたが、柳条湖事件以降は世相が日増しに切迫したので、顧炎武（一六一三―一六八二）の『日知録』を講じて、国家の事業と貢献に注目した。経世の学がここにあると考えたからである。北京が陥落すると北方の士気が萎えてしまったので、全祖望（一七〇五―一七五五）の学を講じて士気を振るわせた。全祖望は投降者を退け、遺民思想を沸き立たせたからである。『輯要』『仏考』『諍記』『道考』『表微』はみなこの時の作品であり、報国にはかような方法が採られたのである。

こうして刊行された書籍は数十万字にのぼる。道教や仏教、歴史、考証について述べている部分はみな仮託であり、実は漢奸や日寇を排斥し、権力を握る者を指弾しているのである。

この一段のうち、「道教や仏教、歴史、考証について述べている部分はみな仮託であり、実は漢奸や日寇を排斥し、権力を握る者を指弾しているのである」という部分は言葉が過ぎていると思われる。今日に至っても私たちはなお『旧五代史輯要発覆』『明季滇黔仏教考』『清初僧諍記』『南宋初河北新道教考』及び『通鑑胡注表微』を厳格な歴史学の著作として見なしており、それらを単なる時代への問題意識を伝えるだけの仮託と捉える者はいない。比較的妥当な解釈は次のようなものである。これらの著作は時代が直面した状況や歴史家の問題関心を伝えるのと同時に歴史事象をも浮き彫りにしており、三者は「入れ子状態になっている」のである。もし単に「仮託」としてのみ捉えるのであれば、上述のような研究作業が持つ性質に対する一種の毀損となってしまう。

以上の数冊の本はみな日中戦争期に記されたものである。『清初僧諍記』において「法門における遺臣派と新王朝派との間の矛盾」を論じたのは、変節した僧侶を指弾することで占領区において新政権に媚びた漢奸をあてこするためであった。『南宋初河北新道教考』では河北の三教はみな宋の遺民であると見なし、彼らが宗教によって民族感情を維持せんとしたことが称揚されている。(一五) これらはみな聞き慣れた話である。ここで示したいのは、この時代特有の環境や生活の経験に拠って、陳垣が過去の人々に重視されなかった歴史を照らし出し、先人が言及しなかった複雑な面を明らかにするのに役だった点である。ただ、『通鑑胡注表微』を通して陳垣は占領地における民族の大義を掲げようとしたのであるが、時代の変化は史書編纂の速度を上回り、出版に至る前に日本は降伏した。

陳垣は一九四三年に『通鑑胡注表微』の執筆を開始し、三年の時間を費やして一九四五年に書き上げた。彼は当時、自分の研究について「最近また一歩前進し、意義のある歴史学を強く進めている」と記している。(一六) 当該書の執筆時、陳垣は日本軍占領下の北京に住んでおり、日々目に飛び込んでくるのは「華」と「夷」との別、節操を守る者と裏切り者、狷介と醜態などの著しい対照であり、かような世相は生活の舞台において赤裸々に上演された。そして陳垣もしばしば様々なものの間で選択をしなければならなかった。

陳垣の学生柴徳賡（一九〇八―一九七〇）は『勵耘書屋問学記』において、当時漢奸が日本人の家を奔走した奇怪な状況を、『明季滇黔仏教考』や『通鑑胡注表微』の該当部分と比較している。(一七) 柴徳賡に拠れば、当時の北方における漢奸投降者の一派は政治の舞台において長らく失意の状態にあった北洋派の悪質分子や日本留学経験者であり、彼らは英米留学生の影響のもとでずっと腹の虫を押さえて沈黙していたのだが、今や日本人の勢力に依拠して鬱憤を一気に吐き出したのであった。陳垣は『明季滇黔仏教考』において僧侶見月読体（一六〇一―一六七九）について書いている。見月読体の友人である釈道忞（一五九六―一六七四）が清朝の国師大和尚となり、南京を通過するついでに見月読体に会いに来た時、見月読体は彼の弟子に次のようにいった。釈道忞は国師大和尚の身分で私と会うことを誇りに思っているが、まったく一銭にも値しないことだと。柴徳賡の見立てでは、陳垣は当時多くの類似した場面に遭遇していたので、見月読体についての記述は実は陳垣自身のことを書いていたのであった。当該書ではまた、清初の余慶県県令の鄒秉浩が銭邦芑（?―一六七三）を告発したことを記し、「鄒秉浩という小役人は命を受けて走狗となった可哀想な人物である」と書いている。実は北京には小漢奸がいて常に陳垣にまとわりついており、陳垣はそのことを非常に憎み、しばしば彼のことを「小役人」「走狗」と罵っていたのであった。また柴徳賡がいうには、陳垣は幼い時より『資治通鑑』を熟読していたが、胡三省（一二三〇―一三〇二）の注にはそれほど深い印象はなかった。抗日戦争に入って『資治通鑑』の胡三省の注を読み、「〔異民族に対して〕臣や妾と称した屈辱は、ただ晋〔後晋〕と宋のみが味わった。なんとも痛ましいことかな」の部分まで読み進んだ時、ようやく『資治通鑑』の胡三省の注に隠された真意を悟ることができた。したがって、陳垣は常に「胡三省の注に対する私たちの理解は、前人よりもさらに明晰かつ深くなければならない。なぜならば、私たちと彼の思想や生活はより似ており、共に異民族による残酷な統治の下にあるからである」と述べていた。そのような時代を目撃したからこそ、胡三省が残した「暗号」を解読することができるのである。この点について、陳垣は次のように述べている。〔一八〕

国土が侵略あるいは分割される時、この種の意識が顕著になる。身之〔胡三省〕は民族意識が高揚した世に生まれたので、これを理解し、発揚することができた。このような時代ではない時に本書を読んでも、その深長な意味はわからないのである。

この引用文のうち「このような時代ではない時に本書を読んでも、その深長な意味はわからないのである」の部分は、陳垣が当時身を置いていた生活の状況が歴史の秘められた扉を開けるための鍵であることを私たちに告げているのである。

緊張に満ちた生活環境のもと、もともと清代の人々には歴史地理や考証学の専門家と見なされていた胡三省が実は意義のある歴史学者であったことを陳垣は発見した。『資治通鑑』に施した客観的で厳密な注釈の中に隠された華夷の区別を彼は読み取ったのである。

歴史家の実践には様々な層の論述（formulations）が含まれている。ある現象の重要性をはっきりと感知し、それらを特に突出させることは非常に重要な一歩である。そして理解した一部の歴史現象から、その中にある複雑で精微な層を仔細に読み解くのが次の一歩である。私は以下のように断言する。当時の陳垣の中で、時代状況と個人の問題関心および日常生活という舞台において目撃したものが強烈な意識と参照の枠組みを形作り、歴史家としての注意力と理解力がゆっくりと凝集されていった。そして、懐中電灯の光のように、ある特定の場所を照らすことで、無造作に置かれていたものを浮かび上がらせ、もともと粗くばらばらであったものを脈絡のある有意義なものに変えた。この点について以下では、『通鑑胡注表微』のいくつかの段落を取り上げる。これらは胡三省の注と併せて読むべきであり、そうしてこそ込み入った事情を比較的はっきりと理解できるが、煩雑になるのでここでは胡三省の注は省略する。

陳垣は北京が陥落した現状を目の当たりにしたからこそ、斉〔劉斉〕の設立の背景として、多くの人々が自分の親族や友人がすでに劉豫（一〇七三―一一四六）に従っていたので、自らも続いて転向したのだと説明した。[一九]

国に忠誠を尽くそうとすれば、親族や友人にまで配慮が及ばなくなる。偽斉が立ち、祖国に背いて劉豫に従った者は、情誼の巻き添えになってしまったのだと弁解し、そして最後には劉豫とともにみな滅びてしまった。

また、彼自身も被占領地区に身を置いていたので、『資治通鑑』の胡三省の注に記された征服された地域の人々の境遇に特に敏感であった。例えば、以下のような記述がある。

魏主〔北魏太武帝〕と臧質〔四〇〇―四五四〕は書簡を交わした。寥寥たる数行にすぎないものの、民族意識という点では、巧みに発揮されているといえる。当時、中原は魏によって占拠されていたものの、民はみな漢や晋の暦を奉じており、固く中国を忘れていなかった。[二〇]

ここから見てみると、占領地の民を蛮貊〔南蛮と北狄〕とは見なさないことが、黄震〔一二一三―一二八一〕の採ったやり方であった。「衣冠をつけた人物」であれば、必ず戎狄の王朝において高官になることはない。戎狄の王朝において高官になる者はただ投降した者にすぎず、どうして尊貴と見なすに足ろうか。私が陳慶之の言に不満

な理由である。〔二一〕

また、以下の一節は、あたかも執筆当時の占領地と国民政府の統治区のごときであった。

古今における人情はそれほど違わない。暦が江南で用いられ続けたのは、すなわち当時の民族意識がそうさせたのであり、議論を闘わせて決めたことではない。〔二二〕

裴植は中華であることを盾に他人に対して不遜であった。許敬仁は夷となったことで得意になっていたが、その凡庸で卑しくは裴植に劣っていることを、君子は世の変化から冷静に見て取ることができるのである。〔二三〕

張彝父子は鮮卑貴族の縦横を恨み、彼らの王朝を立てなくともよしとした。鮮卑による王朝を立てておきながら彼らを抑えつけようとしたのは、天下の愚の骨頂ではなかったか。〔二四〕

以上の数点の記述のうち、あるものは自分自身が経験した時代でなければその原意を見出せるとは限らない。あるものはたとえ見出しても、特に突出した論述ができるとは限らない。『通鑑胡注表微』の「感慨篇第九」には次のような言及がある。〔二五〕

しかし、温公〔司馬光〕が身を置いたのは靖康の変以前である。私〔胡三省〕が処しているのは南宋滅亡以降の時代である。感懐に関する言論は温公にもあった。しかし、亡国を嘆く感情はその言論の中に見出すことはできない。実際にその時代に身を置いてこそ、述べることができるのである。

「実際にその時代に身を置いてこそ、述べることができる」という言葉の中で陳垣は、歴史家は時代によって異なる感懐があり、歴史に対しても異なる会得があることを明示している。『通鑑胡注表微』からは、歴史家が身を置く時代が異なるため、歴史との間に形成された対話のあり方も異なったことが読み取れる。同様の史実が、元代以降反覆している。元初の胡三省から、清初の万斯同（一六三八―一七〇二）、全謝山を経て中華民国期の陳垣に至るまで、「境遇のあり方」が異なったので、その時々によって異なる層の意義を見たのであった。

もちろん、『通鑑胡注表微』におけるいくつかの推論はいささか度を越えているところがあり、特に紙幅を増やすために必ずしも考察の必要のない部分も含まれていることにも注意しなくてはならない。しかし全体として見れば、胡三省による『資治通鑑』の注が持つ含意を理解せんとするならば、『通鑑胡注表微』は参考に値する著作である。これは胡三省の作品であると同時に、陳垣の作品でもあり、また時代の産物なのである。

「史学二陳」は客観的・実証的な学問で著名であったが、「時代」や「史家」の生活経験から得られた影響は上述のごときであった。ただ、強調しなければならないのは、上に述べたのは歴史研究における一断面にすぎず、あらゆる歴史学の作品にはみな「両義」性があるとか、あらゆる歴史学の作品が「両義」性を持たなければならないというわけではないことである（例えば、西洋の漢学者は中国人が関心を持っている様々な現実問題にはあまり関心はないであろう）。ただ、「両義」の問題は、歴史家や時代、歴史学を議論する際に見落とせない側面である。

本論の冒頭で提起したように、ランケ史学の影響であれ、実証史学の影響であれ、人々がぼんやりと誤解していたことがある。すなわち、歴史家個人の問題関心や時代の要素を取り除いた時に歴史学研究はようやく比較的客観的になること、「現在」と「過去」との対話をやめてこそ歴史学研究は比較的客観的になると考えていたことである。上述の議論で説明したように、真の歴史実践は決してすべてがそうではない。

二、歴史家の時代的任務

歴史家と時代との関係を論じる際、「歴史家は同時代のために一体何ができるのか」という問題に言及しないわけにはいかない。清末中華民国初期に「新史学」が登場して以来、歴史研究に従事する者は次の二つの性質を備えてきた。第一に、歴史には真実性へと向かっていく可能性があると信じ、このことが歴史学研究に従事する者の任務であると認識していることである。第二に、同時に歴史研究が持つ現実における任務に関心を持っていることである。ポストモダニズムの理論を深く信奉する者を除けば、この二つの要素は今日でも依然として歴史研究に従事する者の性質の最大公約数であろう。ただし、客観的であることと現実的意義を備えようとすることの両者は、齟齬なく調和できるものであろうか。歴史において「公理」や「公例」を見出すことができると信じていた初期においてはこの課題に対する態度は楽観的であったが、後にランケ史学が流行すると難しい課題に変わったというのが私の認識である。

清末以来、文明史的歴史観であれ単線進化的歴史観であれ、現実における歴史学の任務を説明することは難しくなかった。梁啓超の言論はこうした歴史観の代表である。彼は「中国史叙論」と「新史学」という二編の一里塚的な意義を持つ文章において、歴史家の任務を新たに定義することから論述をはじめた。そして、歴史とは人類が進化する過程を理解することであり、歴史家の任務は、一方で進化の観点から改めて歴史を叙述することであり、もう一方で歴史の中から公理や公例の所在を発見し、国民精神の手引きとすることであった。[二六] 歴史家は研究者、発見者であり、指導者でもあった。これらの身分はどれも欠けてはならず、そうでなければ、梁啓超は「歴史学革命を起こさなければ、中国を救うことができない」と豪語することはできなかった。[二七]

梁啓超が新旧の歴史家を区分した基準の一つに、古い歴史家が「公理」を明らかにできず、国民の精神を指導できなかった点があった。歴史には「義務」があり、歴史家の任務は「義務」とは何かを指摘することであった。「進化の道理を明らかにできないのであれば、歴史の義務を尽くすことができない」というのである。(二八)「進化が日進するという公理は必然であり、公理を明らかにして提唱することをどうしてゆるがせにできようか」と述べられているように、(二九)新しい歴史家は「公理」を明らかにでき、然る後にそれを提唱する者とされた。

例えば、進化論の影響を受けた歴史家の眼前には明白な歴史進化の目標があり、歴史家の任務はそのことを指摘して推進することであった。胡適は『白話文学史』の何ヶ所かにおいてこの点を表明している。その言に拠れば、「国語文学とは千数百年にわたる歴史進化の新生児であることを人々は知らねばならない」ので、彼が『白話文学史』を執筆したのは、まさに「この歴史進化の趨勢」を明らかにするためであった。そして今日の任務は過去に道を切り開いた先鋒たちが完遂しなかった事業を展開し、「有意義な」提唱を行うことであった。この点に関連して胡適は、「歴史の進化には二つの種類がある。一つは完全に自然の進化であり、もう一つは自然の趨勢に即しつつ、人力で促進する進化であり」、歴史家がなすべきは「人力で〔進化を〕促進すること」であると述べている。(三〇)

左派の歴史家は、より容易に歴史学者としての任務に応えることができた。翦伯賛（一八九八―一九六八）が歴史を「戦闘の指南」とせねばならないと説いたことは、彼らの認識において歴史研究とは革命事業の推進と分かち難いことを表明したものであった。一九二〇年代のマルクス主義史学の五段階論を例にして考えてみよう。この論は強烈な勢いで革命事業を指導しており、歴史家の仕事は、現在の段階から次の段階へと進み、最後に社会主義の天堂へと到達する道筋を論証し、押し広めることであった。

このように「歴史家の任務」という問題は、過去にはもっと容易に回答できたが、現在では非常に難しい問題に変わってしまった。伝統的な歴史家と時代との関係は極めて明確なものであり、歴史学は人々が過去を鑑みて今後のことを知ることを助け、道徳や戒めなど極めて実際的な機能を提供することができた。試しに書棚にあった『錫金識小録』を開いてみると、冒頭にこの歴史書を貫く目的が「以前からの弊習を防ぎ、隠れた人材を顕彰し、最近の世俗を励行し、風俗の教化を正しくする」ことであると言明されており、[二一] 筆者は自らの歴史研究が時代に対して役立っていないとは微塵も考えていなかった。

一九二〇年代、科学史学やランケ実証史学は歴史学界において莫大な影響をもたらした。歴史学の客観性を打ち立てるために、新史学の流派は自然科学をモデルとし、歴史学と現実、歴史学と道徳とを関連させること、すなわち歴史家と時代との密接なつながりに対して疑義を呈した。最近の三〇年においては、社会科学やポストモダニズム歴史学などの新史学の潮流による度重なる洗礼を経て、今日の歴史家はおそらく長きにわたって歴史学と現実との関連の問題を考えなくなっている。このことを質されれば、私もそのように認めざるをえない。私が提示する答えはおそらくみなを失望させるものであろう。現実の要求に迎合するために筆下において歴史人物を恣意的に飾り立てることに私は反対する。ねじ曲げられた歴史像は長続きしないからである。陳寅恪の助手黄萱は、陳寅恪の客観実証的な歴史学は「真理をとどめることによって政治に奉仕する」ためのものであったと述べている。[二二]「政治に奉仕する」という表現はいささか刺激が強すぎる嫌いがあろう。私が主張したいのは、「〔歴史学の任務とは〕真実をとどめることによって、現実と相関させること」である。

「相関」（correlation）は、神学者のパウル・ティリッヒ（一八八六―一九六五）の *Systematic Theology*（『組織神学』第一巻・第二巻（谷口美智雄訳）、第三巻（土居真俊訳）新教出版社、一九九〇年、二〇〇四年）から学んだ概念である。ティリッヒは当該書において、神からの知らせを歪曲しない前提のもと、いかに時代ごとの需要と神意とを「相関」させうるのかを問うた。もちろん、神学と歴史学では性質が異なるので一概にいえないが、もし強いてこの概念を借用するならば、次のように説明したい。歴史家の仕事は歴史の真相を発掘・考察することであるが、目的は真相の解明であって歴史の歪曲ではないからこそ、現実に対して価値のある養分を提供できるのであると。

仮に諜報部門の責任者が敵情を理解するために密偵を派遣し、その中のある者は真相を提供し、ある者は責任者の仮説や期待に合わせた情報を提供したとしよう。当然前者の情報のほうに価値がある。アメリカの情報部門が絶えずリーダーに迎合し、イラクに「大規模破壊兵器」が存在するとの荒唐無稽な話を再三伝えたことは、まさに私が上述した論点を説明している。同様に、もし歴史家の研究が私たちの時代にとっての「応援団」となることを期待するのならば、得られるのは「大規模破壊兵器」的な答えにすぎないであろう。

再び「相関」という問題に戻ると、歴史学の営みにおける「両義性」とは、一方で忠実に史実を積み重ねつつ、もう一方で時代と「相関」した叙述を行うことであると私は考える。自らが身を置く時代に関心を寄せる歴史家は、その目的意識と時代状況、歴史学の営みとを重ね合わせ、プリズムとして自身が属する時代を照らし出す。

最後に、個人的な告白によって本論を締めくくりたい。台湾大学歴史系で学び始めて以来、上述の問題は常に私を困惑させてきており、『古史辨運動之興起』を執筆した際にも実は依然としてこの問題を考えていた。(三) 将来この問題に対する適切な見解を持てることを望んでいる。

【註】

（一）E.H.Carr, *What is History?* (New York: Vintage Books,1961),p.35.

（二）余英時「史学、史家与時代」『歴史与思想』（台北、聯経出版事業公司、一九七八年）二四七―二七〇頁。

（三）黄進興『後現代主義与史学研究』において論じられているフーコーの部分を参照されたい。黄進興『後現代主義与史学研究』（台北、三民書局、二〇〇六年）九―五三頁。

（四）黄萱「憶念陳寅恪教授――在十四年工作中的点滴回憶」張傑・楊燕麗選編『追憶陳寅恪』（北京、社会科学文献出版社、一九九九年）三五頁。
（五）ここでは美術史家エルンスト・ゴンブリッチ（一九〇九―二〇〇一）の言葉を借用する。
（六）「姚従吾致傅斯年」（一九三五年五月三日）中央研究院歴史語言研究所蔵「傅斯年檔案」（II-345-1）。
（七）今回初めてこの原稿を読み、原稿の最後に添え状があることに気がついた。おそらく陳寅恪が原稿を研究所に郵送した後、原稿の一段に不安を感じたので、印刷を請け負っていた商務印書館に削除の意を伝えるよう所内の同僚に依頼したものである。商務印書館が面倒がって依頼通りに行わないことを恐れ、添え状では具体的な方法が示されている。ここからは文章執筆や事務処理において陳寅恪が細心かつ慎重であったことを見て取れる。
（八）陳寅恪「艶詩及悼亡詩」『元白詩箋証稿』（上海、上海古籍出版社、一九七八年）八二頁。
（九）陳寅恪「論再生縁」『寒柳堂集』（上海、上海古籍出版社、一九八〇年）五六頁。
（一〇）陳寅恪「論再生縁」『寒柳堂集』五九頁。
（一一）呉宓著、呉学昭整理注釈『呉宓日記続編』（北京、生活・読書・新知三聯書店、二〇〇六年）。
（一二）『呉宓日記続編』第五冊、一六〇―一六三頁。
（一三）『呉宓日記続編』第五冊、一六三頁。
（一四）劉乃和ほか『陳垣年譜配図長編』下冊（瀋陽、遼海出版社、二〇〇〇年）五四六頁。
（一五）劉乃和ほか『陳垣年譜配図長編』下冊、四五五―四五六頁。
（一六）劉乃和ほか『陳垣年譜配図長編』下冊、四八二頁。
（一七）柴徳賡「陳垣先生的学識」陳智超編『勵耘書屋問学記（増訂本）』（北京、生活・読書・新知三聯書店、二〇〇六年）九二―九九頁。
（一八）陳垣「夷夏篇第十六」『通鑑胡注表微』（北京、科学出版社、一九五八年）三〇七頁。
（一九）陳垣「倫紀篇第十三」『通鑑胡注表微』二四三―二四四頁。
（二〇）陳垣「倫紀篇第十六」『通鑑胡注表微』三一九頁。
（二一）陳垣「倫紀篇第十六」『通鑑胡注表微』三二一頁。

（二二）陳垣「倫紀篇第十六」『通鑑胡注表微』三三三頁。
（二三）陳垣「倫紀篇第十六」『通鑑胡注表微』三三〇頁。
（二四）陳垣「倫紀篇第十六」『通鑑胡注表微』三三〇頁。
（二五）陳垣「感慨篇第九」『通鑑胡注表微』一六〇頁。
（二六）梁啓超「中国史叙論」『飲冰室文集』（台北、台湾中華書局、一九七〇年）第二冊、巻之六、一―一二頁。梁啓超「新史学」『飲冰室文集』第二冊、巻之九、一―三二頁。
（二七）梁啓超「新史学・中国之旧史」『飲冰室文集』第二冊、巻之九、一―三頁。
（二八）梁啓超「堯舜為中国中央君権濫觴考」『飲冰室文集』第二冊、巻之六、二三頁。
（二九）梁啓超「国家思想変遷異同論」『飲冰室文集』第二冊、巻之六、一二頁。
（三〇）胡適「引子」『白話文学史』『胡適作品集』第一九巻（台北、遠流出版事業公司、一九八八年）一六頁。
（三一）（清）黄印『錫金識小録』無錫文献叢刊編輯委員会編『無錫文献叢刊』第一輯（台北、無錫同郷会、一九七二年）「（顧）序」三頁。
（三二）黄萱「憶念陳寅恪教授」張傑・楊燕麗選編『追憶陳寅恪』三四頁。
（三三）王汎森『古史辨運動之興起――一個思想史的分析』（台北、允晨文化実業公司、一九八七年）。

おわりに

一、過去の様々な「音調」に耳を傾けること

歴史とは、多くの異なる旋律が同時に流れ、互いに競合する関係を指すと私は考えてきた。数年前、私は中央研究院歴史語言研究所の『古今論衡』に寄せた小文において、印刷に反対し、大規模な焚書を求める言論が近代にあったことを論じた。以前の私たちの歴史観は常に単線的であり、印刷術が勝利した点を述べるのみで印刷術が大いに行われた時代においても少なからぬ人々が異なる見方をしていたことをないがしろにしていた。抄本と刊本とはそもそも截然とは分かち難く、それらの流通量は往々にして優劣を付け難いものであった。したがって、抄本と刊本を二分法で捉える私たちの理解は、必ずしも歴史的事実とは符合しないのである。

歴史とは多くの異なる勢力が競合する過程であり、あるものは主流となり、あるものは伏流となる。あるものは非主流であったものの、完全には同じではない姿で主流へと戻った。本論で言及したロナルド・レーガンの事例についていえば、もし歴史過程において様々な力が競争していることに注意しなければ、彼が何故大統領に当選したのかを理解できない。私たちは一九六〇年代アメリカの思想を考える際、学生運動や急進団体ばかりを見ており、保守派も戦略を変えて人々を動員し、乾いた草に一つ一つマッチで火を点けていたことを忘れていた。この面を見てこそ、一九六〇年代の急進運動による猛烈な洗礼を経て、保守派のレーガンがなぜ一九八一年に大統領に当選したのかを多少なりとも解釈できるのである。

歴史は勝利者の側だけにあるわけではないことはいうまでもないが、歴史上には多くの力が育ち、競合していたことを理解しなければ、様々な現象は確かに理解し難い。本書で私が「執拗低音」という概念を用いたもう一つのきっかけは、数年前に病に罹った時、宋明理学の「心体」に対する自らの理解が百年にわたる新派学者の理解に依拠しており、「心体」というものは存在しないと見なす傾向にあったことを意識するようになったことである。しかし、その後実際はそうではないことを発見し、過度な西洋化を進める百年来の思潮がいかに私たちの歴史に対する理解や認識に影響してきたのかについて、さらに一歩進んで再考するようになった。もし再考する能力がなければ、私たちは多くの現象を本質と見なしてしまい、異なる可能性があることを忘れてしまうだろう。

功利主義と科学主義から過度の影響を受けた二〇世紀における古代の歴史文化に対する理解を、私は特殊な性格の情報局長に喩えている。この情報局長はあまりにも独断的であるので、派遣した諜報員が持ち帰ってくる情報がみな彼の思惑と一致することを常に望んでいる。しかし、諜報員を派遣するのは本来、事柄の真相を理解するためであり、もし諜報員が単に局長の考えに迎合するだけであれば、四苦八苦して人を派遣して情報を収集する必要があろうか。歴史研究も同様であり、もし単に現代人の耳触りのよいように過去の歴史を加工するだけであるのならば、研究する意義はどこにあろうか。

旧派の人物には新派に抵抗するためにややもすれば逆の極端へと走る者もいた。彼らにもまた異なる極端な議論を本質と見なす危険があったと思う。銭穆のような偉大な学者にも、近代西洋と背反してさえいれば正しいこと、すなわち近代西洋と背反するものこそが純粋に中国古代のものであると見なすような潜在的思考が見られたことも否定しえない。すなわち、新旧の両派それぞれに同様の問題が存在していたのである。ただし、近代中国には体系的な、あるいは深い理論を擁する保守主義はなかったようである。西洋の保守主義思想は西洋のロマン主義の伝統と一定の関係があったが、中国の近代にはかようなロマン主義の伝統はなく、したがって体系的な保守主義思想も少なかった。

旧派の人物には、近代西洋の功利主義や科学主義を反芻する者もおり、道理のある推断を行う者もいた。注意しなくてはならないのが、保守思想家と見なされた人物は必ずしも保守的ではなかったことである。例えば王国維の多くの主張は西洋あるいは日本の影響を受けており、実際には全く保守的ではなかった。王国維の親友であった孫徳謙はこの点を指摘している。

私個人は、歴史に関わる仕事に従事する者の任務は多く、そのうちの一つが歴史上の様々な音調（低音に限らない）を発掘し、それらの関係を明らかにすることによって、一つの時代には一つの音調しかないか、あるいは一種の主旋律のみ存在すると読者が誤解しないようにすることであると考えている。

二、現象や価値を「本質化」せぬこと

E・H・カーの定義に拠れば、歴史とは「過去と現在との不断の対話」である。そもそも歴史が現実への問題関心から完全に独立することは不可能である。歴史研究と現実との関係について私は、バスケットボールを地上にバウンドさせる時、球体が様々な力の影響を受けていくらか変化するようなものとしばしば比喩してきた。

歴史意識は社会や個人にとって重要な資産である。歴史意識は、私たちがある事柄を観察・考察、反省する際に「時間軸の奥行き」をもたらす。歴史意識は容易に定義できるものではないが、私が考えた定義の一つは、「ある個人が歴史意識を具えている時、歴史上に発生した事柄について、その者の意識の中に同時代の感覚が存在」しており、したがって、起こったことを丁寧に調べ上げ、そこから教訓を読み取ることができるというものである。もし歴史上に発生した事柄が私たちとの間に「同時代」感を生み出さないのならば、それは私たちとなんら実際的な関係がないということである。もし歴史上のあるものが私たちの思考の資源であり、同時代感を生み出すのなら、かような意識

の生成および状態を「歴史意識」と呼ぶことができる。

私は、「歴史とは心量〔精神の幅〕を拡張する学問である」という主題の次作を準備している。なぜならば、現代社会が直面する重大な歴史意識の危機を感じているからである。私たちは大学時代よりかような危機感を持っていた。当時、過去の歴史と私たちの生活とは同時代感を持っていると考えていたが、現在ではみな無関係であるようにも感じられる。もちろん、「無関係」という感覚も分析に値する課題である。しかし、歴史と私たちの現代社会との間にどのような関係があるのかについて、現在ではますます答え難くなっている。

現代人は歴史意識の欠如によって、自らが身を置く環境や目に入るものを人類の自明のことと安易に見なしている。換言すれば、現状を本質化することで、人類には実は多元的で豊かな可能性があったことをなおざりにしている。人類の経験は、この瞬間こそが正しいとか、この瞬間こそがもっとも進歩していてもっとも価値があるなどというものではない。過去にも私たちが吸収すべき資源が存在しうるし、未来もまた変化するかもしれない。

歴史とは一種の負担であり、一種の解放でもある。ここでいう負担とは、ニーチェが『生に対する歴史の利害』〔『生に対する歴史の利害──ニーチェ遠近法思想のルーツ』稲毛友壽訳、デザインエッグ、二〇二三年〕において批評したものであるが、ニーチェの批判はランケ以来の歴史主義が歴史を断片化し、現実から遊離させたことに対してであった(ただし、歴史は必ずしもランケの方法によって表現されるわけではない)。

実のところ、歴史には解放の機能もある。「心」と「身体」という二元論は実はこの一〇〇─二〇〇年に西洋から発展した観念にすぎない。もともとこのような見方はなかったので、「心」と「身体」を分けて考えることには極めて大きな危険性があることはわからないであろう。もし、歴史的視野がなければ、「心」と「身体」という区別を議論する際の本質と見なし、人の問題を語るにはこれを前提としなければならないと誤解してしまう。別の事例を挙げよう。二一世紀に強調されているのは私利(self-interest)と競争であり、全世界の大学が競争モデルを採用して優劣を競っている。このような見方はアダム・スミスの『国富論』に由来すると多くの人は考えている。しかしながら、アマルティア・センがアダム・スミスの著作を改めて詳しく検討してみたところ、アダム・スミスはそれほど極端なことをいっていないことに気がついた。彼が議論した私利や競争は一定の範囲内に限定されており、節度があるものであった。もしこの歴史意識があれば、現状を本質として捉えないし、重要業績評価指標（ＫＰＩ）を死に物狂いで達成することこそが私たちが現在進むべき唯一の道であるとは見なさなくなるのである。

私たちは多元的で長期的な歴史の視野から物事を見る努力をすべきである。私にとっては回顧そのものが一種の解放である。龔自珍はある一文において、歴史とは「大出入」を行うこと、すなわち大きく「出る」ことと「入る」ことであると述べている。すなわち歴史の内部に入り込んでいかねばならないし、同時に外部に出て歴史を見なければならないというのである。このようにしてこそ、人々にとって歴史は負担とはならず、批判的で柔軟な観察の態度が保たれるのである。例を挙げれば、戦車は第二次世界大戦以前において陸軍における補助的兵器であった。もしそれまでのしきたりを墨守していたのなら、戦車には補助的な用途しかないと信じるのみであったろう。しかし、第二次世界大戦時にドイツ軍は戦車を集結させて打撃の主力としたので、従来の戦争形態は完全に変わってしまった。これこそが過去における戦車の歴史を知りつつ、破壊的な創造を行った実例である。私はこれも一種の「大出入」であると理解している。

私個人の研究を例にして見てみよう。私は専ら一五世紀から近代にかけての思想史研究に従事してきた。探求のテーマは近世社会及び近代思想の形成、簡単にいえば、何が近代の中国を作り上げたのか、何が今日の私たちの思想と生活を形作ったのかということである。歴史研究を通して、これらの形成過程にはもともと多くの選択肢が広がっており、近代において主であった勢力を本質として捉え、必ずその勢力に沿った道を歩まねばならないと捉えるべきではないことを知った。人類社会の発展は必ずしも同一の道を辿る必要はなく、最近の一〇〇年あまりの歴史において、多くの国家の発展は異なる方向へと向かった。

記憶と私たちの現実生活における判断との関係は非常に密接であるので、古今、多くの統治者は人々の歴史意識を操作しようと試みた。例えば、日本による台湾統治や第二次世界大戦期の中国における日本の作為に関する現在の台湾人の記憶は、それらをどのように解釈するかによって、台湾人の投票行動を大いに規定する。したがって記憶は確かに大きな影響力を有しており、歴史は存在しないかのように見えても、人々はみなしっかりと歴史に摑まれているのである。

歴史学者は解釈の争奪に対してどのように向き合えばよいのだろうか。統治者が未来永劫にわたり歴史の真相を抑圧することは不可能である。世新大学のあるメディア学の教授が示した統計に拠れば、二二八事件後の数十年にわたって、台湾のメディアや歴史学のテキストの中で二二八事件に言及した数は非常に少なかったという。しかし、ひとたび明るみにでるや収拾し難い局面に直面した。二二八事件の記憶を抑えつけた当時の台湾当局の政策は誤りであり、和解の機会を逸してしまったのである。ここでいう和解とは、互いの異なる歴史を十分に理解した上で、互いの諒解の機会を追い求めることを指す。和解とはみなが完全に一様であることを示すのではなく、より高い基礎に立脚した上で互いの主体的なやりとりを求めるという原則を指し、これは多元的な歴史叙述に対する私の見解でもある。正しく歴史に向き合う方法とは、人々が自発的に想いを表して歴史を記すことであり、同時に人々の中に理解と和解の可能性を探ることであると思う。一例を挙げれば、清末中華民国初期の思想家は、当時の世界において最強の国家は民主や議会がある国家だと考えた。なぜであろうか。このような体制では人々は自らの意見を表現できるので、様々な人々の知恵や才知を集めて国家の力へと結集させることができるからである。

『聖書』には「真理はあなたたちを自由にする」(ヨハネによる福音書八章三二節)という言葉がある。私は、政府が権力を用いて歴史を壟断することに反対であるし、またその対極にある極端な解釈にも反対である。例えば、中国大陸の歴史教科書は長年にわたって抗日戦争が中国共産党の指導のもとで行われたと記述してきたが、これはあまりにも荒唐無稽である。これはあたかも孫文が最初から最後まで指導者としての地位にあったと中国国民党が主張するようなものであるが、実際には孫文は多くの場面において中国政治の傍流にあった。国家権力を用いて歴史をもてあそぶことは、一旦真相がすべて暴露されると政権にとって致命的な不利益をもたらす。数年前、私は欧州旅行中に中国大陸の旅行団と遭遇したことがある。その際、抗日戦争は国民政府が主導したものであるとある者に告げたところ、彼はなんとこのことを知らなかったので、台湾の歴史教科書を中国に送るよう求められた。台湾の教科書に書いてあることは彼にとって未曾有のことであった。その後、彼とは雲南省で再会したのだが、その頃には彼は中国共産党の歴史に関するあらゆる宣伝に懐疑的になっていた。このような歴史操作は得より損のほうが大きくないだろうか。

上述したように、「歴史には大出入すること」が必要であるが、換言すれば、私たちは民主と自由の思想という前提を歴史編纂の原則とするべきであるということである。「出る」際、すなわち分析対象の外側に出てみて問題を検討する際には、公開、平等、人権を原則とせねばならず、いかなる極端にも走るべきではない。然る後に「入る」のである。すなわち、歴史研究の箱庭へと分け入り、どのように歴史を叙述するかを追究するのである。そして歴史学を探究する者には基本的に次のような資質が必要であると考える。すなわち、理性を保った態度を持ち、自由と民主とを自分の行動指針としていること、いかなることに対しても君子としての風格を保ち、自明の善を共通認識としてより多くのものを包括する開かれた態度を持つことである。

長い視野に立てば、『聖書』の「真理はあなたたちを自由にする」という一節が啓示しているのは、歴史叙述を現実の必要から誇張したり歪曲したりしてはならず、平衡感覚によって表現しなければならないということである。これはあたかも蔡元培が述べたがごとく、学問をする際にはイデオロギーや現実の功利によって歪曲してはならず、真なるものこそが長く伝えられるようにするということである。

参考文献

一、未公刊史料

「姚従吾致傅斯年」（一九三五年五月三日）中央研究院歴史語言研究所蔵「傅斯年檔案」（II-345-1）。

二、中国語文献

威廉・詹姆士（William James）著、唐鉞訳

二〇〇二『宗教経験之種種』北京、商務印書館。

浮田和民講述、李浩生ほか訳、鄔国義編校

二〇〇七『史学通論（四種合刊）』上海、華東師範大学出版社。

袁英光ほか編

一九九六『王国維年譜長編』天津、天津人民出版社。

汪栄宝

一九〇九『中国歴史教科書』（原名は『本朝史講義』）、上海、商務印書館、宣統元年第四版）。

王国維

一九〇五「論新学語之輸入」『教育世界』第九六期。

王国維著、謝維揚・房鑫亮主編

二〇〇九『王国維全集』杭州、浙江教育出版社、広州、広東教育出版社。

王国維著、傅傑点校、陳金生復校

二〇〇九『静安文集』杭州、浙江教育出版社。

王汎森

一九八七『古史辨運動之興起——一個思想史的分析』台北、允晨文化実業公司。

二〇〇三「中国近代思想文化史研究的若干思考」『新史学』第一四巻第四期。
二〇一一『学術発展』〈中華民国発展史〉台北、聯経出版事業公司、第一冊。
二〇一一「対思想史研究的若干考察」邵東方・夏中義編『王元化先生九十誕辰紀念文集』上海、上海文芸出版社。
二〇一一「時代関懐与歴史解釈」『古今論衡』第二三号。
二〇一一「時代感、歴史観、思想与社会――進化思想在近代中国」陳永発主編『明清帝国及其近現代転型』台北、允晨文化実業公司。
二〇一二『章太炎的思想――兼論其対儒学伝統的衝撃』上海、上海人民出版社。
二〇一三『権力的毛細管作用――清代的思想、学術与心態』台北、聯経出版事業公司。
王揚宗
二〇〇〇『傅蘭雅与近代中国的科学啓蒙』北京、科学出版社。
王雷泉編選
一九九六『悲憤而後有学――欧陽漸文選』上海、上海遠東出版社。
郭沫若
一九八九『中国古代社会研究』上海、上海書店。
葛兆光
二〇〇五『思想史研究課堂講録――視野、角度与方法』北京、生活・読書・新知三聯書店。
季羨林主編
二〇〇三『胡適全集』合肥、安徽教育出版社。
祁寯藻撰
一九七六『歴代循吏紀事』二巻、台北、聯経出版事業公司。
龔自珍著、王佩諍編校
一九九九『龔自珍全集』上海、上海古籍出版社。
胡適

一九八八　『白話文学史』『胡適作品集』第一九巻、台北、遠流出版事業公司。
胡珠生編
一九九三　『宋恕集』北京、中華書局。
顧燮光
二〇〇七　『訳書経眼録』熊月之主編『晩清新学書目提要』上海、上海書店出版社。
胡頌平編
一九八四　『胡適之先生年譜長編初稿』台北、聯経出版事業公司。
呉宓著、呉学昭整理注釈
二〇〇六　『呉宓日記続編』北京、生活・読書・新知三聯書店。
黄印
一九七二　『錫金識小録』無錫文献叢刊編輯委員会編『無錫文献叢刊』第一輯、台北、無錫同郷会。
黄侃
一九八五　『量守廬学記――黄侃的生平和学術』北京、生活・読書・新知三聯書店。
黄進興
二〇〇六　『後現代主義与史学研究』台北、三民書局。
査爾斯・泰勒（Charles Margrave Taylor）著、徐文瑞訳
一九九九　『黒格爾与現代社会』台北、聯経出版事業公司。
蔡元培ほか
一九六六　『読経問題』香港、龍門書店。
蔡尚思ほか編
一九八一　『譚嗣同全集（増訂本）』北京、中華書局。
周一平・沈茶英
一九九九　『中西文化交匯与王国維学術成就』上海、学林出版社。

徐維則
二〇〇七『増版東西学書録』熊月之主編『晩清新学書目提要』上海、上海書店出版社。
徐則陵
一九二二「史之一種任務」東南大学史地会編『史地学報』第一巻第一期。
蕭萐父主編
二〇〇一『熊十力集』武漢、湖北教育出版社。
鍾泰
一九九八『中国哲学史』瀋陽、遼寧教育出版社。
章太炎
一九〇六「謝本師」『民報』第九号。
一九〇六「説林・傷呉学」『民報』第九号。
一九七一『訄書』台北、世界書局。
章太炎著、上海人民出版社編
一九八六『章太炎全集』上海、上海人民出版社。
章念馳編訂
二〇一一『章太炎演講集』上海、上海人民出版社。
沈兆禕
二〇〇七『新学書目提要』熊月之主編『晩清新学書目提要』上海、上海書店出版社。
斯諾（Edgar Snow）著、董楽山訳
一九七九『西行漫記』北京、生活・読書・新知三聯書店。
薛福成
『庸盦海外文編』清光緒一三年至二一年刻庸盦全集本。
銭仲聯編

一九九九『広清碑伝集』蘇州、蘇州大学出版社。
銭穆
一九五八『両漢経学今古文平議』香港、新亜研究所。
一九九四『国学概論』『銭賓先生全集』甲編第一冊、台北、聯経出版事業公司。
曾国藩
一九九四『曾国藩全集・詩文』長沙、岳麓書社。
桑兵ほか編
二〇一〇『国学的歴史』北京、国家図書館出版社。
孫詒譲著、張憲文輯
一九九〇『孫詒譲遺文輯存』杭州、浙江人民出版社。
戴震著、趙玉新点校
一九八〇『戴震文集』北京、中華書局。
譚嗣同著、湯志鈞・湯仁澤校注
一九九八『仁学』台北、台湾学生書局。
中共中央文献研究室・中共湖南省委『毛沢東早期文稿』編輯組編
一九九〇『毛沢東早期文稿――一九一二・六―一九二〇・一一』長沙、湖南出版社。
中国社会科学院科研局組織編選
二〇〇六『王毓銓集』北京、中国社会科学出版社。
中国人民政治協商会議全国委員会文史資料研究委員会編
一九六一『辛亥革命回憶録』北京、中華書局。
張傑・楊燕麗選編
一九九九『追憶陳寅恪』北京、社会科学文献出版社。
張灝

一九八八　『烈士精神与批判意識――譚嗣同思想的分析』台北、聯経出版事業公司。
二〇〇二　「扮演上帝――廿世紀中国激進思想中人的神化」第三届国際漢学会議論文集思想組編『中国思潮与外来文化』台北、中央研究院文哲研究所。
張枬・王忍之編
一九六〇　『辛亥革命前十年間時論選集』北京、生活・読書・新知三聯書店。
張仏泉
一九七一　「梁啓超国家観念之形成」『政治学報』第一期。
陳垣
一九五八　『通鑑胡注表微』北京、科学出版社。
陳寅恪
一九七八　『元白詩箋証稿』上海、上海古籍出版社。
一九八〇　『寒柳堂集』上海、上海古籍出版社。
二〇〇一　『陳寅恪集・金明館叢稿二編』北京、生活・読書・新知三聯書店。
陳訓慈
一九二一　「史学観念之変遷及其趨勢」『史地学報』第一巻第一期。
陳智超編
二〇〇六　『勵耘書屋問学記（増訂本）』北京、生活・読書・新知三聯書店。
鄭超麟著、范用編
二〇〇四　『鄭超麟回憶録』北京、東方出版社。
徳羅伊森（Johann Gustav Droysen）著、胡昌智訳
二〇〇六　『歴史知識理論』北京、北京大学出版社。
寧海県政協教文衛体和文史資料委員会編
二〇〇六　『童保喧日記』寧波、寧波出版社。

傅斯年
出版予定「赤符論」『傅斯年遺文集』。
傅孟真先生遺著編輯委員会編、陳槃ほか校訂増補
一九八〇『傅斯年全集』台北、聯経出版事業公司。
馬勇編
二〇〇三『章太炎書信集』石家荘、河北人民出版社。
牟宗三
一九七五『才性与玄理』台北、台湾学生書局。
蒙文通
一九九五『蒙文通文集第三巻――経史抉原』成都、巴蜀書社。
余英時
一九七八『歴史与思想』台北、聯経出版事業公司。
二〇〇三『朱熹的歴史世界――宋代士大夫政治文化的研究』台北、允晨文化実業公司。
姚淦銘・王燕編
一九九七『王国維文集』北京、中国文史出版社。
楊琥編
二〇一一『歴史記憶与歴史解釈――民国時期名人談五四（一九一九―一九四九）』福州、福建教育出版社。
楊天石
一九八〇『南社』北京、中華書局。
楊文会著、周続旨校点
二〇〇〇『等不等観雑録』『楊仁山全集』合肥、黄山書社。
羅志田
一九九六「中国文化体系之中的伝統政治統治」『戦略与管理』一九九六年第三期。

羅紹志編
一九八〇『蔡和森伝』長沙、湖南人民出版社。
李慶編註
一九九九『東瀛遺墨――近代中日文化交流稀見史料輯注』上海、上海人民出版社。
里贊
二〇一〇『晩清州県訴訟中的審断問題――側重四川南部県的実践』北京、法律出版社。
柳詒徴
二〇〇〇『国史要義』上海、華東師範大学出版社。
劉咸炘
一九九六『推十書』成都、成都古籍書店。
劉咸炘著、黄曙輝編校
二〇〇七『劉咸炘学術論集』桂林、広西師範大学出版社。
劉紀蕙
二〇一一『心之拓樸――一八九五事件後的倫理重構』台北、行人文化実験室。
劉師培著、万仕国輯校
二〇〇八『劉申叔遺書補遺』揚州、広陵書社。
柳曾符・柳定生編
一九九一『柳詒徴史学論文続集』上海、上海古籍出版社。
劉乃和ほか
二〇〇〇『陳垣年譜配図長編』瀋陽、遼海出版社。
梁啓超
一九五九『儒家哲学』台北、台湾中華書局。
一九六七『先秦政治思想史』台北、台湾中華書局。

一九七〇『飲冰室文集』台北、台湾中華書局。
一九九八『清代学術概論』上海、上海古籍出版社。
林楽知訳
二〇〇七『格致啓蒙』熊月之主編『晩清新学書目提要』上海、上海書店出版社。
林慶彰
一九九七「民国初年的反『詩序』運動」『貴州文史叢刊』一九九七年第五期。
林慶彰・蔣秋華主編
二〇〇八『李源澄著作集』台北、中央研究院中国文哲研究所。
楼宇烈整理
一九八七『孟子微・礼運注・中庸注』北京、中華書局。
一九九二『康南海自編年譜（外二種）』北京、中華書局。
魯迅
一九八九ａ『野草』『魯迅全集』第三冊、台北、唐山出版社。
一九八九ｂ『而已集』『魯迅全集』第五冊、台北、唐山出版社。

三、英語文献

Carr, E.H.
1961 *What is History?* New York: Vintage Books.
Eliot, Thomas Stearns
1951 "Tradition and the Individual Talent" *Selected Essays*, London: Faber and Faber Limited.
Hu Shih（胡適）
1995 "The Indianization of China: a Case Study in Cultural Borrowing" 周質平主編『胡適英文文存』第二冊、台北、遠流出版事業公司。

Macintyre, Alasdair Chalmers

2006 *The Tasks of Philosophy.* Cambridge: Cambridge University Press.

Philo

2008 "Illustrations of the Word Fung "*Chinese Repository*, 張西平主編、顧鈞・楊慧玲整理『中国叢報』第一八冊、桂林、広西師範大学出版社。

Scott, James

1985 *Weapons of the Weak: Everyday Forms of Peasant Resistance.* New Haven: Yale University Press.

Wang Fan-sen（王汎森）

2003 "Zhang Binglin (Chang Ping-lin)", Antonio S. Cua ed., *Encyclopedia of Chinese Philosophy*, London: Routlege Press.

Wood, Henry

1895 *Ideal Suggestion through Mental Photography*. Boston: Lee and Shepard Press.

用語説明

アイザイア・バーリン（一九〇九―一九九七）　イギリスの哲学者。オックスフォード大学教授を務めた。自由概念における議論に多大なる影響を及ぼした。著書に『自由論』。

アマルティア・セン（一九三三―）　インドの経済学者、哲学者。ハーバード大学経済学・哲学教授。一九九八年、ノーベル経済学賞を受賞。『自由と経済開発』など多数の著作がある。

アラスデア・マッキンタイア（一九二九―）　イギリス出身の哲学者。一九七〇年にアメリカに移住し、ノートル・ダム大学などで教鞭を執った。徳倫理学を提唱。

アルトゥル・ショーペンハウアー（一七八八―一八六〇）　ドイツの哲学者・思想家。独創的な意志の哲学を説き、ニーチェに多大な影響を与えた。主著は『意志と表象としての世界』。

アレクシ・ド・トクヴィル（一八〇五―一八五九）　フランスの政治思想家。パリ大学で法学を修めて裁判所判事となった。アメリカを視察し、『アメリカにおけるデモクラシーについて』を著した。

イマヌエル・カント（一七二四―一八〇四）　ドイツの哲学者。あらゆる権威の徹底的批判を根本精神とする批判哲学を大成した。著作に『純粋理性批判』など。

ウィリアム・ジェームズ（一八四二―一九一〇）　アメリカ合衆国の哲学者・心理学者。ハーバード大学教授を務めた。機能主義心理学の第一人者として知られた。

浮田和民（一八六〇―一九四六）　近代日本の政治学者。熊本バンドの一人。同志社大学や早稲田大学で教鞭を執った。代表作に『倫理的帝国主義』。

エドガー・スノー（一九〇五―一九七二）　アメリカ合衆国のジャーナリスト。外国人記者として初めて中国共産党の本拠地延安に入り、その実態を世界に報道した。主著は『中国の赤い星』。

エルンスト・ゴンブリッチ（一九〇九―二〇〇一）オーストリア系ユダヤ人の美術史家。ロンドンのウォーバーク研究所所長を務めた。代表作に『美術の物語』。

王毓銓（一九一〇―二〇〇二）近現代中国の歴史学者。中国社会科学院歴史研究所研究員を務めた。特に明代史研究で知られ、『明代的軍屯』などの著作がある。

王国維（一八七七―一九二七）清末中華民国初期の歴史学者。敦煌で発見された漢代木簡、殷墟で発見された甲骨文字の研究などで知られた。

汪士鐸（一八〇二―一八八九）清末の学者。曾国藩の幕僚を務めた。清朝の窮乏を人口問題との関連で論じた。

王夫之（一六一九―一六九二）号は船山。明末清初の思想家・儒学者。満洲族の中国支配への屈服を潔しとしなかった。その思想は清末における排満思想に大きな影響を与えた。

王蘧常（一九〇〇―一九八九）近現代中国の哲学史研究者。王国維にその才能を見出された。復旦大学、交通大学、暨南大学などで教鞭を執った。

欧陽竟無（一八七一―一九四三）近代中国の仏教学者。楊文会に師事した。支那内学院を創設し、法相・唯識二宗を講じ、『般若経』を研究した。

カール・マルクス（一八一八―一八八三）ドイツの経済学者、哲学者。弁証法的唯物論、史的唯物論を基礎に科学的社会主義を打ち立てた。著作に『資本論』など。

カール・レーヴィット（一八九七―一九七三）ドイツの哲学者。マルティン・ハイデガーの高弟で、ハイデガー哲学を批判的に摂取した独自の思想を構築した。著作に『ヘーゲルからニーチェへ』。

郭沫若（一八九二―一九七八）近現代中国の学者、政治家。九州帝国大学卒業。中国古代社会の研究に大きな功績を残した。新中国では、政務院副総理や中国科学院院長を歴任。

夏曾佑（一八六三―一九二四）　清末民初の仏教学者、歴史学者。変法派の活動に参加し、『国聞報』の創設に参与した。辛亥革命後、京師図書館館長を務めた。

賈鳧西（一五九〇―一六七五）　明末清初の文人。貢生。明末に知県などを務めた。民間文化を好み、鼓詞などを創作した。

狩野直喜（一八六八―一九四七）　近代日本の中国学者。京都帝国大学教授を務めた。清の実証学を継ぎ、元曲や敦煌文書の研究で知られる。

韓愈（七六八―八二四）　唐代の文学者・思想家。唐宋八大家の一人。古文復興に努める。また仏教を批判して、中国古来の儒教の刷新を試み、次の宋学の先駆けとなった。

顔元（一六三五―一七〇四）　明末清初の学者。陸王学や朱子学にあきたらず、独自の孔孟の学を提唱した。顔李学派の祖。主著に『四存編』。

琦善（一七九〇―一八五四）　清末の政治家。アヘン戦争の際、欽差大臣としてイギリスの全権エリオットと交渉、川鼻仮条約を結んだ。このことで免職、流罪となった。

キャリー・マリス（一九四四―二〇一九）　アメリカの生化学者。ポリメラーゼ連鎖反応（ＰＣＲ）法の考案で知られる。その功績により、一九九三年にノーベル化学賞を受賞した。

丘逢甲（一八六四―一九一二）　清末日本植民地統治期の台湾の文人。一八八九年の進士。日本の台湾領有当初は義勇軍を率いて日本軍に抵抗した。後に広東へ逃れ、中華民国臨時政府に参加した。

龔自珍（一七九二―一八四一）　清末の詩人・学者。外祖父段玉裁より文字学を習い、劉逢禄より公羊学を修めた。その詩詞文は清末思想家に大きな影響を与えた。主著に『定庵文集』。

クエンティン・スキナー（一九四〇―）　イギリスの思想史家。ロンドンのクイーン・メアリー大学名誉教授。政治思想史のケンブリッジ学派の創設者の一人と見なされている。

ゲオルク・ヴィルヘルム・フリードリヒ・ヘーゲル（一七七〇―一八三一）　ドイツの大哲学者。新プラトン派の哲学、ルネサンス以来の近代思想を、論理学、自然哲学、精神哲学からなる体系へと纏め上げた。

ゲオルク・ジンメル（一八五八―一九一八）　ドイツの哲学者、社会学者。生の哲学を展開するとともに、社会学の黎明期の主要人物でもあった。著書に『社会学の根本問題』。

ケネス・バーク（一八九七―一九九三）　アメリカ合衆国の文芸理論家、詩人。シカゴ大学やハーバード大学で教鞭を執った。著書『動機の修辞学』等で知られる。

見月読体（一六〇一―一六七九）　明末清初の高僧。律宗千華派の第二代祖師。

阮元（一七六四―一八四九）　清代の政治家、考証学者。一七八九年に進士となり、官は体仁閣大学士に至った。『経籍籑詁』『皇清経解』『十三経注疏校勘記』などを編纂。

元稹（七七九―八三一）　唐代中期の詩人。官界では宰相にのぼりつめた。政治や社会を風刺する作風であった。白居易の親友として知られた。

顧炎武（一六一三―一六八二）　清朝考証学の基礎を確立し、黄宗羲、王夫之とともに清初の三大師とされる。主著に『日知録』。

皇侃（四八八―五四五）　中国、南北朝時代、梁の学者。経書の古注釈を集め、多くの義疏を残した。著作に『礼講義疏』『論語義疏』など。

黄侃（一八八六―一九三五）　字は季剛。近代中国の訓詁学者。音韻学や中国古典も研究した。一九〇五年に日本に留学し、東京で章炳麟に師事した。また、中国同盟会に加入した。中華民国期には北京大学教授などを歴任。

黄萱（一九一〇―二〇〇一）　嶺南大学や中山大学で助教を務めた。陳寅恪の助手として知られる。

公車上書　日清戦争直後の一八九五年、科挙のために北京に赴いた挙人（公車）を康有為が糾合して連名で講和反対や変法を請願すべく行った上書のこと。

黄震（一二一三―一二八一）　南宋の学者。南宋で地方官を歴任し、宋朝が滅亡すると隠居して著作と教育に専念した。著書に『古今紀要』『黄氏日鈔』。

黄宗羲（一六一〇―一六九五）　王夫之、顧炎武とともに清初の三大師と称される。反清抵抗運動に身を投じた後に史学を修めた。主著は『明夷待訪録』。

康有為（一八五八―一九二七）　清末民初の政治家、学者。列強の侵略に対して危機感を強め、戊戌の変法といわれる改革を企てたが、西太后らの保守派のクーデターにより失脚。

寇連材（一八六八―一八九六）　清末の宦官。西太后に仕えたことで知られる。

胡三省（一二三〇―一三〇二）　南宋末期の政治家、歴史家。一二五六年の進士。『資治通鑑』に対する精緻な研究で知られる。著作に『資治通鑑音注』など。

古史辨運動　一九二〇年代以降、顧頡剛・銭玄同・胡適らの研究者によって進められた古代中国史の歴史記述をめぐる研究動向。三皇五帝や夏王朝の実在を疑い、後世の創作と見なす疑古の立場が採られた。

胡適（一八九一―一九六二）　中華民国期の哲学者・思想家・外交官。コロンビア大学でジョン・デューイに師事した。一九一七年の帰国後は口語文学を提唱して文学革命の旗手となった。その後、北京大学教授や駐米大使などを務めた。

胡蘭成（一九〇六―一九八一）　近代中国の政治家、作家。汪兆銘政府にて法制局長官に就任。一九四四年、作家張愛玲と結婚するも一九四七年に離婚。一九五〇年に日本に政治亡命。

呉樾（一八七八―一九〇五）　清末の革命家。直隷高等師範学校に学び、『直隷白話報』を創設して主筆を務めた。暗殺による革命の推進を提唱した。出使五大臣の爆殺を企てて死亡した。

呉嘉瑞（?―?）　清末の政治家。一八八九年の進士。翰林院編修を務めた。

呉之椿（一八九四―一九七一）　近現代中国の歴史学者、政治家。ハーバード大学などで学ぶ。中華民国期には中山大学や北京大学などで教鞭を執り、国民政府外交部にも勤務した。

呉承仕（一八八四―一九三九）　近代中国の経学者。章炳麟の弟子。北京大学や北京師範大学で教えた。著書に『三礼名物』。

呉徳瀟（一八四八―一九〇〇）　清末の政治家、文人。一八八二年の進士、知県を務めた。後に変法運動に参加した。民衆反乱によって殉死した。

呉宓（一八九四―一九七八）　近現代中国の学者、詩人。紅楼夢研究者として知られる。古今東西の文学に通じ、中国における比較文学研究を開拓した。

柴徳賡（一九〇八―一九七〇）　近現代中国の歴史学者。陳垣の弟子。輔仁大学、北京師範大学、江蘇師範学院などで教鞭を執った。

蔡和森（一八九五―一九三一）　中国共産党初期の幹部。一九一八年、毛沢東らと進歩的青年組織である新民学会を結成。一九二一年に中国共産党に入党。香港で活動中に逮捕・処刑された。

ジェームズ・C・スコット（一九三六―二〇二四）　アメリカ合衆国の政治学者、人類学者。東南アジア農民の日常的抵抗論を展開した。イェール大学政治学部・人類学部教授を務めた。主著に『モーラル・エコノミー』。

時務学堂　一八九七年に長沙に開設された学校。梁啓超が総教習を務めた。変法運動の拠点となり、保守派の郷紳と衝突した。

時務報　一九世紀末に上海で発行された旬刊新聞。一八九六年七月創刊。改革思想を鼓吹した。主筆の梁啓超の文章は多数の読者を獲得した。

ジャック・ランシエール（一九四〇—）　フランスの哲学者。パリ第八大学名誉教授。平等と解放の思考を軸に、幅広い領域で執筆・講演活動を行う。

シャルル・セニョボス（一八五四—一九四二）　フランスの歴史家。特にフランス第三共和政の研究で知られる。著書に『歴史学研究入門』。

ジャンバッティスタ・ヴィーコ（一六六八—一七四四）　イタリアの哲学者。王立ナポリ大学修辞学教授を務めた。デカルトに対抗した独創的な研究をした。著作に『学問の方法』。

朱熹（一一三〇—一二〇〇）　南宋の思想家。儒教の経典に新しい解釈を加えて、朱子学をうちたてた。代表作に『近思録』。

ジュゼッペ・マッツィーニ（一八〇五—一八七二）　イタリアの政治家、作家。イタリア統一運動における急進主義者として知られる。

ジョージ・フロスト・ケンナン（一九〇四—二〇〇五）　アメリカ合衆国の外交官、政治学者、歴史家。一九四〇年代から一九五〇年代にかけてのソ連封じ込め政策などを立案した。

ショーペンハウアー　→　「アルトゥル・ショーペンハウアー」を参照。

章学誠（一七三八—一八〇一）　乾隆から嘉慶年間にかけての歴史学者。一七七八年に進士に及第した。地方志に関して独自の主張を展開して浙東史学の代表的人物と目された。代表作に『文史通義』。

焦循（一七六三—一八二〇）　清代の学者。清朝考証学における揚州学派の主要人物とされ、多分野において著作を残した。主著に『孟子正義』『論語通釈』。

鍾泰（一八八八―一九七九）　近現代中国の哲学者。清末に東京帝国大学に学んだ。之江大学や華東師範大学で教鞭を執った。

蔣廷黻（一八九六―一九六五）　中華民国の歴史学者、外交官。国際連合首席代表を務めたことで知られる。

章炳麟（一八六九―一九三六）　号は太炎。清末中華民国初期の学者、革命家。漢民族による民族主義革命を主張。孫文・黄興と並んで革命三尊と称された。

鄭玄（一二七―二〇〇）　後漢の学者。訓詁学の大家として知られ、古文を基礎として諸説を解釈し、儒学の体系化に努めた。

徐建寅（一八四五―一九〇一）　清末の技術者。徐寿の息子。江南機器製造総局や福州船政局などに勤めた後、湖北槍炮廠督弁となった。

徐寿（一八一八―一八八四）　清末の化学者、技術者。中国で初めて蒸気機関の設計と製造に関わった。一八七四年、宣教師ジョン・フライヤーとともに上海で格致書院を創設した。

徐養秋（一八八六―一九七二）　字は則陵。近現代中国の教育者、歴史学者。金陵大学卒業後、アメリカで学び、コロンビア大学で博士学位を取得した。帰国後、金陵大学教授などを務めた。

ジョン・L・オースティン（一九一一―一九六〇）　イギリスの哲学者。オックスフォード学派の代表者の一人とされる。主著に『言語と行為』。

ジョン・フライヤー（一八三九―一九二八）　中国名は傅蘭雅。イギリスの中国学者。上海に格致書院を創立して科学技術教育に尽力した。一九一五年にカリフォルニア大学教授に就任した。

ジンメル　→　「ゲオルグ・ジンメル」を参照。

鄒容（一八八五―一九〇五）　清末の革命家。章炳麟らが創設した愛国学社に学び、一九〇三年、『革命軍』を出版して反満を唱えた。これによって逮捕され、後に獄死した。

スピノザ　↓「バールーフ・デ・スピノザ」を参照。

薛福成（一八三八―一八九四）清末の外交官、思想家。一八七九年の『籌洋芻議』で変法を主張した。その後公使としてヨーロッパに派遣された。

銭謙益（一五八二―一六六四）明末清初の学者、詩人。一六一〇年の進士。東林党の指導者にして文壇の重鎮であった。明代に官は礼部尚書に至り、清代には礼部右侍郎となった。

翦伯賛（一八九八―一九六八）中国の歴史学者。秦漢史の研究で卓越した業績を残した。北京大学教授を務めた。文革で批判されて逝去した。

銭邦芑（?―一六七三）明末清初の学者。南明政権で官僚を務めた。後に僧侶となって隠居した。著作に『大錯和尚遺集』。

銭穆（一八九五―一九九〇）中国の歴史学者、思想史家。新亜書院初代校長や中央研究院院士を務めた。主著に『中国近三百年学術史』『国史大綱』。

宋育仁（一八五七―一九三一）清末の進士、改良主義思想家。主著に『時務論』『泰西各国採風記』。

曾国藩（一八一一―一八七二）太平天国の乱に際し郷勇を編成して太平軍を鎮圧した。また洋務運動の推進者となり、漢人官僚進出の先駆となった。

宋恕（一八六二―一九一〇）清代の学者。特に仏教学の研究で知られ、清末には杭州に求是書院で教えた。

宋濂（一三一〇―一三八一）元末明初の政治家、学者。明開国にあたり、礼楽制度の制定に功績があった。また『元史』の編纂にあたった。

臧質（四〇〇―四五四）南朝宋の外戚。官職は車騎将軍、雍州刺史に至った。

ソシュール　→「フェルディナン・ド・ソシュール」を参照。

孫詒譲（一八四八―一九〇八）　清末の学者。一八六七年の挙人。兪樾に師事した。訓詁による考証を得意とし、『周礼正義』『墨子閒詁』などを著した。

孫徳謙（一八七三―一九三五）　清末民初の学者。章学誠研究で知られた。清末に江蘇通志局や浙江通志局に勤めた。辛亥革命後、上海政治大学や大夏大学で教鞭を執った。

戴季陶（一八九一―一九四九）　近代中国の政治家、孫文主義の理論的指導者。清末に日本に留学し、後に孫文の秘書となった。後に中国国民党右派の中心人物となった。

戴震（一七二四―一七七七）　清代中期の学者で、清朝考証学の代表的人物と評価されている。四庫全書の纂修官を務めた。主著に『孟子字義疏証』。

譚継洵（一八二三―一九〇一）　号は敬甫。清末の政治家。官は湖北巡撫に至った。譚嗣同の父。

チャールズ・テイラー（一九三一―）　カナダの政治哲学者。マギル大学名誉教授。全体論的個人主義の立場から多くの論述を行っている。『ヘーゲルと近代社会』『世俗の時代』などの著作で知られる。

チャールズ・ビアード（一八七四―一九四八）　アメリカ合衆国の歴史学者。関東大震災後の復興にも関わった。著書に『合衆国憲法の経済的解釈』。

チャールズ・ビクター・ラングロワ（一八六三―一九二九）　フランスの歴史学者、書誌学者。フランス国立公文書館館長を務めた。著書に『歴史学研究入門』。

張勲（一八五四―一九二三）　清末中華民国初期の軍人、政治家。袁世凱の死後、一九一七年七月一日に溥儀を再び即位させて帝政復古を宣言したが、僅か一二日で失敗に終わった。

張灝（一九三七―二〇二二）　現代中国の歴史学者。近代中国思想史を専門とした。長らくアメリカ合衆国において教鞭を執った。中央研究院院士に選出された。

張載（一〇二〇―一〇七七）　北宋時代の儒学者。現象をすべて「気」で説明する一元説を唱え、朱熹の哲学に大きな影響を与えた。代表作は『正蒙』。

張之洞（一八三七―一九〇九）　清末の政治家。一八六三年の進士。洋務派官僚として重要な役割を果たし、両広総督を六年間、湖広総督を一八年間務めた。主著に『勧学篇』。

張爾田（一八七四―一九四五）　近代中国の歴史学者、古典文学研究者。清末の挙人。一九一四年には『清史稿』編纂に参与した。後に北京大学教授を務めた。

張仏泉（一九〇八―一九九四）　中華民国の思想家。一九六一年に渡米し、ブリティッシュコロンビア大学などで教えた。主著『自由と人権』は知識人に大きな影響を与えた。

趙翼（一七二七―一八一四）　清代中期の著名な考証学者。一七六一年の進士。不遇であった官を辞し、郷里にあって著述や教育に努めた。主著に『二十二史箚記』。

陳垣（一八八〇―一九七一）　近現代中国の歴史学者。元代史や宗教史などの領域を専門とした。輔仁大学学長、北京師範大学校長、中国科学院歴史研究所所長を歴任した。

陳訓慈（一九〇一―一九九一）　中華民国期の学者。浙江省立図書館長を務めた。日中戦争期に杭州文瀾閣館蔵の『四庫全書』を大後方に避難させたことで知られる。

陳天華（一八七五―一九〇五）　清末の革命家。華興会に入り、「猛回頭」「警世鐘」などのパンフレットを書いて革命を鼓吹した。中国同盟会の結成に積極的役割を果たした。

陳独秀（一八七九―一九四二）　中国の政治家、思想家。『青年雑誌』を創刊し、文学革命を主張した。一九二一年、李大釗らと共産党を結成し、中央委員長・総書記になったが、後に除名された。

陳澧（一八一〇―一八八二）　清代後期の学者。一八三二年の挙人。漢学・宋学どちらも尊重する態度を採り、経世致用を重んじた。著書に『漢儒通義』。

陳宝箴（一八三一―一九〇〇）　清末の変法派の官僚。一八五一年の挙人。洋務運動で頭角を現し、一八九五年に湖南巡撫に就任して、変法派を支持した。戊戌の政変によって湖南巡撫を罷免された。

程顥（一〇三二―一〇八五）　北宋の学者。宇宙の根本原理を「理」とし、性理学の基礎を築いた。弟の程頤とともに二程子とよばれる。

鄭孝胥（一八六〇―一九三八）　清末中華民国期の政治家、文人。清末の進士。張謇と予備立憲公会を創設し、立憲運動を進めた。満洲国では国務総理や国務総理大臣に就任した。

トーマス・バビントン・マコーリー（一八〇〇―一八五九）　イギリスの歴史家、政治家。植民地インドにおいて法制整備、教育改革などに尽力した。著書に『英国史』。

唐才常（一八六七―一九〇〇）　清末の思想家、革新政治家。譚嗣同らとともに時務学堂、南学会を設立し、変法自強運動を推進した。自立軍事件によって処刑された。

桐城派　清代の古文家の一派。唐宋の古文を旨とし、内容と形式の一致を説き、質実、簡潔で高い格調を理想とした。

唐迪風（一八八六―一九三一）　近代中国の学者、教育者。清末の秀才。中華民国期に成都師範大学などで教鞭を執った。著作に『孟子大義』。

ドロイゼン　→「ヨハン・グスタフ・ドロイゼン」を参照。

ナタン・ワシュテル（一九三五―）　フランスの歴史学者、人類学者。スペイン征服期のラテンアメリカの専門家で、アンデスの先住民社会への影響を研究している。

南学会　湖南省の改良派により一八九八年二月に設けられた団体。戊戌政変の直後に、清朝保守派により廃止された。

ニーチェ　→「フリードリヒ・ニーチェ」を参照。

ニクラス・ルーマン（一九二七—一九九八）　ドイツの社会学者。社会システム理論によって理論社会学をリードした。一九六〇年代のユルゲン・ハーバーマスとの論争で知られる。

ハーバード・スペンサー（一八二〇—一九〇三）　イギリスの哲学者、社会学者。ダーウィンの進化論に基づき、社会の諸現象を様々な角度から論じた。著書に『総合哲学大系』。

バールーフ・デ・スピノザ（一六三二—一六七七）　オランダの哲学者。『知性改善論』『神学政治論』『エチカ』など哲学史に残る名著を著し、近世哲学の一つの潮流を生み出した。

貝允昕（一八六五—一九二七）　字元徴。清末中華民国初期の政治家、教育者。清末に日本に留学し、帰国後に教育事業に関与した。譚嗣同と交友があった。

馬一浮（一八八三—一九六七）　中国の国学者で、新儒家の代表的人物の一人。清末にアメリカに留学し、辛亥革命を支持した。後に国学研究で梁漱溟や熊十力と並び称された。

ハインリヒ・リッケルト（一八六三—一九三六）　ドイツの哲学者。新カント派・西南ドイツ学派の代表的な人物として知られる。

パウル・ティリッヒ（一八八六—一九六五）　ドイツの神学者。プロテスタント神学者として二〇世紀のキリスト教神学に多大な影響を与えた。主著に『組織神学』。

班固（三二—九二）　後漢の歴史家。父班彪の遺志を継ぎ、明帝の時に『漢書』の編集を進めた。

万斯同（一六三八—一七〇二）　清初の学者。黄宗羲に師事し、礼学と史学に長じた。清朝に仕官せず、『明史』の編纂に尽力した。

ハンス・ゲオルク・ガダマー（一九〇〇—二〇〇二）　ドイツの哲学者。ハイデルベルク大学名誉教授。解釈学という独自の哲学的アプローチで知られる。著書に『真理と方法』。

ピエール・アド（一九二二―二〇一〇）　フランスの哲学者。古代哲学、特にエピクロス主義とストア派を専門とした。代表作に『古代哲学とは何か』。

ヒュー・トレヴァー＝ローパー（一九一四―二〇〇三）　イギリスの歴史家。専門は近世イギリス史、およびナチス・ドイツ史。主著に『宗教改革と社会変動』『ヒトラー最期の日』。

フーコー　→　「ミシェル・フーコー」を参照。

フェルディナン・ド・ソシュール（一八五七―一九一三）　スイスの言語学者。ジュネーブ大学教授を務めた。近代言語学の父とされ、その理論は『一般言語学講義』に見られる。

フュステル・ド・クーランジュ（一八三〇―一八八九）　一九世紀フランスの中世学者。明晰で簡明な叙述で知られた。代表作に『古代都市』。

フリードリヒ・ニーチェ（一八四四―一九〇〇）　ドイツの哲学者。近代文明の批判と克服を図り、独自のニヒリズムを唱えた。生の哲学や実存主義の先駆者と見なされている。

フリードリヒ・ハイエク（一八九九―一九九二）　オーストリアの経済学者、哲学者。独自の自由主義思想を展開した。一九七四年にノーベル経済学賞受賞。主著に『隷属への道』『自由の条件』。

傅斯年（一八九六―一九五〇）　近現代中国の歴史学者。ランケの実証史学を継承して殷周史研究を推進した。中央研究院歴史語言研究所所長や台湾大学学長を歴任。

ヘーゲル　→　「ゲオルグ・ヴィルヘルム・フリードリヒ・ヘーゲル」を参照。

ヘイドン・ホワイト（一九二八―二〇一八）　アメリカ合衆国の歴史学者。カリフォルニア大学サンタクルーズ校名誉教授。主著に『メタヒストリー』。

ヘンリー・ウッド（一八三四―一九〇九）　一九世紀後半にアメリカ合衆国で始まったキリスト教における潮流の一つであるニューソート運動の先駆者の一人。

ヘンリー・バックル（一八二一―一八六二）　イギリスの歴史学者。『英国文明史』を著し、生態環境が歴史に及ぼす影響に着目した先駆的歴史観を提示した。

ボリス・エリツィン（一九三一―二〇〇七）　ソビエト連邦及びロシア連邦の政治家。一九九〇年代のソ連解体後の政局を主導した。一九九一年、ロシア連邦初代大統領に就任した。

ミシェル・フーコー（一九二六―一九八四）　現代思想を代表するフランスの哲学者。コレージュ・ド・フランス教授を務めた。知識の構造やその権力性を論じた著作群で知られる。

蒙文通（一八九四―一九六八）　近現代中国の歴史学者、経学者。先秦史、民族史、思想史などの領域において大きな足跡を残した。文革時に迫害死した。

耶律楚材（一一九〇―一二四四）　遼の王族の子孫にして、モンゴル帝国初期の重臣。代々金朝に仕えていたが、一二一五年チンギス・ハーンに降伏し、その政治顧問となった。

姚従吾（一八九四―一九七〇）　中華民国の歴史家。モンゴル史を専門とした。ベルリン大学、北京大学などで教鞭を執った。一九四九年以降、台湾大学教授や中央研究院院士を務めた。

余英時（一九三〇―二〇二一）　中国思想史学者。ハーバード大学やイェール大学などで教鞭を執った。プリンストン大学名誉教授。主著に『中国近世の宗教倫理と商人精神』。

熊十力（一八八五―一九六八）　近現代中国の思想家。新儒家の代表的人物。その思想体系は『新唯識論』において完成したとされる。文革で迫害された後に病没。

兪樾（一八二一―一九〇七）　清朝後期の学者。一八五〇年の進士。李鴻章の庇護のもとで研究・著述活動を行い、『群経平議』『諸子平議』『古書疑議挙例』などを著わした。

楊文会（一八三七—一九一一）清末の仏教徒。居士仏教の推進者として知られる。清末中国の思想界に大きな影響を与えた。

ヨハン・グスタフ・ドロイゼン（一八〇八—一八八四）ドイツの歴史学者、政治家。ヘレニズムの提唱者として知られる。政治家としてはプロイセン学派を牽引した。

羅洪先（一五〇四—一五六四）号は念庵。明代の儒学者。王陽明に私淑し、陽明学右派の中心人物として活躍した。著書に『念庵集』。

羅振玉（一八六六—一九四〇）近代中国の考証学者。金石文や甲骨文の研究で知られる。宣統帝の教育にあたったことがあり、満洲国では監察院長を務めた。

ランケ　→「レオポルト・フォン・ランケ」を参照。

李維格（一八六七—一九二九）清末民初の翻訳家、中国現代冶金工業の創始者。時務学堂で教えた。後に盛宣懐のもとで冶金工業に関わった。

陸九淵（一一三九—一一九二）陸象山ともいう。朱熹と同時代の儒学者。心即理の主観的唯心論を唱え朱熹と論争した。その思想は陽明学の源流となった。

陸建瀛（一七九二—一八五三）清朝の政治家。官は両江総督に至った。太平天国軍が江寧を攻略した際に戦死した。

李源澄（一九〇九—一九五八）近現代中国の歴史学者、経学者。四川大学や西南師範大学において教鞭を執った。主著に『諸子概論』『秦漢史』。

李鴻章（一八二三—一九〇一）曾国藩の幕下において太平天国の乱を鎮圧。以後四〇年余にわたって大官を歴任、洋務運動の中心人物として清国の近代化に尽力した。

李済（一八九六―一九七九）　中華民国の考古学者、人類学者。ハーバード大学で博士学位を取得し、殷墟などの遺跡発掘を行い、中国考古学の基礎を築いた。中央研究院歴史語言研究所所長を務めた。

李贄（一五二七―一六〇二）　字は卓吾。明末の思想家。陽明学左派で童心に基づいた名教批判を行った。世俗権威の否定によって逮捕され獄死した。著作に『焚書』。

李宗侗（一八九五―一九七四）　中華民国の歴史学者。軍機大臣李鴻藻の孫。一九四八年に台湾に渡り、国立故宮博物院の設立に参与。後に国立台湾大学歴史学系教授に就任した。

李大釗（一八八九―一九二七）　中華民国期の政治家。早稲田大学に留学、北京大学教授を務めた。一九二一年の中国共産党創設時の主要メンバー。一九二七年に張作霖によって逮捕され、刑死した。

リチャード・J・エバンス（一九四七―）　イギリスのドイツ近現代史研究者。ケンブリッジ大学近代史欽定講座担当教授を務めた。『歴史学の擁護』などの著作で知られる。

柳亜子（一八八七―一九五八）　近現代中国の革命詩人。光復会や中国同盟会に加入した。一九〇九年に陳去病らと南社を結成した。五四運動後には新文化運動を宣伝した。

柳詒徴（一八八〇―一九五六）　近現代中国の学者。国立中央大学などで教鞭を執った。一九四八年に中央研究院院士に選出された。主著に『中国文化史』。

劉咸炘（一八九六―一九三二）　中華民国期の歴史学者、文献学者。成都大学や四川大学教授を務めた。早逝したが四〇〇巻を超える著作を残した。

劉師培（一八八四―一九一九）　清末中華民国初期の革命家、思想家、政治家。一九〇四年に光復会に参加し、後に日本に一年間亡命した。中華民国期には北京大学文科教授を務めた。

劉知幾（六六一―七二一）　唐代の歴史学者。史官として『唐史』『実録』の編纂に従事した。史書・史学に関する評論『史通』を著わしたことで知られる。

劉豫（一〇七三―一一四六）　北宋末の官僚。一一〇〇年の進士。金の傀儡国家である斉（劉斉）の皇帝。

梁巨川（一八五八―一九一八）　清末中華民国初期の学者。挙人に及第して任官した。梁漱溟の父。

梁漱溟（一八九三―一九八八）　近代中国の思想家。一九二四年以降、「新儒教主義」の立場から山東省で郷村建設運動を試みた。新中国成立後、中国人民政治協商会議全国委員を務めた。

呂思勉（一八八四―一九五七）　近現代中国の歴史学者。光華大学や華東師範大学の教授を務めた。特に魏晋南北朝史研究で知られる。

呂祖謙（一一三七―一一八一）　字は伯恭。南宋の儒学者、政治家。名門の出身で、一一六三年の進士。著書に朱熹と共編の『近思録』。

林毓生（一九三四―二〇二二）　台湾出身の中国史思想史研究者。長らくアメリカ合衆国で教鞭を執った。一九九四年に中央研究院院士に選出された。

林月汀（一八七〇―一九三一）　清朝および日本植民地統治期の台湾の人物。日本の台湾領有当初には抵抗運動を行ったが後に帰順した。樟脳製造と専売の特権を与えられ、諸事業で成功を収めた。

レオ・シュトラウス（一八九九―一九七三）　ドイツ生まれの哲学者。一九三八年以降、アメリカに定住して活躍した。『自然権と歴史』や『政治哲学とは何か』などの著作で知られる。

レオポルト・フォン・ランケ（一七九五―一八八六）　ドイツの歴史学者。厳密な史料批判と客観的叙述を主張し、近代歴史学を確立した。主著に『世界史概観』。

ロジャー・ヨンジェン・チエン（一九五二―二〇一六）　アメリカの生化学者。二〇〇八年にノーベル化学賞を受賞した。

訳者あとがき

本書は復旦大学の大学院生を対象とした四回にわたる講座の講演録を基に編集されたものであり、巧みな比喩を多用しつつ平易な語り口を通して極めて刺激的な議論が展開されている。また、近世・近代の中国思想史そのもののみならず、欧米の現代思想に広く目配りした論述内容も本書の特徴の一つであり、テンポのよさとも相俟って思わず引き込まれる魅力がある。しかしながら、本書において縦横に引用されている中国近世・近代の思想家たちの言説や種々の古典は、専門家にとっても取り組みやすいとは言い難いものである。そして、一次史料への深い理解なくしては筆者の真意を汲み取ることはできない（この点が本書を翻訳する際の最大の難点であった）。中国思想史研究を専門としない読者が、相反する特徴を併せ持つ本音を理解するには、様々な関連知識を踏まえる必要がある。そこで、以下では筆者の研究背景と本書の概要を記して本書読解の便に供した上で、本書の内容を受けた若干の議論を附するものである。

一、筆者について

王汎森氏は一九五八年生まれ、台湾雲林県北港鎮の出身の歴史学者である。国立台湾大学歴史学系で学士（一九八〇年）及び修士（一九八三年）の学位を取得した後に渡米し、プリンストン大学において研鑽を重ね、一九九二年に博士学位を取得した。プリンストン大学時代には余英時に師事し、その薫陶を受けた。一九八五年に中央研究院歴史語言研究所助理研究員となり、一九九三年に副研究員に、一九九八年に研究員に昇任した。その後、中央研究院においては、歴史語言研究所副所長、同所長、蔡元培人文社会科学研究中心主任などの要職を歴任し、二〇一〇年より二〇一六年まで中央研究院副院長の任に就いた。二〇一六年五月より六月までの間、中央研究院代理院長を務めた。また、広く台湾学術界全体においても指導的役割を担い、国家科学委員会人文及社会科学処処長、同歴史学門諮議委員、Pacific Neighborhood Consortium 主席などを務めた。現在は、中央研究院院士や中央研究院歴史語言研究所特聘研究員として研究活動を進める傍ら、国立清華大学歴史研究所兼任教授や国立台湾大学歴史系兼任教授として後進の指導に当たっている。

四〇年以上におよぶ王汎森氏の研究活動からは重厚な業績が生み出されている。王氏の研究テーマは明清理学思想、王陽明思想、教育文化、史学史、東アジア文化交流、明清宮廷文化、およびデジタル・ヒューマニティに関する領域など多岐にわたっている。そのうち、主要な著書を列挙すると以下の通りとなる。

一、『章太炎的思想――兼論其対儒学伝統的衝撃』台北、時報文化出版公司、一九八五年。

二、『古史辨運動的興起――一個思想史的分析』台北、允晨文化実業公司、一九八七年。

三、*Fu Ssu-nien: A Life in Chinese History and Politics*, Cambridge: Cambridge University Press, 2000.

四、『中国近代思想与学術的系譜』石家荘、河北教育出版社、二〇〇一年（簡体字版）、台北、聯經出版事業公司、二〇〇三年（繁体字版）。

五、『晩明清初思想十論』上海、復旦大学出版社、二〇〇四年。

六、『近代中国的史家与史学』香港、三聯書店香港有限公司、二〇〇八年（繁体字版）、上海、復旦大学出版社、二〇一〇年（簡体字版）。

七、『傅斯年――中国近代歴史与政治中的個体生命』北京、生活・読書・新知三聯書店、二〇一二年（簡体字版）、台北、聯經出版事業公司、二〇一三年（繁体字版）。
八、『權力的毛細管作用――清代的思想、學術与心態』台北、聯經出版事業公司、二〇一三年。
九、『執拗的低音――一些歴史思考方式的反思』台北、允晨文化実業公司、二〇一四年（繁体字版）、北京、生活・読書・新知三聯書店、二〇一四年（簡体字版）。
一〇、『思想是生活的一種方式――中国近代思想史的再思考』台北、聯經出版事業公司、二〇一七年。
一一、『啓蒙是連続的嗎?』香港、香港城市大学出版社、二〇二〇年。
一二、『近世中国的輿論社会』中壢、中央大学出版中心、二〇二〇年。

以上のように、王汎森氏の研究範囲は明清期から近現代までの中国の思想史のみならず、学術史、史学史および文化史の領域を覆うものである。その特徴を便宜的に纏めると次の三点に集約されるように思われる。第一は個別の思想家研究である。章炳麟や傅斯年に関する単著がその代表であるが、初期の研究におけるオーソドックスな思想史研究の基礎がその後の研究の展開の土台を支えている。とりわけ、章炳麟思想における伝統性と近代性に関する議論は本書における議論へとつながっている。第二は、史学史に関する研究である。主要著作のうち四―七などがこれに当たるが、これらは明清時代から近代期における史家や史学の分析を通じて時代の雰囲気を析出していこうとする著作群である。特筆に値するのが『權力的毛細管作用』である。ここに収録された同名の論文では清初における言論弾圧が朝廷側からの圧力のみならず、知識人側の自己審査にも起因していたことが明晰に指摘されている。また研究の進展の中で、分析対象は心性や社会などへと広がっている。第三は、近代性と伝統性との関係を複眼的に捉えんとする研究であり、本書以降により顕著になった研究の方向性である。これらでは近代の到来によって覆い隠されてしまった歴史の容貌やテキストの真相へと迫っていかんとする試みが行われている。本書でも「宋明理学における『心体』に関する数十年来の理解が再考に値すると突然感じるようになった」（一四頁）と言及されているように、この方向性は宋代以降の理学思想から、近代性と伝統性について説き起こさんとするマクロな研究へと歩みを進めている。

二、本書の概要

本書は王汎森氏が二〇一一年三月に復旦大学文史研究院において大学院生向けに行った四回の講演原稿と関連する既発表論文二編からなる。「はじめに」では、「低音」に耳を澄ませることによって、支配的な言説によって覆い隠されてしまっている思想の中から、人類の苦境に対処するために有用な資源を発掘するという本書全体のメッセージが提示される。

第一講「執拗低音――歴史的思考に関する若干の考察」は本書のタイトルともなった主題を扱う長編であり、実に本書の約四分の一の紙幅を占めている。ここで取り上げられているのは、一九世紀以降における西洋の学知到来という「西洋の衝撃」が中国の思想文化にいかなる影響を与えたのかという問題である。このような過程において、従来中国に存在していた学術や思潮が周縁へと追いやられ、「低音」化ないし「伏流」化してしまったことが明晰に指摘されている。新たな認識に絶大な影響をもたらしたのが、社会進化論をはじめとする単線進化的な歴史観・社会観であったことが、文学、哲学、歴史学、仏教学の各分野における状況に即して明らかにされている。学術や認識の「西洋化」の過程によってもたらされた影響は多岐にわたるが、筆者はそのうち、①「創造的転換」と「消耗的転換」、②事実と価値との関係、③無限の理性を前提とした認識、④後知恵バイアスという四点から清末中華民国期の状況に切り込んでいる。ここで提示された諸点のうち、①については第二講において、②については第三講での詳細な検討がなされる。その上で、「低音」化した様々な保守派思想家の議論からどのように有用な資源を得るかについては、第四講における問題提起へとつながっていく。

第二講「『心力』と『破対待』――譚嗣同『仁学』を読む」が対象とするのは中国近代史においてあまりにも有名な譚嗣同の『仁学』である。『仁学』でもっともよく知られてきたのは、エーテル概念を大胆に導入して中国思想における古典の再解釈や世界認識をした点である。この背景には、康有為の『孟子微』において電気工学、力学、気象学、数学、化学など西洋の近代知を大量に導入して人間の性質や世間の出来事が解釈されていたことがあった。また、『仁学』執筆の直接的契機となった『治心免病法』という著作は、ヘンリー・ウッドによる *Ideal Suggestion through Mental Photography* の中国語訳である。当該書は本来、催眠術を解説していたのみであったが、翻訳の過程で「心力」が持つ力が拡大解釈され、『仁学』に至って「心力」は無限に拡大し、宇宙を構成する新たな質点を操縦することができると考えるようになったという。ここで見られたのは、西洋の学知の到来によって「心力」に関する古典の解釈に大幅な改変が加えられた「創造的転換」の過程である。また、筆者の仕事によって明らかにされたのは、『仁学』が清末の同時代に与えた深い影響のみならず、清末中華民国期全体を通じての長期にわたる影響力であり、その中には毛沢東も含まれている。かような思想転換を経て、世界の全的破壊と再生という心性が近代中国において拡大されていったという指摘は慧眼であろう。

第三講「王国維の『道徳団体』論及び関連問題」では清末中華民国初期における中国学の大家として名高い王国維に焦点が当てられ、第一講で論じられた事実と価値との問題が掘り下げられている。中華民国期に至っても瓜皮帽をかぶり辮髪を下げていた外観から保守的な印象を持たれがちな王国維であるが、実際には西洋の最新の科学知識をいち早く導入して様々な試みを行ったことが確認されている。その上で筆者は王国維の学術には、近代中国の学術における矛盾、すなわち、学術研究における客観的知識の追求と道徳の追求という「二編成の列車の対向走行」状態が集約されていたことを明らかにしている。具体的な手がかりとなったのが、「道徳団体」論という議論である。この議論の背景として、ドロイゼンの「道徳団体」に関する議論を日本へと紹介した浮田和民の『史学原論』からの影響が濃厚であるという。王国維の「道徳団体」論の特徴は、同じく浮田の『史学概論』より影響を受けた梁啓超が進化に関わる浮田の議論を受け入れつつも、「道徳団体」に全く言及しなかったことと鮮明な対照を見せた。しかしながら、王国維も「道徳団体」論を発展させることができなかったことに、学問と価値とを終始調和させることができなかった彼の矛盾が表れていた。

第四講「『風』――なおざりにされた史学概念」で扱われるのは、近代中国思想史研究においてほとんど取り上げられてこなかった劉咸炘という知識人が残した独特の言説である。劉咸炘は章学誠と龔自珍の思想を継承した上で「風」という史学概念を議論しており、筆者は近代中国においてかき消されてしまった様々な「声」を拾いあげる鍵としてこれに注目している。筆者も吐露しているように、当初理解することに手を焼いた彼の風変わりな思考は、筆者の問題意識の変化に伴って重要な意義を持つようになった。本書で繰り返し強調されているように、梁啓超を代表とする新派の思想家たちは、歴史とは社会が進化する軌跡が記録されたものであると捉えたため、歴史学とはすなわち史料学であるとさえ主張されるようになっていた。こうした風潮に対して劉咸炘は、歴史家は総合的認識を持つこと、即ち「風」を捉える必要があることを強調した。歴史とは無限ともいえる作用が働いて形成された「風」のようなものであり、これを理解してこそ単線的な因果関係のみで歴史を理解する陥穽から逃れることができるというのである。ここでは、「低音」化した保守派思想家の議論を「再訪」し、どのように有用な資源を引き出しうるかについての具体的な実践方法が提示されている。なお、第一講から第四講には講演時の質疑応答が収録されており、聴衆からの反応の一端が垣間見られて興味深い。

附論には二〇一一年と二〇一二年に発表された論文二編が収録されている。附論一「伝統の非伝統性――章炳麟思想の諸側面」では、章炳麟が、当時一世を風靡していた西洋の学問を無批判に吸収することに反対した上で、西学への対抗として伝統を新たな枠組みから描き出そうとしたことが論じられている。そこで章炳麟が依拠した思想体系とは仏教学とインド哲学であった。章炳麟の思想は筆者の初期からの研究テーマであるが、先に言及した「風」に関する思考を経た新たな読みがここでは試みられている。附論二「時代への関心と歴史解釈」では陳寅恪と陳垣の言説を素材として、歴史家が同時代とどのように関わればよいのかという古くて新しいテーマが議論されている。歴史家の主観的な問題関心は歴史の客観性を損なわないばかりか、史実の理解に有用であると結論されている。

日本語版出版にあたって、「はじめに」と第四講には加筆が施され、中国語版にはなかった「おわりに」が加えられている。これによって、本書の趣旨がより明確になるとともに、中国語版執筆時から日本語版に向けた最終改稿時（二〇一九年一一月）までの期間における、「風」概念に関する思考の深まりを知ることができる。

三、「低音」や「風」の捉え方——若干の議論

上に概観した通り、本書は大学院向けの講演がもととなっているため、比較的理解しやすい表現方式が採られているものの、縦横無尽に引用された様々な思想家のテキストの読み込みには相当の関連知識が必要である。また論じられている内容や論点も多岐にわたるため、中国思想史研究における意義については専門家による書評や議論に委ねることにして、以下では、本書の議論が訳者の専門とする地域社会史研究においてどのような示唆を与えうるのかについて若干の議論をした上で、専門家ではない読者の歴史的思考に与える意義について考えてみたい。

（一）地域社会における「低音」

「はじめに」でも述べられているように、本書における筆者の関心は、「周縁へと追いやられてしまった問題を解き

放ち、……周縁へと追いやられたものから現実にとっての新たな資源を獲得すること」（三頁）であるが、本書で取り上げられている保守派ないし周縁化された思想家たちも、知識人全体から見れば思想界をリードし、輝かしい成果を上げた人々である。これに対して、訳者が関心を持っているのが、末端の知識人、特に地方志編纂に参与したような知識人の動向であるのだが、彼らの活動や言説の分析の際にも、「低音」化、周縁化の視角は極めて有効であると思われる。この点について筆者は次のように述べている。「私はかつて明清期の郷鎮志は地域社会における様々な実態を反映したものであると思っていたが、実際には決してそうではない。なぜなら、上述の『史目』と、国の歴史、省の通志、府州県志とは往々にして大同小異だからである。したがって、歴史はあらゆるところに存在する枠組みを形成し、一方で道徳や教化の役割を果たしながら、もう一方では事象の潮流や変化をあまり表現できなかったのである」（一六二頁）と。ここで議論されている「実態を反映していない」か否かについては後述することにして、郷鎮志の編纂に参与した下層士人の経験した近代や彼らの近代観も、西洋の学知と中国学の「低音」化を考える上で好個の対象である。郷鎮志編纂者は清末においては在地社会の近代学校設置・運営を担った主体であり、学校の経営陣や校長などの管理者として在地社会において諸学科を普及させたことは、種々の地方志や関連史料が示す通りである。また、こうした潮流の中で、士人層が吸収・理解した種々の文明観は通俗的な形で地域社会に普及することになった。[一]

　ところが、一九一〇年代半ば以降になると、新文化運動の洗礼が大都市を中心として地域社会にも広く及んできたことが如実に感じられていたことが、「横書きの欧米の言語が我が国に伝来して以来、少年子弟はこれらを学ばなければ高い官位に就くことも功名を立てることもできないといって、四書五経を書架の片隅に片づけている。どうして詩作をして叙情を表現したり、風月を愛でたりする暇があろうか」という言葉にも表れている。[二] かような世相のもと、彼ら自身も自分たちが急速に周縁化していったことを感じ取っていたのであろう。こうした状況への反応として、士人知識人たちは地域の様々な典故や文献を収集し、郷土の由緒や郷土への自らの貢献＝郷土意識を表現する刊行物を盛んに出版するようになった。(三) これらの刊行物のテキストを読解するには、筆者がいうように、これらが「低音」化しつつあった声であったことを踏まえる必要がある。

「低音」化という視角は、地方固有の知に対する彼らのアプローチを理解する際にも重要なヒントを与えている。近代中国における言論や出版文化を考える場合、新聞・雑誌など清末以降に登場して社会を席巻した新メディアに関心が集中してきた。しかしながら、同時に、図書館古籍部に四部分類で収蔵されるような出版物を出版していこうとする動きも看過されてはならないだろう。古籍部に所蔵される書籍から近代中国の別の側面を照射していくことが、「低音」の議論から得られる重要な着想である。

(二)「史目」と「風」

次に、先の引用を手がかりとして、本書で論じられている「風」という歴史概念について考えてみたい。劉咸炘の歴史認識に関する主張、すなわち、歴史叙述は個別的単線的な理解を超え、「総合的認識」を持つことで、様々な「風」を捉えなければならないという主張を受け、筆者は「『風』は豊富な論点を含む課題であり、現代の学術観念や語彙を用いて『風』が複雑に変遷した様を明らかにすることは現代の私たちの任務である」(一七六頁) という問題提起を行っている。筆者に拠れば、「風」という思考は、「〔従来の研究では〕『上部構造』と『下部構造』という枠組みを用いて社会経済と思想との関係を分析してきたが、実際には制度と思想、思想と社会経済とは間断なく相互作用する関係であり、風が吹き乱れるように、永遠に切れ目なく互いを規定している。『風』の思考の核心は啐啄同時にある。換言すれば、『風』は何かによって形作られているばかりでなく、その何かを形作ってもおり、この相互運動は無限であってとどまることはない」(一七七頁) というものである。

それでは、どのように「啐啄同時」を行って「風」を捉えればよいのだろうか。これは分析の視角と具体的に観察される史料の二点にわたる問題である。後者に関する劉咸炘の議論では、「史体」の変遷や使用する史料について言及されている。劉咸炘は、古代において人物伝が彙伝体から個人毎の人物伝へと変化したこと、「史目」が狭隘化・硬直化したことによって、史書に拾い上げられる内容が限定されたと述べている。郷鎮志に地域社会の実態が反映されていないとする筆者の意見もこの延長線上でなされたものであろう。この主張については、二つの疑問を提示しておきたい。

第一は、そもそも史料が地域社会の実態を反映しているのか否かをどのように捉えればよいかである。地域社会の実態を捉えるという点においては、近年の中国においては種々の民間文献の進展がめざましく、契約文書のごとき地方文書、族譜、裁判文書の写し、種々の儀礼文書などが大量に発見され、大型史料集の刊行やデータベースの構築が進んでいる。(四)確かにこれらから地域社会の実態の様々な側面を知ることができることはいうまでもないが、地域社会の人々が何を感じ、何を考えたのかという点についてこれらのみから知ることもまた難しい。したがって、刊本にせよ抄本にせよ、知識人層が著した史料を用いて地域社会における心性を追跡する必要があり、これらの史料にかかったバイアスを認識しながら実態を示す部分を濾していく作業が不可欠である。

第二は、そのように考えるならば、史目にかかっているバイアスの処理は史料操作をする際の一般的な問題点であるともいえ、当時の史目そのものにも様々な「時風」が反映されており、史目のあり方も検討するに値する問題であると思われる。清末中華民国期の地方志は教育や産業に関する新たな項目が加えられていたり、物産や風俗、名族といった既存の項目の内容に変化が見られたりしている。江南の郷鎮志も丁寧に読解していけば、より微細な地域的状況が反映された記載を数多く読み取ることができる。また、近年の中国における史料整理や史料情報デジタル化の進展と相俟って、従来は詳細な分析の難しかった郷鎮志の編纂背景についても、(五)「雑考」「群書」に分類される種々の地方文献と組み合わせることで動態的な読解が可能となっている。

それでは、必ずしも中国思想史研究を専門としない読者、特に研究者ではない一般読者が歴史を考える上で、本書がどのような気づきを与えうるかについて二点に絞って考えてみたい。

（二）歴史学的思考について

第一は、単線的な歴史思考を乗り越えることの重要性が具体的に示されている点である。筆者が着目しているのは低音化・伏流化した各種の保守思想であるが、これらに分け入って論述したことによって、却って梁啓超らによってもたらされた単線的進化論の影響力が清末以降の中国の隅々に行き渡っていたことを痛感させられる。また、単線的進化論がかくまでも受容された背景には、それだけ「西洋化」の過程、すなわち西洋の概念、枠組み、方法を用いて中国を解釈することの影響力の強さを示している。こうした思考の克服はいうは易しであるものの実践は必ずしも容易ではなく、日常の様々な場面においてややもすれば西洋中心的な思考をしてしまうことは少なくない。こうした状況に対して、筆者が提唱するのは、「西洋も中国も個別化することであって、西洋を普遍化して中国を個別化することでも、西洋を個別化して中国を普遍化することでもない」（六二頁）という方法である。ここにある「中国」を別の言葉に置き換えて考えれば応用範囲は広くなる。すなわち、方法と対象とを混同することなく、分析対象が西洋社会であれ、非西洋社会であれ、安易に普遍化することなく、個別化して捉える必要があるということであろう。方法については、「私が近代学科の発展に全面的に賛同していることを強調しておかなければならない」（二九頁）と述べられているように、筆者は近代学科が人類の思考にもたらした貢献に全面的に賛同している。私たちも近代学科の枠組みの中で思考することになるが、筆者が主張するのはそうした状況をメタ認知することによって、「低音」化してしまった様々な声を拾い上げる作業の重要性なのである。これには、「古人と同じ境地に自分を置く」ための想像力を鍛える必要があり、近代学科による認識との間にはタイトロープ上を渡るかのごとき緊張関係があるが、そのような手続きを経てこそ、人類の未来にとっての豊かな参照資源を発掘できるというのである。

第二は、歴史意識を再考することの重要性を提起していることである。筆者が端的に纏めているように、歴史意識は社会全体にとって重要な資産であり、我々の思考に時間軸の奥行きをもたらしてくれる。筆者が定義する歴史意識とは、「ある個人が歴史意識を具えている時、歴史上に発生した事柄について、その者の意識の中に同時代の感覚が存在しており、したがって、起こったことを丁寧に調べ上げ、そこから教訓を読み取ることができる」（二二九頁）というものである。彼がこのような定義を下したのは、「現代社会が直面する重大な歴史意識の危機を感じているから」だという（二三〇頁）。この部分は二〇一九年に加筆された部分であるが、その後に起こった様々な大変動を予見するかのごとき指摘になっている。二〇二〇年以降の新型コロナウイルス感染症の流行や、二〇二三年にとりわけ多くの注目をあびるようになった生成ＡＩの普及による知識獲得のあり方の大変容は、自明だと考えられてきた様々なノウハウが通用しないかのような感覚を人々にもたらし、ひいては従来蓄積してきた知識体系そのものに対する疑念を表明する者も現れている。こうした意味において、二〇二〇年以前の時代との間に「同時代の感覚」が急速に薄れているかのように感じられているのかもしれない。しかし、本当にそうなのであろうか。筆者は目前にある現象や価値を本質化することの危険をはっきりと諌めている。確かに様々な断絶が生まれた部分もあるかもしれないが、依然として歴史上に発生した事柄は現在の私たちと様々な連続性を有していることもまた事実である。「同時代の感覚」を丁寧に検討して私たちの歴史意識を再考し、危機の時代に役立つ参照資源を歴史から獲得する視野を得ることも本書が投げかける射程の長い問題提起の一つである。

附記

本書のもととなった繁体字版の『執拗的低音――一些歴史思考方式的反思』は、私が二〇一四年三月に中央研究院近代史研究所と台湾大学歴史学系における講演のために台北を訪れた際に筆者から恵与された。また、光栄なことに、その場で筆者より直接翻訳を依頼された。しかしながら、当時私は様々な仕事を抱えており、それらの処理に忙殺されていたことに加え、二〇一六年九月から二〇一七年八月までの期間、香港浸会大学、香港中文大学、香港科技大学に在籍して在外研究に従事したため、実際に翻訳作業に取り掛かったのは二〇一八年春に入ってからのことであった。二〇一九年秋には大部分を訳し終わって最後の仕上げに取り掛からんとした矢先に、新型コロナウイルス感染症流行に伴うオンライン講義などの対応に追われることを余儀なくされたため、二〇二一年夏に至ってようやく仕上げ作業や筆者との確認に入ることができた。日本語版の出版を心待ちにしていた筆者をかくも長きにわたって待たせてしまったことに慚愧の至りである。

原書は近代中国の様々な思想家のテキストが縦横に引用されており、浅学な私には充分に理解できない部分も多々存在した。とりわけ章炳麟の議論にそれが顕著であった。幸い読解に際しては、林志宏氏（中央研究院近代史研究所）や郭嘉輝氏（香港理工大学人文学院）のご助力を得ることができた。一部の史料引用部分については筆者より直接ご教示を賜った。翻訳原稿については、山本英史先生（慶應義塾大学名誉教授）と宮原佳昭氏（南山大学外国語学部）、友人の林賢一郎氏、金嶋紀子さん（一橋大学社会学部学生）に目を通していただき、貴重なアドバイスを頂戴した。また、校正に際しては、東方書店の家本奈都さんに懇切丁寧なチェックをしていただいた上で、貴重な助言を頂いた。ここに記して衷心の謝意を表したい。なお、本書は縁あって、優れた台湾の漢学研究を日本の読者に届ける「台湾漢学研究叢書」シリーズの一冊として収録されることとなった。このことも望外の喜びである。

最後に、訳者の特権として、筆者とのやりとりの中で得たエピソードを紹介したい。二〇一四年三月に本書の翻訳を依頼されて以来、筆者からは折に触れて様々なご教示を賜ったが、いつも柔和な語り口と物腰で接していただいた。それ以前にも王汎森氏には中国語圏において熱烈な粉絲《ファン》がいることは知っていたが、交流を通じて自然と腑に落ちるようになった。その後、二〇一九年一一月に訳稿のいくつかの箇所について質問すべく中央研究院を訪問した際、江南の史料について雑談をすることがあった。私が当時出版されたばかりであった清末知県の日記を大学院の史料講読の授業で読んでいると言及したところ、その日記名と内容の一部を即座に答えたのである。（六）印刷部数も少なく、それほど注目されていなかった当該日記にまで目配りをしていたことに、王汎森氏が張り巡らせるアンテナの広さと旺盛な探究心に裏付けられた「凄味」を感じた。このことの一端は本書からも感じられるであろう。

二〇二三年八月一五日　一橋大学国立キャンパスにて記す
佐藤仁史

【補記】
本稿入稿後に、王汎森『歴史是拡充心量之学』（北京、生活・読書・新知三聯書店、二〇二三年）が刊行されたことを知った。当該書については、本書二三〇頁にも言及されている。併せて参照されたい。

【註】
（一）王汎森『思想是生活的一種方式――中国近代思想史的再思考』（台北、聯經出版事業公司、二〇一七年）三九頁。

（二）黄報廷「序」黄報廷『南沙雜識』（宣統三年鉛印本）上海図書館蔵。

（三）この点については、佐藤仁史『近代中国の郷土意識――清末民初江南の在地指導層と地域社会』（研文出版、二〇一三年）において論じた。拙著で十分に論じられなかった論点は、佐藤仁史「被吟詠的地方記憶――従《南匯県竹枝詞》看清末民初江南的水域社会」（『区域史研究』第八輯、二〇二三年）で検討した。

（四）中国における地域社会史研究の一端については、佐藤仁史「フィールドワークと地域社会史研究」飯島渉編『大国化する中国の歴史と向き合う』（研文出版、二〇二〇年）五四―五六頁。

（五）森正夫「清代江南デルタの郷鎮志と地域社会」森正夫『森正夫明清史論集　第三巻――地域社会研究方法』（汲古書院、二〇〇六年）、山田賢「生成する地域・地域意識――清末民国初期中国の華中南地域を中心に」『歴史評論』第七四六号、二〇一二年。

（六）李超瓊『李超瓊日記　光緒三十一年三月――宣統元年閏二月』（蘇州、古呉軒出版社、二〇一七年）。

人名索引

著者略歴

王汎森（Wang Fan-sen）

1958年生まれ。プリンストン大学で博士号を取得。現在は中央研究院院士。専門は明清・近現代中国の思想史、文化史、学術史、史学史など多岐に渉る。主要著作に、*Fu Ssu-nien: A Life in Chinese History and Politics*, Cambridge: Cambridge University Press, 2000、『中国近代思想与学術的系譜』（〈簡体字版〉石家荘、河北教育出版社、2001年、〈繁体字版〉台北、聯經出版事業公司、2003年）、『権力的毛細管作用——清代的思想、学術与心態』(台北、聯經出版事業公司、2013年)、『歴史是拡充心量之学』（北京、生活・読書・新知三聯書店、2024年）がある。

訳者略歴

佐藤仁史（さとう　よしふみ）

1971年生まれ。慶應義塾大学大学院文学研究科後期博士課程単位取得退学。博士（史学）。現在は一橋大学大学院社会学研究科教授、公益財団法人東洋文庫客員研究員。専門は中国近現代史。著書に『近代中国の郷土意識——清末民初江南の在地指導層と地域社会』（研文出版、2013年、第1回井筒俊彦学術賞受賞）、『嘉定県事——14至20世紀初江南地域社会史研究』（共著、広州、広東人民出版社、2014年）、論文にOral History and the Study of Local Social History in China: The Case of the Rural Society in Taihu Lake Basin Area, in *Cahiers d'Extrême-Asie*, 31（2023）がある。

原著：《執拗的低音——一些歴史思考方式的反思》
王汎森著，允晨文化実業公司，2014 年。
本書は蔣経国国際学術交流基金会及び侯氏基金会の助成を受けて刊行された。

台湾漢学研究叢書
近代《きんだい》中国《ちゅうごく》思想《しそう》の執拗低音《しつようていおん》
歴史《れきし》の考《かんが》え方《かた》を振《ふ》り返《かえ》る

二〇二五年四月三〇日　初版第一刷発行

著　者●王汎森
訳　者●佐藤仁史
発行者●間宮伸典
発行所●株式会社東方書店
東京都千代田区神田神保町一―三　〒一〇一―〇〇五一
電話〇三―三二九四―一〇〇一
営業電話〇三―三九三七―〇三〇〇
組　版●（株）ディグ
装　幀●クリエイティブ・コンセプト（根本眞一）
印刷・製本●（株）ディグ

定価はカバーに表示してあります

ISBN978-4-497-22509-2　C3022
乱丁・落丁本はお取り替えいたします。
恐れ入りますが直接小社までお送りください。

小社ホームページ〈中国・本の情報館〉で小社出版物のご案内をしております。
https://www.toho-shoten.co.jp/